철　　기
이 범 석
평　　전

철 기 이 범 석 평 전

초판 1쇄 발행 2021년 12월 15일

시은이	황민호
펴낸이	윤관백
펴낸곳	도서출판 선인

등 록	제5-77호(1998.11.4)
주 소	서울시 마포구 마포대로 4다길 4(마포동 324-1) 곳마루 B/D 1층
전 화	02) 718-6252 / 6257
팩 스	02) 718-6253
E-mail	sunin72@chol.com

정가 25,000원
ISBN 979-11-6068-641-8 93990

· 잘못된 책은 바꿔 드립니다.
· www.suninbook.com

* 이 저서는 2015년 대한민국 교육부와 한국학중앙연구원(한국학진흥사업단)의
  한국학총서사업의 지원을 받아 진행된 연구임(AKS-2015-KSS-1230009)

철 기
이 범 석
평 전

황민호 지음

 도서출판 선인

　이범석은 한국독립운동사 있어 빛나는 승리에 하나인 청산리전투를 직접 지휘하였으며, 해방 이후 수립된 대한민국 정부의 초대 국무총리와 국방부장관을 역임한 인물이다. 또한 조선민족청년단의 단장을 지낸 것으로도 유명하다.

　필사는 이범석의 자서전인 『우둥불』과 『자전(自傳)』의 기록을 바탕으로 그의 생애를 정리하였으며, 그의 일생에서 중요하다고 판단되는 몇 가지 사건에 대해 그 기록의 사실 관계와 내용이 담고 있는 역사적 함의에 대해 살펴보고자 하였다.

　원고를 집필하는 과정에서는 이범석에 대한 관련 학계의 연구 성과와 국·내외 언론 자료 및 회고록 등을 주로 활용하였다. 『민족(民族)과 청년(靑年)』, 『철기(鐵騎) 이범석(李範奭) 평전(評傳)』 등의 기록을 통해서는 그의 민족관과 공산주의에 대한 인식과 청년운동에 대한 생각 등을 정리할 수 있었다.

청산리전투에 관한 기록에 대해서는 한국독립운동사 학계의 연구 성과를 정리하여 궁극적으로 『우둥불』이 기록하고 있는 '청산리대첩'의 내용에 대한 사실 관계를 되짚어 보았다. 국무총리와 국방부장관으로서의 역할과 활동, 조선민족청년단, 부산정치파동, 이승만과의 정치적 갈등에 대해서는 가능한 한 사실 관계를 충실하게 정리해 보고자 하였다. 다만 이범석이 부인 김마리아와 함께 싸웠던 고려혁명군결사단의 의열투쟁과 소련 적군과 연합한 합동민족군 내에서의 항일무장투쟁 및 만주사변과 중일전쟁에서 중국군의 일원으로 전개했던 일본군과의 전투에 대해서는 필자의 역량 부족으로 인해 향후의 연구 과제로 남겨둘 수밖에 없었다.

이범석은 1915년 16세의 나이에 상해로 망명하여 운남육군강무학교 기병과(騎兵科)를 졸업했으며 일제시기 전 기간에 걸쳐 줄기차게 항일독립운동을 전개하였다. 그리고 청산리전투와 고려혁명군결사단과 한국광복군 등에서 줄기차게 항일독립운동을 전개했으며, 중국군 내에서의 활약 역시, 그에게는 항일무장투쟁의 일환이었을 것이다.

해방 이후에는 이승만 대통령과 함께 강력한 반공주의에 입각해 대한민국 정부를 이끌어 갔으며 나름의 성과도 있었다. 족청 단장으로서는 함께 일한 동지들과 많은 청년 단원들로부터 적극적인 지지와 존경을 받았다. 언론은 그에 대해 오랫동안 현직(顯職)에 있었으면서도 이권과 탐욕을 멀리했다고 평하였다. 그러나 이승만 대통령의 집권 연장을 통해 자신의 정치적 입지를 강화하고자 했던 부산정치파동과 독립운동 시기의 동지이며, 선배였던 김구·지청천과의 정치적 불편함은 그의 일생에서 긴 여운을 남기며 되돌아보게 하는 부분이라고 할 것이다.

책을 출간할 수 있는 기회를 마련해 준 한국학중앙연구원 감사의 마음을 전하며, 이 책이 한국독립운동사와 한국현대사에 관심이 있는 독자들에게 작은 도움이라도 되기를 바라는 마음이다.

2021년 11월 30일 필자

　철기(鐵驥) 이범석은 만주와 연해주 및 중국 관내에서 항일무장투쟁을 전개한 우리나라의 대표적인 독립운동가이며, 청산리전투에서의 승리와 광복군에서의 OSS 활동을 통해 우리에게 널리 알려진 인물이다. 해방 이후에는 대한민국의 초대 국무총리와 국방부장관으로서 국가의 기틀을 마련하는 데 기여하였고 민족청년단을 이끌었던 것으로도 유명하다. 반면에 그는 이승만(李承晩) 대통령에게 이용만 당하고 결국 권좌에 오르지 못한 비운의 인물로 인식되고 있으며, '부산정치파동'의 책임에서도 자유롭지 못하다는 평가를 받고 있다.

　일제하 이범석은 북로군정서(北路軍政署) 사관연성소(士官鍊成所) 교관으로 김좌진(金佐鎭)과 함께 청산리대첩을 직접 지휘하여 독립군이 대승을 거두는 데 결정적으로 기여하였다. 이후에는 러시아 연해주지역에서 합동민족군(合同民族軍)의 일원으로 소련의 적군(赤軍)과 함께 백계(白系) 러시아군과 그들을 원조하는 일본군에 대항하

여 싸웠다. 또한 1920년대에는 북만의 하얼빈을 중심으로 고려혁명
군결사단(高麗革命軍決死團)을 조직하고 동지들과 함께 의열투쟁(義
烈鬪爭)을 전개하여 친일파를 처단하는 등 상당한 성과를 거두었다.

1931년 9월 18일 만주사변(滿洲事變)이 발발하자 마점산(馬占山)
부대의 작전 참모로 참전하여 항일전에서 활약했으며, 1934년 10월에
는 중국중앙군관학교 낙양분교(洛陽分校) 한인특별반(韓人特別班)의
교관으로 한인(韓人) 청년장교들을 양성하였다. 특별반이 해체된 후
에는 중일전쟁에 참전해 1938년 노북(魯北), 태아장(台兒莊), 롱해선
(隴海線) 전투에서 분전(奮戰)하여 전공(戰功)을 세웠다. 1940년 9월
17일 중경(重慶)의 대한민국 임시정부가 한국광복군을 결성하자 참
모장(參謀長)으로 군대의 창설과 OSS와 연합한 국내진공작전을 주도
하였다. 그의 항일투쟁과 경력에 대해서는 중국국민당 정부에서도
비교적 상세하게 파악하고 있었다.

> 李範奭(일명 王慕白) 현임 한국광복군 참모장. 본래 먼저 雲南에서 講
> 武堂 12期 騎科 및 日口 기병학교를 졸업. 중화민국 13년에 東北으로 몰
> 래 들어가 李靑天과 함께 간부를 훈련하였고, 그해 말 和龍縣 靑山里에서
> 韓國獨立軍 前敵指揮를 맡아 日軍 19사단, 25사단에 저항하여 격전을 벌
> 였고 뒤에 蘇聯革命軍과 합작하여 海濱省 一帶에 가서 작전에 참가하였
> 으며, 琿春方面 支隊를 지휘하였음. 뒤에 소련이 카라한 芳澤밀약을 맺고
> 韓國의 민족주의 군대의 무장을 해제하려고 하자 紅軍에 저항하여 부대를
> 거느리고 中國領으로 넘어온 뒤 조선혁명군 결사단을 조직하여 한국 국내
> 및 동북의 적 口口地에 恐怖工作을 발동하였고, 9·18 사변 때 馬占山部
> 에 참가하여 참모가 되고 뒤에 蘇炳文部에서 참모가 되었음. 呼倫貝爾 전
> 투에서 실패한 뒤 소련에 들어가 馬占山을 따라 歐洲를 순방하고, 上海에
> 이르리시 洛陽軍校로 돌아와 韓國학생대 대장을 지내고 종료 뒤에 第3路
> 軍 參議가 되었음. 7·7사변 뒤 第55軍 主任參謀가 되어 魯北, 台兒莊,

隴海綫 작전에 참가하였고, 중화민국 29년에 調中央訓練團 榮譽大隊 中
隊長에 충원되었으며, 黨政訓練班 第3期를 졸업하고 금년 정월에 이르기
까지 中隊長, 敎官 등의 직을 맡고 있음.[1]

1946년 5월 광복군과 함께 환국한 이범석은 조선민족청년단(朝鮮
民族青年團, 이하 족청)을 창단하고 미국의 지원 하에 청년운동을 주
도하였으며, 청년운동의 성과를 바탕으로 제1공화국의 초대 국무총
리와 국방부장관을 역임할 수 있었다. 한국전쟁 중에는 중국 대사와
내무부장관을 지냈으며, 내무장관 재직 시에는 부산정치파동의 중심
에서 이승만 대통령의 정권 연장을 도왔으며, 이후 두 번의 부통령
선거에서 낙선하였다. 그는 제1공화국 전 시기를 통해 정권과 밀접
한 관계를 유지하며, 한때는 이승만의 후계자가 될 수 있을 것처럼
보이기도 하였다.

4 · 19혁명 직후 참의원선거에 출마하여 당선되었으나 5 · 16쿠데타
로 의원직을 사퇴하였다. 이후 정계의 원로로 박정희 대통령의 군정
연장 반대하였으며, 이승만의 국장(國葬) 추진을 주도하였다. 1972년
에는 중화민국 중화학술원(中華學術院)에서 명예철학박사 학위를 받
았으며, 그해 대만을 방문하기 위해 여장(旅裝)을 꾸리던 중 지병인
심근경색으로 사망하였다. 이범석은 일제 시기에는 일제의 폭압으로
부터 나라를 구하고자 항일무장투쟁을 전개했던 애국 청년이었으며,
해방 이후에는 반공주의에 기반한 정치적 이념을 바탕으로 대한민국
을 이끌어가고자 했던 정치가였다.

그에 대한 연구는 주로 족청에 대한 평가를 중심으로[2] 강력한 반
공주의자, 부산정치파동의 책임자,[3] 파시스트[4] 등의 비판적 시각이

강한 편이며, 대한민국을 공산주의로부터 막아낸 '반공주의자'라는 관점에서 이해하려는 경향도 있다.[5] 독립운동과 관련해서는 자서전 『우둥불』의 내용에 대해 일정한 비판이 제기되어 있는 상황이다.[6]

본고에서는 이범석이 남겨놓은 기록과 기존의 연구를 바탕으로 그의 독립운동의 전개와 해방 이후의 정치 활동에 대해 가능한 개관적이고 구체적으로 정리해 보고자 한다.[7] 그리고 이는 궁극적으로 이범석 개인과 그를 둘러싸고 전개되었던 한국독립운동사와 한국현대사에 대해 보다 깊이 있게 성찰하고 그 의미를 되짚어 보는 작업이 될 수 있을 것으로 여겨진다.

제1부

대륙에서 품은
독립된 민족국가의 꿈

제1장

가계와
민족의식의 형성

1. 개화의식을 갖춘 양반 가문의 4대 독자

이범석은 1900년 10월 20일 중국대사관이 있던 서울 용동(龍洞)에서 부친 이문하(李文夏)와 어머니 연안(延安) 이씨(李氏)의 1남 2녀의 중 막내인 동시에 4대 독자로 태어났다.[1] 본관은 전주이며, 자(字)는 인남 (麟男)이고, 호는 철기이다. 그의 집 맞은편에는 '뾰족집'이라고 불리던 명동성당이 있었으며, 성당에서 정오를 알리는 종소리가 '땡'하고 울릴 때 출생했다고 한다. 세종대왕의 다섯째 아들인 광평대군(廣平大君)의 손자인 청안군(淸安君) 이영(李嶸)의 셋째 아들 이천수(李千壽)의 15대 손이다. 14대조 이한(李漢)은 음직(蔭職)으로 출사하여 백천군수(白川 郡守)를 지냈다. 집안은 줄곧 관직에 진출하여 서울 근교에 살았으나 증조부 이목연(李穆淵)이 충청남도 천안군 목천면으로 이주했다가 관 료생활을 하던 부친이 다시 한성으로 이거(移居)하였다.

증조부 이목연은 형조판서와 전라도 관찰사를 지냈으며, 종조부(從祖父) 이인명(李寅命)은 예조판서와 의금부 판사를 역임하였다. 아버지 이문하도 농상공부(農商工部)의 정3품 관직을 지냈다.[2] 증조부는 부패한 국정을 시정하기 위해 임금에게 직간(直諫)을 했으며, 이로 인해 10년 동안 제주도 귀양살이를 했다고 한다. 부친은 가문의 역사에 대해 매우 자랑스러워하며, 어린 이범석에게 가르쳤다고 한다.[3]

부친은 경술국치를 당하자 조선총독부에서 주는 은급(恩給)을 거절하고 사직하였으며, 생활은 허탈과 자포자기로 흘렀고, 가세(家勢)도 날로 기울어 새로 지은 40칸의 훌륭한 집이 큰 누님의 시집에서 빌려 쓴 빚에 넘어가기도 했다고 한다.[4] 이때 이범석은 어린 마음에도 언제 어떻게 될지 모른다는 불길한 예감이 들 정도였다고 하였다.

그러던 중 부친은 1911년 10월 강원도 이천(伊川) 군수로 부임한 이래 몇 해 동안 지방관을 역임하였다.[5] 농상공부 재직 중 비교적 가깝게 지내던 조선총독부 고관 기쿠지[菊池]와 아베[阿部]라는 인물을 통해 군수 자리를 얻을 수 있었으며, 이범석도 이 같은 이야기를 들은 것으로 기억하고 있다.[6]

이범석이 태어나기 전인 1882년 임오군란이 발발하자 조선 정부는 이를 해결하기 위해 청(淸)나라에 원병을 요청하였다. 그리고 이때 조선에 들어온 청나라 군대가 사령부로 사용했던 곳이 이범석의 집이었다.[7] 청나라의 원병을 지휘했던 원세개(遠世凱)는 이범석의 집에 머물며 청 황제의 대리로서 조선에 대해 극심한 내정간섭을 자행했는데 집에는 "조국을 떠나니 조국 생각이 아련하고 고향을 떠나니 고향 생각이 간절하다[去國思國 離鄕思鄕]"라는 원세개가 직접 쓴 족자가 걸려있었다고 한다.[8]

이문하는 원세개의 막료 중 한 사람인 당소의(唐紹儀)와 친절한 사이였는데 그는 원세개가 조선 문제를 대신 맡길 정도로 영향력 있는 인물이었다.[9] 또한 이범석은 '부친이 영국인 금광개발업자로부터 권총을 선물 받을 정도였다'고 기억하고 있었는데 이를 통해서 보면 부친은 국권을 잃어가던 조선을 둘러싸고 전개되었던 국제정세에 대해 어느 정도의 식견을 갖고 있었던 것으로 짐작된다.[10]

8살 손위의 누님은 이범석이 7살이 되기 전, 휘문의숙에 재학 중이던 신석우(申錫雨)와 혼인하였다.[11] 그는 일본 와세다대학(早稻田大學) 전문부를 졸업한 후 상해(上海)로 건너가 여운형(呂運亨)과 함께 고려교민친목회(高麗僑民親睦會)를 조직하였으며, 1919년에는 임시정부에서도 활동하였으며, 이범석의 상해에서의 생활에 도움을 주었다.[12]

친어머니는 이범석이 4살 되던 해 심장병을 얻어 7살 때 단오(端午) 사흘 전에 돌아가셨으며, 그해 겨울 계모 김 씨가 들어왔다. 계모는 김해(金海)가 본관이었으며, 강원도 강릉 출신으로 명문가는 아니지만 인자하고 정결한 부인으로 정성을 다해 어린 이범석을 양육하였다.

이범석은 4살 때 아버지가 점심을 드시던 대청마루를 뛰어다니다가 미끄러져 마루 밑 화롯불에 끓고 있던 간장 솥에 빠져 전신에 화상을 입는 사고를 당했다. 의식이 없는 상태에서 세브란스병원으로 실려 갔으며, 서양 근대 의학의 도움을 받아 다행히 목숨을 건졌지만, 이 일로 20세 이전까지는 얼굴과 전신에 화상 자국이 있었다고 한다.

또한 이범석은 친구들과의 과도한 장난으로 이웃집 소를 죽이기도 했는데 화가 난 아버지가 그에게 쇠뭉치를 던졌으나 어머니가 대신 맞아 복숭아뼈가 으스러질 정도의 부상을 당했다고 한다. 이범석은 비교적 안정적인 가정환경 속에서 새 어머니의 자상한 보호를 받으며, 활달한 유년 시절을 보냈던 것으로 보인다.[13]

2. 정태규의 전사(戰死)와 민족의식의 성장

이범석은 퇴원 후 집에서 치료를 받으면서는 가노(家奴)인 정태규(丁泰圭)의 보살핌을 받았다. 그의 집에는 10여 명의 노비가 있었는데 부친은 이를 모두 해방시켜 주었다. 그러나 갈 곳이 마땅치 않았던 정태규는 떼를 쓰다시피 해 집에 남게 되었다. 부친은 22세 정도의 청년이었던 그를 대한제국 시위대(侍衛隊) 제2대 대대장 오참령(吳參領)의 당번병이 되게 해주었다. 정태규는 군인이 된 후에도 집에 자주 드나들었는데 군복을 입은 그의 모습은 어린 이범석에게 군인에 대해 긍정적인 생각을 갖게 해주었다고 한다.[14]

얼마 후 정태규는 시위대 제1대 대대장 박승환(朴昇煥) 휘하의 전투병으로 자리를 옮겼으며, 1907년 7월 31일 대한제국 군대가 강제 해산 당하고 박승환이 순국하면서 벌어진 일본군과의 시가전(市街戰)에서 총상을 입었다. 심하게 부상당한 그는 이범석의 집 문 앞까지 와서 숨을 거두었는데 그의 죽음은 이범석에게 일제에 대해 한없는 저항 정신을 갖게 하는 계기가 되었다고 한다. 그런데 정태규의 전사 시기와 관련해 이범석의 기록에는 혼선이 있는 것으로 나타나고 있다.

① 그 후에 오참령이 다른 곳으로 갔는지 어떻게 일이 되어서였는지 모르는데 정태규는 그 유명한 한말의 군인으로서 훌륭하게 자기의 책임을 다하고 자살한 朴昇煥 대장 밑에 보통 전투병으로 가 있게 되었다. 부대가 있던 곳은 서소문 밑이었는데 그때 그 곳을 보통 서소문안영문이라고 불렀다 나중에 안 일이지만 태규는 저녁 나절을 가슴에 총탄을 맞고 총도 어디다 버렸는지 갈 곳은 없고 제 집이라곤 우리 집밖에 없었으니까… 아마! 죽을 곳을 찾아 넘어지며 기며 우리집 문앞까지 왔던 모양이다…(중략)

그때 내 나이는 여섯 살이었고, 그것은 내 일생의 운명을 결정하는 분기점의 첫발자국이었다. 그때부터 내 가슴에는 '내가 둘도 없이 의지하고 날 사랑해주던 정태규는 일본군인에게 죽었다. 정태규를 죽게 한 원수를 갚고야 말겠다'는 다짐을 했던 것 같다. 마치 비수가 심장에 꽂히는 것 같은 감정이 내가 커감에 따라 자라나기 시작했다고 생각한다.[15]

② 나는 중학생이 되자 남에게 빼앗긴 내 나라에 대한 생각에 밤을 새울 때가 많아졌다. 그것은 언제나 정태규의 죽음과 연관이 되어 있었다. 정태규의 전사를 내 눈으로 똑똑히 보았던 소년 시적의 일이 나의 뇌수에서는 각인(刻印)처럼 새겨져 있었다. 내 나라가 망한 것은 내 나이 11살 때 일이었다. 그리고 정태규의 죽음은 내 나이 여덟살 된 가을인데 내 어머니가 우리 집에 오시자 얼마 후의 일이었던 것이다.

오참령의 부하였던 정태규는 박성환 대대로 전속되었다가 무장해제를 당하던 굴욕적인 1907년 8월 1일 전투에서 중상을 입고 우리집 문 앞까지 와서 목숨이 끊어진 것이다. 나는 정태규의 시체에 매어 달려서 얼마나 목놓아 울었던가. 사람들이 강제로 뜯어 말리지 않았던들 나는 그의 시체에서 떠나지 않았으리라. 정태규는 왜놈의 총에서 맞아 죽은 것이있다. 왜놈은 내게서 정대규를 빼앗아 갔고 나라마저 빼앗아 갔다. 중학교에서 내 지각이 서서히 생기자 나는 내 소년 시절의 저 멀리서 그토록 나에게 생의 보람을 안겨 주었던 정태규 생각에 골몰해 있는 나 자신을 발견하곤 하였다. 나는 내가 가야 할 길이 무엇인가를 밤새워 생각 하는 청년이 되었다."[16]

위의 ①과 ②의 내용은 모두 부상당한 정태규가 무기도 버린 채 이범석의 집앞에서 전사한 상황과 어린 그가 받았던 충격에 대해 기록하고 있다. 그런데 ①의 『자전』에서는 "그때 내 나이는 6살이었고, 그것은 내 일생의 운명을 결정하는 분기점의 첫발자국이었다"라고 하였다. 반면 ②의 『우둥불』에서는 "내 어머니가 우리집에 오시자 얼마 안된 '8살 때 일"이라고 하였다.

그런데 『우둥불』에 수록되어 있는 『연보(年譜)』에서는 계모 김 씨가 오신 것이 1907년 6월이고 정태규가 전사한 것이 1907년 8월 1일로 기록되어 있다. 따라서 이 기록들을 종합해 보면, 정태규의 전사는 1907년인 이범석의 나이 8살 때의 일로 보는 것이 타당할 것으로 생각된다.[17]

또한 『자전』에서는 이범석이 한문을 배우기 시작한 시기에 대해서도 '정태규가 죽은 그해(1907년 – 필자)부터 나는 집에서 한문 공부를 시작하였다.' '내가 정태규와 작별하면서부터 마음에 안정을 얻지 못하고 우울해 하는 것을 본 아버지는 외삼촌에게 한문을 배우도록 지시했'고 하고 있다. 따라서 정태규의 전사가 1907년 8월의 일이라면 이범석은 이 해 후반 이후부터 한문을 배우기 시작했던 것으로 추정된다.[18]

이범석에게 한문을 가르쳤던 외삼촌 이태승(李兌承)은 한성외국어학교 영어과에 재학 중인 학생이었다. 동창인 해공(海公) 신익희(申翼熙)가 삼촌과 함께 자주 집에 오곤 했는데, 신익희는 부친으로부터 다소간의 물질적 호의도 받았다고 한다.

조선시대의 한문교육은 『천자문』을 시작으로 『동몽선습』, 『격몽요결』, 『명심보감』, 『소학』 등을 먼저 이히고, 『대학』, 『논어』, 『맹자』, 『중용』을 배우는 것이 일반적이었다. 이범석이 약 2년 동안 어느 정도의 한문을 배웠는지는 알 수 없다. 그러나 어느 날 『통감(通鑑)』 4권 중의 한 부분을 외우지 못하여 외삼촌에게 꾸중을 들었는데, 실제로는 외우지 않아도 된다고 하고는 외삼촌이 잊어버린 것이었다' 라고 기억하고 있는 것으로 보아 적어도 초급 이상의 한문 교육을 받았던 것으로 여겨진다.[19] 외삼촌이 영어를 배우던 학생이었다는 점을 고려하면 그가 배운 한문(漢文)은 중화주의가 강조되는 전통주의적인 것은 아니었을 것이다.

1910년 이범석은 사립장훈학교(私立長薰學校)에 입학하였으며, 주시경(周時經)에게서 국어를, 김원식(金元植)으로부터 창가(唱歌)를 배웠으며, 두 분 선생님의 설명은 지금도 똑똑히 기억하고 있다고 하였다.[20] 그런데 『우둥불』의 연보에서 보면, '주시경과 김인식(金仁湜)에게 각각 국어와 음악을 사사하다'라고 해 창가를 배운 선생님의 이름이 다르게 나오는데 김인식이 맞는 것으로 여겨진다.

김인식은 1885년 평양에서 출생하였으며, 우리나라 최초의 서양음악 교육가였다.[21] 1896년 감리교에서 경영하던 숭덕학교(崇德學校)에 입학하였으며, 숭실중학(崇實中學) 재학 중에 선교사 헌트(Hunt)부인과 정의여학교(正義女學校) 교장이던 스눅(Snook)로부터 성악과 오르간 등을 배웠다. 오르간 연주 솜씨가 뛰어나 숭실중학 3학년 때 1학년의 음악수업을 담당하기도 했다. 1907년 미국 유학 준비차 상경했다가 서울지역 사립학교들의 간청으로 음악교사로서의 활동을 시작했으며, 서양음악 발전에 초석을 다진 것으로 평가되고 있다.[22]

주시경은 한말 국어의 재발견을 통해 민족의식을 고취했던 학자였다. 1907년 7월 국문연구소의 위원으로 선출되었으며, 1908년에는 『국어문전음학(語文典音學)』을, 1910년에는 『국어문법』을 출간하였다.[23]

이범석은 주시경이 가장 활발하게 활동하던 시기에 국어교육을 받았던 것으로 보인다.

1911년 이범석은 부친이 강원도 이천군수(伊川郡守)로 부임하자 이천보통학교 2학년으로 입학하였다. 그는 학업에 열중하여 학교를 최우등으로 졸업하였으며, 1913년 3월 경성제일고등보통학교(京城第一高等普通學校) 1학년 갑반(甲班)에 무시험 추천으로 입학할 수 있었다.[24)]

이천군은 강원도 서남부에 속하며, 의병투쟁이 활발하게 전개되었던 곳이다. 가족들은 동헌(東軒)에서 멀지 않은 군수 관사(官舍)에 살았는데 동헌에는 일본 헌병분견대(憲兵分遣隊)가 주둔하고 있었다. 이범석은 피투성이가 되어 잡혀 오는 의병을 목격하곤 했는데 일본 헌병과 한국인 헌병보조원들에게 심하게 구타당한 모습이었다고 한다. 헌병보조원 중에는 대한제국의 군인으로 근무하다가 군대해산 이후 보조원이 된 자들이 있었는데 이 때문에 이범석은 '헌병보조원이라면 꼴도 보기 싫었다'고 하였다.[25)]

경성제일고보 진학한 이범석은 학교생활을 통해 보다 직접적인 민족 차별을 경험하였다. 학교에는 한국인 교사가 4명밖에 없으며, 수업시간은 제1차 조선교육령의 영향으로 2부로 나누어져 있었다. 제1부에는 한국 학생들이, 제2부에는 일본 학생들이 수업을 했는데 학생들 간에 충돌이 잦았으며, 일본인 교사의 민족적 차별과 모욕 또한 심했다.[26)] 수신(修身) 과목을 가르치던 자하(滋賀)라는 60여 세의 늙은 교사는 수업시간마다 "너무도 악착같이" 우리 민족을 모욕하고 일본 민족이 우월성을 강조하여 한국인 학생들의 분노를 샀다. 이에 이범석은 대부분의 학과에서 높은 성적을 유지했지만, 수신 과목에서는 항상 낮은 점수를 받아 부친으로부터 꾸지람을 듣는 편지를 받곤 하였다.

　이범석은 일본어로 번역된 소설들을 탐독했는데 셰익스피어, 톨스토이, 뚜르게네프의 작품을 좋아했고 나폴레옹에 관한 책도 많이 읽었다. 훗날 독립운동가 이강훈(李康勳)[27]은 이범석을 나폴레옹 신봉자로 기억하였으며, 김준엽(金俊燁)은 이범석이 광복군 제2지대장으로 활동하면서도 틈만 있으면 전사(戰史)에 관한 책을 읽었는데 나폴레옹을 대단히 높이 평가했다고 하였다.[28]

제2장

중국으로의 망명과
운남육군강무학교

1. 상해에서의 생활과 예관 신규식

1915년 여름 경성고보 3학년에 재학 중이던 이범석은 마포(麻浦) 한강변으로 수영하러 갔다가 중국 금릉대학(金綾大學)에서 유학 중이던 여운형을 만났으며, 자신과 같은 학생도 중국에서 공부하면서 독립운동을 할 수 있다는 이야기를 들었다.[1] 이는 이범석이 중국으로 망명해 독립운동에 투신할 것을 결심하는 결정적인 계기가 되었다.

이범석은 그해 가을 당진군수를 지낸 부친의 친구 이규태의 중매로 천안군 쌍용면에 사는 광산(廣山) 김씨 승현의 무남독녀와 혼인하였다. 부친은 학교생활에 적응하지 못하고 독립운동을 하겠다는 아들의 마음을 안정시켜 볼 생각으로 장가를 들였던 것이다. 그러나 결혼 후 3일째 되던 날 신부가 말을 하지 못하는 것을 알게 되었다. 처음에는 측은한 생각이 들어 얼마간 부모님께 상황을 알리지 않았으나 사실이 밝혀지자 부친은 혼인을 주선했던 이규태와 절교하였고 결혼은 파탄지경에 이르렀다. 이에 대해 이범석은 "내 일생의 중대사인 동시에 마음속에 꺼지지 않는 집요한 운명에 봉착하는 분수령이 되었다"고 하였다.[2]

망명을 결심한 이범석은 여운형이 머물고 있던 봉천(奉天)을 목적지로 필요한 준비에 착수하였다. 부친과 가까운 사이였던 한성은행장 한상용(韓相龍)에게 부탁해 부친이 필요할 때 쓰라고 마련해 준 돈 1,300원을 몰래 인출하였다. 전화 등 통신이 발달되지 않은 때여서 가능한 일이었다고 한다. 또한 그의 결심을 듣고 누님이 패물을 팔아 마련해 준 360원을 받아 결혼한 지 약 3개월 만인 1915년 11월 19일 밤 11시 20분 남대문역에서 의주(義州)행 기차를 타고 망명길에 올랐다. 이범석은 "목적지는 멀고먼 상해 나는 광활한 천지에서 오로지 여운형 씨의 이름만을 길잡이로 삼으며 조국을 떠났던 것이다"라고 회고하였다.[3]

이범석은 만주에 도착하자마자 길림성 서탑(西塔)의 고려여관을 찾아갔다. 여운형은 독립운동에 나서겠다며 자신을 찾아온 그를 보고 적지 않게 놀란 눈치였다고 한다. 그러나 대화 도중 매형인 신석우가 상해에서 활동하고 있다는 것과 충분한 자금도 마련해 왔음을 알게 되고는 안도하는 눈치였다고 한다. 이후 이범석은 여운형의 지인(知人)인 공하리라는 중국인이 용무차 가는 길에 동행하여 상해에 도착할 수 있었다.

상해에 도착했을 때 신석우는 예관(晩觀) 신규식(申圭植)[4]과 함께 동제사(同濟社)에 참여하고 있었다. 동제사는 신규식이 손문(孫文) 등 신해혁명(辛亥革命)을 주도한 중국 측 인사들과 긴밀한 관계를 맺으며 결성한 독립운동 단체였다. 표면적으로는 상해 거류 한인(韓人)의 상조기관이었으나 이사장 신규식, 총재 박은식(朴殷植) 이하 김규식(金奎植), 신채호(申采浩), 홍명희(洪命熹), 조소앙(趙素昻), 문일평(文一平), 박찬익(朴贊翊), 조성환(曺成煥), 민병호(閔丙鎬) 등이 활동하고 있었다.

이범석은 신석우의 도움으로 신규식의 집에서 지낼 수 있었다. 한번은 신규식의 심부름으로 손문을 만났는데 '그다지 크지 않은 키에 40대가 안되어 보이는 나이였지만, 어딘지 모르게 감히 범할 수 없는 위압감을 느꼈다'고 한다.5) 이범석은 신규식이 추천해 준 선생님을 통해 중국어 공부를 시작하였다. 신규식의 격려도 있었지만, 중국어를 잘 배우는 것에 자신의 운명이 걸려 있음을 절실히 깨닫고 있었기 때문에 열심히 공부하였다. 어학에 대한 소질도 나쁘지 않은 편이어서 4개월쯤 후에는 중국어로 간단한 대화를 할 수 있을 정도가 되었다고 한다.

이범석은 군관학교 입학을 원했으나 무작정 기다릴 수 없어 우선항주(杭州)에 있던 군관예비학교 성격의 체육학교에 입학하였다. 그러나 몇 개월 후 운남육군강무학교(雲南陸軍講武學校, 이하 운남강무학교)에 입학할 수 있는 기회가 열리자 지체 없이 자퇴하고 상해로 돌아왔다. 이범석은 입학을 기다리던 항주에서의 7~8개월은 그의 일생에서 "유래 없이 조용하며 명랑하고 유쾌한 시절"이었다고 하였다.6)

2. 운남육군강무학교 기병과 입학과 교육

이범석은 나이도 어리고 중국어도 서툰 편이어서 처음에는 운남강무학교 입학 추천자 명단에 포함되지 못하였다. 그러나 강무학교 입학을 간청했고 스스로 학비와 생활비를 조달할 수 있다고 하자 추천자격을 얻을 수 있었다. 학비와 여비를 감당할 수 있는 여력이 있다는 것은 큰 강점이 될 수 있었고 그는 김세준(金世俊)·배천택(裵天澤)·김정(金鼎)·최진(崔震) 등과 함께 입학할 수 있었다.[7]

운남군벌 당계요(唐繼堯)[8]는 신규식과 각별한 교분이 있었으며, 한국의 독립운동을 적극적으로 후원하는 인물이 있었다. 1911년 중국의 민족지도자들은 신해혁명을 일으켰으나 1915년 원세개가 황제에 등극함으로써 상황은 혼란에 빠져들고 있었다. 이에 손문은 광동정부(廣東政府)를 건립하고 동남아에서 영향력이 있던 화교(華僑)의 도움을 받고자 그들의 자제를 운남강무학교에 입학시켜 교육하고 있었다. 이범석과 동료들은 중국어를 잘하지 못하는 화교로 가장하여 입학하였던 것이다.

운남강무학교로 가는 길은 쉽지 않았다. 상해를 출발하여 광주(廣州)와 홍콩을 경유, 베트남의 도착하였고 그곳에서 화교로 신분으로 위장한 후 다시 기차와 말을 타고 혹은 도보로 약 한 달이나 걸려 곤명(昆明)에 도착하였다. 경유지를 거칠 때마다 환전을 해야 했으며, 여권도 4번이나 위장을 해야 했다. 일제의 감시를 피하기 위해 중국인으로 변성명(變姓名)하고 출신지역도 위장하였다. 이범석은 실제보다 5살이나 많은 길림성(吉林省) 왕청현(汪淸縣) 사람의 호적(戶籍)을 샀으며, 이국근(李國根)이라는 가명을 사용했다. 강무학교에 입학할 수 있는 연령은 만 18세부터였는데 이범석은 2살이나 못 미쳤기 때문에 이떻게든 나이를 맞춰야 했다,

일행은 곤명 도착한 후 운남성 외교 담당자의 도움으로 강무학교

제12기로 입학할 수 있었다. 학교에 입학해서는 갑·을·병 3개 학급 중 한 곳에 속해 교육을 받아야 했고 반년의 초기 교육과정을 이수한 후에는 보병, 기병, 포병, 공병 등 4개의 병과(兵科)로 나뉘어 교육과정을 이수하였다. 교원의 대부분은 일본의 육군사관학교를 졸업한 사람들이었으며, 프랑스 사관학교 출신도 있었다.9) 학생들은 주로 운남과 귀주(貴州)에 주둔하고 있던 신군(新軍) 제19진과 순방군(巡防軍)의 하급 군관들이었다. 이외에 운남, 귀주, 광동, 광서(廣西), 사천(四川) 등지의 청년들 중 시험을 통해 선발된 학생들이 있었고 특히 동남아시아 거주 화교도 상당수 있었다.10)

운남강무학교에서도 민족적 차별은 여전히 존재하고 있었다. 이범석은 수업 도중 우리 민족을 비하하는 중국인 선생에게 먹함(墨盒)을 던지고 싶을 정도였다고 한다. "우리에게 호의를 가졌거나 악의를 가졌거나, 전연 모르거나 간에 하늘 끝 간 데까지 가도 나라 없는 설움은 면치 못한다는 것을 절실히 느꼈다"고 회상하였다.11)

이범석은 기초교육을 마치고 기병과에 편성되었으며, 재능을 발휘하기 시작하였다. 기병과에서의 첫 학기 성적은 240명의 생도 중 173등으로 좋은 편이 아니었으나 "뼈저린 공부"를 통해, 2학기에는 기병과 5등, 전체 37등을 차지했다. 4학기부터는 기병과 수석을 놓치지 않았으며, 기병과 수석, 전체 9등의 우수한 성적으로 학교를 졸업하였다.12) 이에 기병과 구대장 서가기(徐家驥)는 이범석에게 자신의 이름의 '기(驥)'에 '철(鐵)'자를 붙여 철기(鐵驥)라는 호(號)를 지어주었다.13)

1919년 학교를 졸업 후 이범석은 곤명에서 15km 떨어진 건해자(乾海子) 기병연대에 배속되어 견습사관(見習士官)으로 근무하였다.14) 그러던 5월 어느 날 중국신문의 보도를 통해 국내에서 3·1운동이 일어났다는 "놀라운 소식"을 접할 수 있었다. 곧바로 동료들과 연락을 취한 그는 동지들과 상해로 돌아가기로 하였다. 이들은 우선 당계요에게 상해로 돌아갈 수 있도록 해달라는 극비(極秘)의 사직청원서를 제출했으며, 일주일이 안되 일행을 관사(官舍)로 부른 당계요는 원한다면 언제든 상해로 돌아가도 좋다고 허락해 주었다. 이 자리에서 당계요는 혁명이란 그렇게 단순한 것이 아니니 비록 이번에 실패하더라도 다시 시기를 기다려야 하며, 이를 위해 필요하다면 조금도 주저하지 말고 다시 찾아오라고 격려해 주었다고 한다.

또한 비서인 이옥곤(李玉崑) 장군을 시켜 상해까지 가는 여권과 여비를 마련해 주었으며, 홍콩과 상해에서 쓸 수 있는 은행권 수표(手票)와 베트남을 경유할 때 쓰게 될 현금으로 은대양(銀大洋) 약 2천 원도 주었다. 이 금액은 일행이 상해로 가서 몇 달을 지내고도 남는 거금이었다. 일행은 베트남을 경유해 13일간 배를 타고 상해로 돌아왔다. 이범석과 동료들은 운남을 떠나기 위해 기차를 타는 순간 마음속에서 일어나는 긴장과 흥분으로 인해 서로 별다른 말을 나누지 못했다고 한다.[15]

제3장

만주행과
청산리전투에서의 승전

1. 신흥무관학교와 국내진공 계획의 무산

1919년 7월경 상해에 도착한 이범석은 김시문(金時文)의 도움으로 임시정부를 찾아갈 수 있었다. 김시문은 개성(開城) 출신으로 1916년 상해로 이주하며 금문공사(金文公司)라는 잡화상을 운영하며, 『독립신문』의 식자공과 배달원으로 활동한 인물이다. 1925년에는 독립신문사의 경영권을 인수하여 세187호부터 세190호를 발행하기도 했으며, 상점을 임시정부의 연락 혹은 회합 장소로 제공하였다.[1]

상해에 도착한 이범석은 이동녕(李東寧), 조완구(趙琬九), 이시영(李始榮) 등 독립운동 지도자들의 권유에 따라 일제와의 직접 투쟁이 가능한 만주로 활동 근거지를 옮기로 하였다. 나이도 어리고 독립운동의 경험도 없던 그가 상해에서 할 수 있는 일은 그다지 많지 않았기 때문이었다.[2] 만주로 떠나기 전 그는 항주(杭州)에서 정양(靜養) 중이던 신규식을 방문하였다. 그는 이범석에게 길림(吉林)에서 활동 중인 박찬익(朴贊翊)를 찾아가 거취를 의논하면 좋을 것이라고 하며, 대종교(大倧敎)를 받아드리도록 권유하였다.

> "檀君聖祖의 天神 앞에서 맹세하고 大宗敎를 봉교(奉敎)하라"고 말씀하셨다. 그때까지 나는 대종교에 대해 전연 몰랐었다. 비로소 그 어른(신규식 - 필자)이 나에게 그 유래를 설명하시며 "배달민족은 누구나 자기의 國敎를 존경해야 되며 우리의 건국역사가 동양에서 어떤 나라에 뒤떨어지지 않게 오래고 훌륭한 문화를 지니고 있는 이상 우리가 왜 제나라 國祖의 가르치심으로 된 종교를 믿지 아니하고 외래 종교만을 믿어야 할 이유가 무엇인가" 고 말씀하셨다.
>
> 그렇게 말씀하시면서 지금 잘 기억 못 하겠는데 거기에 있던 告由文을 낭송하셨다. 그래서 나는 마음속으로 대종교 신도가 되었음을 느꼈고 당시 만주의 대종교의 布敎狀況·활동 상황을 개괄적으로 또 말씀해주셔서 귀를 기울였다. 대종교가 닦아놓은 업적이 만주한인의 민족의식을 고조시키고 이들로 하여금 단결되도록 했고 독립만세운동에 감동해서 국내보다도 더 격렬하게 운동을 전개했다는 말씀을 예관선생이 하셨다. 아울러 간도에 가면 수많은 교우를 만날 것이며 그네의 민족정신은 다들 강할 것이니 앞으로 우리의 獨立軍 활동이 잘 될 것으로 믿는다고 말씀하셨다.[3]

이에 이범석은 신규식을 통해 대종교를 수용했으며, 대종교의 수용은 그가 이후 김좌진(金佐鎭)과 안호상(安浩相), 정인보(鄭寅普) 등과 긍정적인 유대관계를 형성하는 데 기여했을 것으로 여겨진다. 대종교가 민족의 시조(始祖)인 단군(檀君)을 구심점으로 하는 민족종교였다는 점에서 이범석의 민족주의의 형성에도 일정하게 영향을 끼쳤을 것이다.[4]

만주에 도착한 이범석은 박찬익을 만나 현지의 사정을 파악할 수 있었다. 박찬익은 중국군관학교에 한인 청년들의 입교를 돕고 있었고 경학사와 신흥강습소 설립에도 참여하였으며, 이범석이 방문했을 때에는 길림군정사(吉林軍政司)를 결성해 항일무장투쟁에 주력하고 있었다.[5] 이범석은 박찬익과의 만남을 통해 신흥무관학교(新興武官學校)를 찾아가기로 마음을 굳혔으며, 최진과 함께 학교가 있는 유하현(柳河縣) 삼원포(三源浦)로 향하였다.

삼원포에는 한족회(韓族會)와 시로군정시(西路軍政署)의 본부가 있었으며, 이장녕(李章寧), 김동삼(金東三), 이탁(李倬), 여준(呂峻), 김창환(金昌煥), 지청천(池靑天), 김경천(金敬天) 등 많은 인물들이 활동하고 있었다. 신흥무관학교는 통화현(通化縣) 합니하(哈泥河)에 본교가 있었고 학생 수가 증가하자 유하현 고산자(孤山子)에도 분교를 설립하였다.[6] 이범석이 도착했을 때는 합니하에 있는 본교만 개학한 상태였다.

그러나 이범석이 도착한 신흥무관학교의 상황은 그의 기대에 크게 미치지 못하였다. 마적(馬賊)을 막을 만한 몇 자루의 총도 준비되어 있지 않았으며, 훈련은 목총(木銃)으로 하고 있었다. 사격훈련은 엄두를 내기 어려웠고 교재도 등사판으로 찍은 것을 사용하고 있었다.[7] 3·1운동 직후 지청천과 함께 일본군을 탈출해 신흥무관학교 교관이 되었던 김경천도 비슷한 기록을 남기고 있다.

> 우리의 고난이 끝이 있어 약 보름 만에 봉천성 유하현 孤山子 大肚子에 있는 서간도 무관학교에 도착하여 南一湖군의 집에 숙소를 정하였다. 본 무관학교는 올해 3월까지 보통교육을 실시하였다가 독립선언 이후로 그것을 전부 폐지하고 군사학을 시작한 것이니 범사에 매우 유약하다. 만주인의 건물을 임차하고 새로운 건축도 하는 중이다.[8]

이 내용은 고산자에 있던 신흥무관학교 분교의 상황에 대한 회고이기는 하지만 '범사에 매우 유약하다'고 하고 있었다.

한편 신흥무관학교의 훈련 상황에 대해서는 다른 내용의 기록도 있다.

> 3·1운동 발발 후, 한족회는 정치적 역량을 발휘해야 할 뿐만 아니라 군사 활동도 집행해야 했다. 그리하여 한족회는 혁명운동의 요구로 군사기구를 설립하고 그 기구를 大韓西路軍政署라 명명하였다. 산하에 2개의 좌우익[聯隊]를 설치하고 좌우익 아래 또 6개 큰 부대[大部隊]를 설치하였다. 군정서의 간부는 모두 구 한국정부 군대의 고급군관 및 외국군관학교 출신이었으며 초급간부는 新興學友團 단원 혹은 기타 군사학교 출신이었다. 그리고 군정서의 병사들은 전부 18~40세의 한국교민으로서 3개월 이상 실외에서 군사훈련을 받았다. 新興學校 본교와 분교의 2,000여 명 학생은 군정서의 간부후보였다. 한국교민(韓僑)이 거주하는 마을에서는 밤낮 없이 군사 교육이 실시되어서 마치 전쟁 전야와 같은 분위기와 긴장이 감돌았다.9)

이는 신흥무관학교 졸업생이며, 서로군정 견습사관을 지냈던 심학규(金學奎)의 회고인데 그는 신흥무관학교의 본교와 분교에서 훈련을 받았던 2,000여 명의 학생들은 모두 간부 후보였으며, 훈련이 밤낮없이 실시되어 마치 전쟁 전야(前夜) 같은 긴장감이 돌았다고 하고 있다. 실제로 국내에서는 청년들이 압록강을 건너 신흥무관학교를 찾아와 입학을 지원하기도 했으며, 청년들을 비밀리에 모집하던 중 관련자들이 일제에 의해 검거되는 사건이 발생하기도 했다.10)

신흥무관학교의 교관이 된 이범석은 이신작칙(以身作則)과 솔선수범(率先垂範)을 원칙으로 학생들을 가르쳤다.11) 1919년 11월 이범석은 교성대(敎成隊)대장에 임명되는데 이 부대는 일종의 별동대로 신흥무관학교 졸업생과 독립운동에 뜻있는 우수한 청년들로 구성된 부대였다. 이들은 3·1운동 1주년이 되는 1920년 3월 1일을 기해 압록강 건너의 자성(慈城)·후창(厚昌)·혜산진(惠山鎭) 등을 습격하여 한 곳을 점령한 후, 이를 거점으로 3·1운동의 열기를 다시 한 번 고조시키는 항일무장투쟁을 일으키고자 조직된 부대였다.

편제는 1개 중대급 규모로 약 135명의 대원들이 엄격한 군사훈련을 받고 있었으며, 소대장에는 오광선(吳光鮮), 한호, 김승빈(金勝彬)이, 조교에는 백종렬(白鍾烈), 최해(崔海), 김훈(金勳)이 임명되었다. 이범석은 대원들의 가정환경, 교우 상태, 성격 등을 세밀하게 분류 관찰했는데 이는 대원 각자의 쓰임을 분명히 하기 위한 것이었다.

그런데 이 계획은 시도도 해보지도 못한 채 좌절되었다. 국내 자산가인 장길상(張吉相)이 임시정부에 보내온 독립운동자금 1만 원을 신흥무관학교로 가져와 다량의 무기를 구입해 작전을 실행하고자 했던 것인데 일단 임시정부로부터 군자금을 받아오는 데는 성공했으나 자금의 상당 부분이 한족회(韓族會)의 행정비로 소모되었기 때문이 있다. 또한 무기 구입을 위해 애쓰던 동지 배달무(裵達武)가 심한 동상에 걸려 한쪽 발 발가락 모두와 한쪽 다리의 3분의 1을 잘라내야 하는 등의 일이 겹쳐 작전은 더 이상 추진하기 어려운 상황이 되었던 것이다.

이범석은 모든 것이 무위로 끝났다는 생각이 들자 병상(病床)의 배달무는 물론, 함께 고생했던 대원들에 대한 미안함 등으로 마음을 추스르지 못하였다. 이에 그는 서로군정서 병원 약장(藥欌)에 있던 약 30g의 아편을 훔쳐 입에 털어 넣고 중국 독주(毒酒)을 들이켜 자살을 기도하였다. 그러나 술기운에 취해 아편을 토해냈고 서로군정서 간호사 안사영의 도움으로 죽음을 면할 수 있었다.[12] 이범석은 '정이 뚝 떨어져' 서간도에는 더 이상 머물고 싶지 않았으며, 목총과 권총 몇 자루만으로는 항일의 꿈을 이룰 수 없다는 힘의 진리를 확실히 깨달았다고 하였다.[13]

2. 김좌진과 청산리전투에 대한 기억

1920년 3월경 이범석은 김좌진으로부터 북로군정서 독립군의 군사훈련을 위해 도움을 청한다는 편지를 받았다. 김좌진은 1917년 9월 만주로 망명한 이래 길림에서 활동하고 있었으며, 북로군정서 총사령이 되어 독립군의 양성과 항일무장투쟁을 위한 계획을 책임지고 있었다. 그러나 북로군정서에는 군사 경험이 풍부한 지휘관이 부족한 상태였다. 반면에 신흥무관학교에는 상대적으로 우수한 교관이 많았다. 김좌진은 만주에 도착해 동향(同鄕) 출신의 신흥무관학교 교장 이세영(李世永)을 통해 학교의 사정을 파악하고 있었으며, 1920년 4월경 이범석과 김훈 등이 북로군정서로 파견될 수 있었다.[14]

북로군정서는 북간도 왕청현(汪淸縣)의 산림(山林)에 자리잡고 있었으며 대종교계통의 대한정의단(大韓正義團)을 기반으로 하고 있었다.[15] 정의단은 1919년 8월을 전후해 만주지역에서의 항일무장투쟁을 강화해 가는 과정에서 김좌진을 영입했으며, 군비도 급속하게 확충해 가고 있었나. 북로군정서는 1920년 2월 초에 왕청현 서대파(西大坡) 십리평(十里坪)에 사관연성소(士官鍊成所)를 설치하였으며,[16]

김좌진이 교장을 겸임하고 있었다.[17]

군사훈련은 대한제국 군대의 훈련 방식을 기본으로 오전에는 제식훈련과 전투훈련을, 오후에는 사격술과 총검술 등을 실시하였다.[18] 생도들은 일본군 모형의 표적을 만들어 사격연습을 했으며, 강화린(姜化麟)이 지휘하는 사관연성소 제1학도대와 이범석이 지휘하는 제2학도대가 대항연습을 하기도 했다.[19] 군사학, 부대지휘 운용법, 체조 및 구령법 등도 교육하였으며, 일제의 폭정과 세계 각국의 독립의 역사도 가르쳤다.[20]

북간도의 한인사회는 남만(南滿)에 비해 경제적으로 윤택한 편이었고 주민들 간의 정보와 의견 교환도 조직적이고 민첩하게 이루어지고 있었다. 이범석은 왕청현 대감자(大坎子) 마을의 경우 주민들은 전투태세를 갖추고 있어 삼엄한 분위기를 느낄 수 있을 정도였으며, 북로군정서 본부까지 가는 도중에 10여 차례의 검문을 받을 정도였다고 하였다.[21]

북로군정서에 도착해 처음으로 김좌진과 대면한 이범석의 그에 대한 첫인상은 극찬에 가까웠다.

> 칠 척이 넘는 키에 거구, 만인을 위압하는 위엄, 쌩쌩해 보이는 군상의 와 입매—일견지하에 그만한 터전을 마련한 인물이며 또한 그에게 지도를 받아서 나의 앞길은 반드시 광명하리라 즉각 느꼈다. 나와 일행을 소개했나. 김좌진 장군은 한없이 기쁘고 명랑한 표정을 한껏 지었다. 먼저 북로서에 관해 요샛말로 브리핑해주었다. 도도한 그의 웅변… 사람을 흡인하는 매력을 뿜었다. 정연한 이론… 그가 하고자 하는 모든 노릇 외에는 더 나은 길이 조국 독립을 위해서 없다는 것을 수긍케 했다.[22]

7척이 넘는 키의 거구, 만인을 위압하는 위엄, 총명해 보이는 눈동자와 입매는 한 눈에 그의 지도를 받아서 나의 앞길은 반드시 광명하리라는 것을 즉각 느끼게 했다고 하였다. 또한 김좌진의 도도한 웅변은 사람을 흡인하는 매력을 뿜었으며, 정연한 이론은 그가 하고자 하는 모든 것 이외에는 조국 독립을 위해 더 나은 길이 없다는 것을 수긍케 했다고 하였다.

3·1운동 전후 북간도지역에는 대략 40여 개의 독립운동단체들이 활동하고 있었다.[23] 이들은 소규모 부대를 편성하고 국내로 진입하여 일제의 국경 수비대와 경찰서 및 면사무소와 금융조합과 기타 관공서를 공격함으로서 국경치안에 심대한 타격을 가하고 있었다.[24] 청산리전투가 벌어졌던 1920년 한 해만 해도 독립군은 연인원 4,643명을 동원하여 총 1,651회에 달하는 국내진공작전을 전개하였고 일제의 경찰서와 관공서 37곳을 공격하였다. 그런데 이러한 통계가 일제에 의해 작성된 것이라는 점을 고려하면 상황은 훨씬 더 치열했을 것으로 여겨진다.[25]

이에 일제는 만주지역 독립군에 대한 강력한 대응의 필요성을 절감하고 있었고 1920년 8월 '간도지방불령선인소토계획(間島地方不逞鮮人剿討計劃)'을 수립하고 곧이어 이른바 훈춘사건(琿春事件)을 도발하였다.[26] 독립군과 일제의 충돌 분위기가 고조되자 중국 당국에서는 독립군들에게 일본군을 피해 백두산 산록방면으로 이동해 줄 것을 요청하는 교섭을 전개하였다.

1920년 9월 6일 이범석은 북로군정서의 근거지를 찾아온 중국군 사령관 맹부덕(孟富德)을 맞아 교섭을 신행하였으며, 10일 이내에 다른 곳으로 이동한다는 조건 하에 중국 당국이 편의를 제공한다는 내용의 교섭을 성사시켰다고 한다.[27] 북로군정서의 근거지 이동은 다른 단체들에 비해 다소 늦은 편이었다. 1920년 7월 말 무기 구입을 위해 러시아로 파견된 경비대장 이교성(李敎成)부대의 귀환이 9월 7일에야 이루어졌으며,[28] 9월 9일에는 사관연성소 학생들의 졸업식이 있었기 때문이었다.[29]

근거지 이동을 결정한 북로군정서는 이범석에게 여행단 단장을 맡겼나. 그의 임무는 인제 어떻게 벌어질지 모르는 선투에 내비하며, 비무장 인원들을 보호하는 것이었다. 그는 사관연성소 졸업생 310여 명 가운데 150명으로 여행대(旅行隊)를 편성하였고 나머지 150명과 사령부경비대 및 신규로 모집한 인원 100여 명을 합하여 보병 1개 대대를 구성하였다고 한다.

사관연성소의 졸업식을 마친 북로군정서군은 9월 17일 서대파를 떠나 10월 12~13일경 청산리 부근에 도착했다.[30] 당시 독립군부대들은 '피전책(避戰策)'만을 결정하고 있었을 뿐, 각자 독자 행동을 취하고 있었다. 통합해야 하는 독립군 부대의 숫자도 많았고 정치 이념과 종교적 지향 및 지지 기반 등에 있어서 통합을 어렵게 하는 다양한 요소들을 갖고 있었기 때문에 일사불란한 통합은 어려운 상황이었다. 여기에 부대의 배치나 지휘 체계의 수립 등도 통합에 걸림돌이 되고 있었다.

근거지 이동과 관련해 서일(徐一)은 후방 지역인 중·소 국경 지대로의 이동을 주장하였으며, 현천묵(玄天黙)은 백두산 방면으로 가자는 의견을 내고 있었으며, 인적·물적으로 유리한 백두산 방면으로의 이동이 결정되었다.[31] 화룡현의 청산리를 근거지로 정했던 것은 이 일대가 대종교계의 청일학교·의합천일학교 등이 설립되어 있는 대종교계 마을이었으며, 상황에 따라서는 국내로의 진격도 가능한 지역이기 때문이었다. 산세가 험하고 안도현과 인접하여 상대적으로 안전한 지역이기도 했다.[32]

한편 홍범도부대도 백두산 방면으로 이동하고 있었는데 북로군정서와의 연합작전을 염두에 두고 있었다.[33] 홍범도(洪範圖)는 "…군정서가 청산리에 있다 하니까 연합하여 고려(한국)로 나갈까 하고 찾아가는 길에 어구의 큰 길에 나가 서자마자 보초병이 뒤물러서면서 일병이 수천 명이 당금 당진하였다. 한즉 할 수 없이 고려 나가 쓰자고 하던 뿔리묘트(기관총)를 걸고 일병 대 부대에다 내두르니 쓰러진 것이 부지기수(不知其數)로 자빠지는 것을 보고 도망하여 오른 길로 산폐로 들어와…"[34]라고 하였다.

홍범도부대는 북로군정서가 백두산 방면으로 이동한다는 소식을 듣고 함께 국내진공작전을 전개할 목적으로 이동하고 있었으며, 도중에 일본군 대부대와 마주치자 격전을 치러 승전했던 것이다.

일본군은 제19사단을 중심으로 1만 2천 명의 병력을 3개 지대(支隊)로 나누어 독립군에 대한 대대적인 공격을 시도하였다. 특히 육군 소장 동정언(東正彦)이 지휘하는 동지대(東支隊)는 이도구(二道溝)와 삼도구(三道溝) 방면으로 병력을 투입하여 독립군을 빠르게 추격하고 있었다.[35] 만주로 들어온 일본군은 독립군 근거지를 파괴하는 것에 그치지 않고 독립군의 활동을 묵인했거나 도왔다는 이유로 무고한 한인(韓人)들에 대한 참혹한 학살과 방화를 자행하였다. 독립군부대들은 더 이상 '피전책'만을 고수하기 어려운 상황이 되어가고 있었다.

독립군 토벌에 투입되었던 일본군의 전력(戰力)과 작전지역은 다음과 같았다. 동지대는 회령 등지에서 월강(越江), 용정방면에 진출하여 그 일원을 소탕하는 주력부대였다. 무산(茂山)에서 북상하는 제20사단과 합동 작전으로 독립군이 안도 · 돈화 방면으로 진출하는 것을 저지 · 초멸하는 임무를 담당하였다. 부대의 편성은 다음과 같았다.

　　지대장은 육군 소장 동정언(東正彦).
　　보병 27여단 사령부, 보병 제73연대[제1대대와 제10중대 빠짐, 특종포대, 을(乙) 위생반 부가함].
　　보병 제74연대 제2대대[기관총 2소대, 통신반, 정(丁)위생반을 부가함].
　　기병 제27연대[제2중대의 1소대와 제3중대 빠짐],
　　야포빙 제25연대 제1대대[아포병 1중대, 산포병 1중대(산포는 추후 편성해 배속함].
　　공병 제19연대 제3중대
　　헌병 약간.

　기림(磯林)지대는 경원(慶源)으로부터 두만강을 건너 훈춘방면으로 진출하여 그 일대 토벌의 주력이 되며, 독립군을 나자구 방면으로 추격 포위하여 삼차구(三岔口) 방면에서 남진하는 포조군(浦潮軍)과 공동작전 하도록 되어 있었다.

　　지대장은 육군소장 기림직명(磯林直明)
　　보병 제38여단사령부
　　보병 75연대[제1 · 제3 대대의 각 중대 2개와 제2대대는 빠짐, 기관총 소대 2개와 특종포대통신반, 병(丙)위생반 부가]
　　보병 제78연대 제3대대[기관총소대 1개, 통신반 4분의 1, 무(戊)위생반 부가]

기병 제27연대 3중대[반(半) 소대 빠짐]
야포병 제25연대로 제2대대[야포중대 1개, 산포소대 1개, 산포는 추가하
여 편성 상 배속함]
공병 19대대 제2중대
헌병 약간

목촌(木村)지대는 온성(穩城)으로부터 월강, 왕청현 방면으로 진출
하여 그 일원을 담당하는 주력부대가 되었다. 대한국민회·대한북로
군정서 등의 본영을 대상으로 토벌작전을 수행하되 특히 서대파(西
大坡), 대감자(大坎子), 백초구(白草溝), 합마당(哈蟆塘) 등지를 반복
토벌하는 임무를 담당하였다.

지대장 육군보병 대좌 목촌익삼(木村益三)
휘하에 보병 제76연대[제1·제3 대대의 각 중대 2개와 제2대대는 빠짐,
기관총소대 2개, 특종포대, 통신반, 갑(甲)위생반을 부가함]
기병 27연대 제2중대의 1소대
산포병 제1중대[제1소대가 빠짐],
공병 제19대대 제1중대의 소대 1개
헌병 약간
사단직할부대
보병 제74연대 제1대대 본부 및 제3중대
비행기반
무선통신반
비둘기통신반

또한 일본군의 일부 병력은 중·소 국경을 넘어 간도로 들어오기
도 했는데 시베리아를 침략했던 포조(浦潮)파견군 제14사단·제11사
단 토문자(土門子)지대, 제13사단 우입(羽入)지대였다. 이들은 훈춘,

초모정자, 토문자, 수분대순자(綏芬大旬子) 등에서 주력부인 19사단과 연합하여 한인들을 학살·탄압하는 작전을 전개하였다.

이밖에 북만에 파견되어 있던 안서(安西)지대가 보병중대 3개와 기관총대 4개, 기병소대 1개로 편성되어 간도로 진격해 왔으며, 마지막 서쪽으로는 관동군 제19연대 1개 대대가 무순, 흥경, 통화, 환인, 관전, 안동 등에 그리고 기병 제20연대가 해룡, 유하, 통화, 환인, 관전, 안동 등의 지방을 향해 침입해 왔다.

일본군은 독립군을 포위해서 일거에 섬멸하겠다는 전략으로 작전을 전개했는데 대략 제19사단의 9,000명, 제20사단의 4,000명, 제11사단 1,000명, 안서지대 1,000명, 관동군 1,200명 등 20,000명에 가까운 병력과 비행기 등의 장비를 동원한 대규모의 군사작전을 전개하였던 것이다.[36)]

한편 이범석은 『우둥불』에 수록된 '민족의 긍지인 역사적 사실을 흐릴 수 없다'라는 부분에서 청산리전투에 대한 자신의 경험과 기억을 정리하고 있는데 그 중요한 내용은 다음과 같다.

> 닐리 알려져 있는 청산리대첩은 국망 이래의 민족대일항전 사상 유일한 대규모 조직적인 전역이었다. 하잘것없는 장비, 소수의 군대로 수십 배의 강적과 싸워 수천 명을 섬멸한, 각국 전사 상에도 유례를 찾기 어려운 전투였다. 이것은 민족의 긍지로서 영원히 호기 있게 자랑할 역사적 사실이라 나는 생각한다. (중략)
>
> 그런데 이 엄연한 사실이 그릇된 문서나 날조된 기록에 의해 뒷사람에게 회의를 두게 한다면, 이는 더할 수 없는 유감이요, 또 고통이다. 그래도 적의 왜곡된 문서나 사이비 집단들이 공을 탐하기 위해 만든 기록에 쉽사리 현혹되거나 회의를 갖지 않게 되리라는 민족의 양심과 상식을 신뢰하고 있었다.

그러나 식자를 빈축케 하는 일들이 광복 이후 무수히 나온 것을 볼 때, 죽기 전에 내 증언이 더 자세히 필요한 것으로 느꼈다. 그래서 현재 미국 워싱턴 박물관에 보관되어 있고, 우리 국회도서관에도 복사 · 보관되어 있다는 청산리 싸움에 관한 기록이 역사적 사실과 어긋난다는 것을 밝혀 두는 것이 나의 책임이라고 생각해서 몇 마디 부언하는 바이다.

작년 미국을 다녀온 국회도서관장으로부터 그가 워싱턴을 방문했을 때, 그곳 도서관에 청산리 전역 당시 일본군이 노획한 허다한 독립군의 무기와 각종 문서 등 사료가 있어, 이를 전부 복사해 왔다는 말을 들었다. 워싱턴에 보관된 그 자료들은 일본 항복 직후 일본 육군성과 참모본부에 보관해 오던 것을 미군이 가져간 것이었다. (중략)

8일 밤 작전회의를 열고 김좌진 장군을 총지휘로, 홍범도, 최명록 두 분을 부사령관으로, 여행 단장이었던 내가 적적 총지휘, 즉 전투 사령관으로 부서를 정했다. 또한 홍범도 부대가 터시고우 방면, 의군부가 무산 · 간도 방면의 버들고개, 군정서 군대는 중앙의 송림평을 각각 각전지역으로 정했다.

그런데 9일 날 새벽에 보니 아무 연락도 없이 모두들 떠나가 버렸고, 다만 한민단 1개 중대만 남아 있었다. 3개 단체는 아무 말도 남기지 않고 밤의 장막과 함께 사라진 것이다.

나중에 안 사실이지만, 부서와 임무 배당에 불만이 있었다는 것이다. 내가 생각하기로는 불만도 있었겠지만 5만이 넘는 적의 대병력의 기세에 압도당해 전의를 상실한 게 확실하다.

그래서 군정서는 광전면인 송림평을 전장지역으로 정했다가 갑자기 이를 포기하고, 청산리 골 안쪽의 좁은 지역인 백운평 이북 소수 병력에 적합하나 유리한 지형으로 몰려 들어가게 되었다.

내가 새벽에 기습한 천수평 싸움이 끝나고 얻은 시마다 대위 보고서 가운데 '마루꼬우 고지의 적을 감시한다.'는 내용을 보고 정세판단이 어려웠다. 나중 전투가 확대되어 마루꼬우 싸움 때 홍범도 부대가 그곳에서 숙영했음을 비로소 확인했다.

홍범도부대가 이탈한 지 3일째 되는 날, 일군에게 포위당해 물 한 모금 먹지 못하고 추운 밤에 우둥불 하나 올리지 못한 채, 굶고 떨면서 운명을 체념하고 그대로 그것에 있었다는 것이다. 그러던 중 천수평의 적이 우리에게 기습을 당해 포위망이 터진 것이다. 도의적으로 말하더라도 응당 거기서 책응하여 적을 협격했으면 전과가 더욱 올랐을 것이다. 그러나 운명의 신이 살길을 터준 줄만 알고 그 격전 틈에서 홍범도부대는 계속 안도현 쪽으로 궤주하고 말았다.

안도현 입구인 우도양창 계곡을 빠져 들어가다가 그곳을 경계하던 일군 포위망에 다시 걸렸다. 적은 끈덕지게 수색했다. 이를 모르고 며칠 동안을 굶고 떨다가 이제는 전장을 떠났으려니 안심한 그네들은, 이날 밤 화광이 충천하게 대 우둥불을 지펴 몸을 녹이며 먹을 것을 끓이는데 추격하던 일군이 모든 자동화기 포를 퍼부었다, 삽시간에 백 수십 명이 아무 저항도 못한 채 떼 죽임을 당했디. 또한 무기의 태반을 잃어 버렸다, 나머지 무기를 가지고 내도산이라는 곳으로 들어갔다. 일군이 청산리 전역에서 독립군으로부터 노획했다는 사진의 무기는 바로 그것이다. (중략)

다시 이야기를 돌려, 국민회 군대는 흩어지고 얼마의 무기를 땅에 파묻기도 했는데, 지방민의 밀고로 일군이 파낸 것도 적지 않았다. 옛날 의병 출신인 늙은 동지들로 편성된 부대를 영솔하던 홍범도 씨는 의의에 큰 타격을 입고 깨달은 바 커서 나머지 무기를 지청천 장군이 영도하는 신흥사관 생도에게 넘겨주어 장비케 함으로써 지청천 장군의 부대가 비로소 무장하게 되었다, 항간에 흔히 눈에 띄는, 지 장군이 청산리 전역에 직접 관여한 것처럼 기록된 것은 완전한 와전임을 아울러 밝혀둔다.

서간도에서 나와 함께 목총만으로 교육시킨 신흥학교의 학생들 약 3백 명을 데리고 지 장군은 남만으로부터 이동해서 백두산 및 안도현 관하 내도산에 들어와 있었다. 청산리 전역 이후 약 3개월째에 군정서 군대를 비롯하여 각 단체별로 흩어졌던 독립군이 밀산에서 모두 회사해서 대한독립군이라 개칭하고 함께 러시아로 넘어갔다.[37]

이를 통해서 보면 우선 이범석이 『우둥불』을 출간한 것은 1970년 국회도서관장이 미국 국회도서관이 소장하고 있던 청산리전투와 관련한 일본의 MF문서를 입수해 왔는데 그 내용을 놓고 국회의원이나 지인들 사이에서 논란이 일자, 이에 대한 대응의 일환이었음을 언급하고 있다.[38]

또한 이범석은 청산리전투의 전개 과정에 대해 큰 틀에서 다음과 같이 정리하였다. 첫째, 청산리전투 직전에 독립군부대들은 김좌진을 총지휘로, 홍범도와 최명록[崔明祿, 일명 최진동(崔鎭東)]을 부사령관으로 하고 이범석이 전투사령관이 되어 작전을 전개하기로 합의하였으나 부서와 임무 배당에 불만이 있던 부대들이 이탈하여 한민단 1개 중대만 남기고 사라졌다고 하였다. 그리고 이들이 사라진 것은 5만이 넘는 일본군 대병력의 기세에 압도당해 전의(戰意)를 상실한 것이라고 하였다.

둘째, 홍범도부대는 이탈 3일째 되던 날 일본군의 포위망에 걸려 운명을 체념하고 있었으나 천수평의 적이 이범석의 부대에게 기습을 당해 포위망이 열리자 운명의 신(神)이 살길을 터준 줄만 알고 안도현(安圖縣) 쪽으로 궤주(潰走)하였다고 주장하였다.

셋째, 홍범도부대는 안도현 입구인 우도양창 계곡으로 빠져들어 가다가 일본군의 포위망에 두 번째로 걸려들었으며, 삽시간에 수백명이 아무 저항도 못한 채 때 죽임을 당했고 무기의 태반을 빼앗겼는데 일본군이 공개한 사진 중 독립군으로부터 노획했다는 무기는 이것을 말하는 이라고 하였다.

넷째, 의병 출신인 늙은 동지들로 편성된 부대를 영솔하던 홍범도는 의외에 큰 타격을 입고 깨달은 바가 커 나머지 무기를 지청천 장군이 영도하는 신흥무관학교 생도에게 넘겨주었으며, 이로써 지청천장군의 부대가 비로소 무장하게 되었다고 하고 있다. 그러면서 이범석은 항간에 흔히 눈에 띄는 지청천 장군이 청산리전투에 직접 관여한 것처럼 기록되어 있는 것은 완전한 와전임을 아울러 밝혀 둔다고 하였다.

그리고 이범석의 이 같은 주장은 1970년대 후반까지 한국독립운동사 학계(學界)가 청산리전투의 전개 과정을 정리하는 데 적지 않은 영향을 끼쳤다. 그러나 1990년대 이후 청산리전투와 관련된 새로운 사료(史料)들이 발굴·정리되면서 사실관계에 관한 보완이나 새로운 평가가 이루어지고 있는 상황이다.[39]

청산리전투와 관련한 이범석의 최초의 저서는 1941년 11월 『한국 적 분노(韓國的 憤怒)』라는 제목으로 중국 서안(西安)의 광복사(光復社)에서 '광복총서' 1권으로 출간되었다.[40] 국내에서는 이범석이 환국하기 전인[41] 1946년 4월 20일 『한국의 분노: 청산리 혈전 실기』라는 제목으로 광창각(光昌閣)에서 중국어로 출판되었던 책이 번역 출간되었다.[42] 그리고 이 책에서 '서문에 대(代)하여'를 썼던 엄항섭(嚴恒燮)[43]은 출간의 의의에 대해 다음과 같이 언급하였다.

> 『한국의 분노』는 1941년 西安에서 中文으로 출간되어 中國各層 더욱 이 革命의 政勢에 불붙고 있는 靑年男女에게 熱狂的 환영을 받은 快著이다. 우리의 해방은 남의 손으로 되었다는 것이 일반의 觀念이요 甚至於 가만히 앉아서 하날에서 떨어진 선물을 받아드린데 불과한 듯이 생각하는 사람도 적지 않다. 그러나 우리는 국내에 국외에 혹은 저넓은 만주벌판에 혹은 중국대륙의 구석구석에 찍힌 수없는 선열들의 거룩한 足跡과 이역만리 곳곳이 뿌려진 聖스러운 혁명의 피를 옷깃을 바로잡고 생각함이 있어야 할 것이다. 이 거룩한 足跡과 聖스러운 피의 일면을 眞○하고 정열에 가득한 필치로 우리 가슴에 호소하는 것이 『韓國의 憤怒』이다.[44]

우리의 독립이 남의 손으로 되었다는 것이 일반의 관념이요, 심지어 하늘에서 떨어진 선물을 받아드린 것에 불과한 것처럼 생각하는 사람이 적지 않은 상황에서, 국내외 혹은 만주벌판과 중국대륙 구석구석에 뿌려진 선열들의 거룩한 핏값과 족적을 생각할 수 있게 하는 책이라고 하였던 것이다.

또한 1948년 6월에는 잡지 『삼천리』에서 『한국의 분노』를 7~8쪽 분량으로 축약해 '삼천 명의 일군 격멸하든 북만 청산리의 격전(激戰)'이라는 제목으로 게재하였다.[45] 1948년 8월 15일에는 대한민국 정부 수립에 맞춰 『한국의 분노』가 『혈전: 청산리 혈전 실기』라는 제목으로 재출간 되었으며, 1956년 6월에는 『희망』이라는 잡지에 「(실명소설) 청산리의 여명」이라는 제목으로 백운평전투의 내용이 게재되었다.

이밖에 1946년 10월 4일 밤 8시에는 이범석이 라디오 방송에 출현해 '한국혁명투쟁사와 오늘'이라는 주제로 청산리전투에 대한 강연을 했으며, 방송에서는 라디오 드라마와 함께 신흥악단의 혁명가곡 합창이 불려졌다.[46]

10월 9일부터 11월 26일까지는 『조선일보』에 소설가 박계주(朴啓周)가 '청산리싸움'이라는 제목으로 청산리전투에 대해 총 31회에 걸쳐 연재하였는데 『조선일보』는 청산리싸움에 대해 우리 독립운동사에서 가장 빛나는 기록의 하나라고 강조하였다.[47] 박계주는 청산리전투의 실전 장면은 이범석 장군이 중경에서 가져온 중국어 원고를 필자에게 빌려 주어 그것을 참작하였다고 했다.[48]

1947년 1월 16일에는 김좌진 장군 서거 17주기 추도회가 서울 국제극장에서 성대하게 개최되었다.

> 불타는 조국 광복의 일념으로 눈보라치는 만주벌판 넓은 들을 무대로
> 구국동지를 모집하고 독립군을 훈련하야 잔악한 왜놈들을 피와 살로 꺽꺼
> 넘겨 우리의 민족혼을 세계만방에 유감없이 현시하고 이역에 혼이된 고 白
> 冶 金佐鎭장군의 十七주 추도회가 十六일 오후 二시 金九씨를 비롯하야
> 각계 명사 수천 명 참석 하에 서울國際劇場에서 엄숙히 거행되었다. 식순

에 따라 애국가봉창 옥상 尊影개막 일동배례 추도가 제창이 있은 다음 趙
素昴씨의 석사와 金尙德씨로부터 장군의 略史보고 조소앙씨의 추도문 랑
독이 있었고 이이서 장엄한 고려악극단의 주악 속에 대한민청원 10명의 獻
花가 곳나자 민주民議 民統을 비롯한 각계의 추도문 랑독 金九 李範奭 咸
尙勳 제씨의 추도사 이왕직 아악부의 哀樂 위문품증정과 유가족대표로 嗣
子 金斗煥씨의 답사가 있은 후 일동○○으로 장군의 유혼은 고히잠든 채
동 4시경 폐막하였다.[49]

추도행사에는 이범석을 비롯해 김구(金九), 함상훈 등 각계 인사가
참여했으며, 조소앙, 이범석, 김상덕의 추도문 낭독과 이왕직 아악부
의 애악(哀樂) 연주가 있었으며, 유족인 김두한(金斗漢)에게 위문품
이 전달되었다.

1948년 10월 16일에는 '대한민국 공보처(公報處)가 주최한 기념식
에서 이범석은 국무총리로서 청산리전투에 대해 2시간 동안 강연했
으며,[50] 1949년에는 '선전대책중앙위원회가 '청산리전첩기념(靑山里
戰捷紀念)' 강연을 비롯한 다채로운 행사를 개최한 것으로 나타나고
있다.[51]

이범석이 청산리선투에 직접 참가한 지휘관이며, 대한민국의 초대
국무총리이고 조선민족청년단(朝鮮民族靑年團)의 단장이었다는 점
을 감안하면 청산리전투가 이범석을 중심으로 전승되는 것은 일면
당연한 일이었을 것이다. 또한 김좌진과 이범석의 위상이 강화되면
서 청산리전투는 북로군정서가 주도했던 전투로 대중들에게 각인되
어 갔던 것으로 보인다.

청산리전투에 대한 이범석의 기억이 대중적이고 학술적 차원에서
새롭게 확산되었던 것은 1964년 5월과 6월 『사상계』에 「청산리의 항

전」이 상·하로 연재되면서부터였다.

(編著註) 韓國의 抗日戰史上 가장 榮光스러운 한 페이지를 차지할 뿐만 아니라, 韓國民族의 기개를 全世界에 널리 과시한 靑山里戰鬪의 생생한 記錄을 이제 四十여년이 훨씬 지난 오늘에 와서 다시 한번 되새겨보게 됨을 진심으로 기쁘게 생각하며 앞으로 二回에 걸쳐 이 기록은 本誌에 연재될 것이다.

靑山里戰鬪를 직접 진두지휘한 鐵騎 李範奭將軍은 이 靑山里戰鬪 記錄을 집필하게 된 동기를 「당시 北路軍政署 徐一 선생이 세상을 떠나시고, 또 총사령관이었던 金佐鎭將軍께서 불행하게도 흉한의 독수에 걸려 殞命하신 관계로 靑山里戰鬪에 관한 역사적 사실의 保存責任이 부득이 나에게 돌아오게 되었기」때문이라는 점을 밝혔다.

李將軍은 지금도 당시를 회고하면 「고요한 밤 명상을 깨뜨리는 阿鼻叫喚이 귓전에 쟁쟁하다」고 말한 念으로 갖은 北地의 고된 생활을 참고 견디던 有名 無名의 愛國戰士들은 대부분 그렇게 염원하던 祖國解放의 날을 보지도 못하고 순국한 오늘날, 새삼스레 그들의 愛國心에 머리를 숙이게 된다.

이제 또 다시 韓·日國交正常化라는 숙제를 앞에 놓고 중대한 시련기에 들어섰다. 우리는 과거에 얽매어 大義를 그르치려 하지도 않으며 또한 과거의 굴욕적인 전철을 다시 밟기도 원치 않는다. 이런 점에서 이 戰鬪記錄은 뜻있는 사람들에게 많은 示唆를 던져줄 것이라 믿어 의심치 않는다. 끝으로 祖國의 獨立을 위해 싸우시다 殉國하신 여러 혼령들의 冥福을 빈다. 先烈들이여! 고히 잠드소서.[52]

장준하(張俊河)[53]는 이범석 장군의 청산리전투에 관한 기록이 "뜻있는 사람들에게 많은 시사(示唆)를 던져줄 것이라 믿어 의심치 않는다"고 하였다. 장준하는 『사상계』를 통해 청산리전투에 대한 기억을 되살림으로써 한일국교정상화가 굴욕적인 전철을 밟지 않는 역사적 교훈이 되기를 바랐던 것으로 보인다.

청산리전투가 역사교과서에 반영된 것은 1966년[제2차 교육과정]에 편찬된 중학교 교과서부터였다. 그리고 이는 정부수립 이후 권력의 2인자였던 이범석이 1950년대 중반에 들어 이승만과 정치적으로 갈등 관계에 있었던 상황에서 독립운동가로서의 그 이미지가 대중적으로 부각되기는 어려웠기 때문으로 여겨진다.

다만 청산리전투의 구체적인 전개 과정과 관련해서는 참가한 독립군부대가 다양하고 작전지역이 넓었다는 점에서 보면, 이범석의 기억이나 기록이 처음부터 전투의 전체적인 양상을 포괄하는 것은 아니었을 것으로 생각된다.

청산리전투에 관한 첫 번째 저서인『한국의 분노』의 목차에서 보면, 대전(大戰)의 서막 → 조우 → 준비 → 암야에서 여명까지 → 백운평(白雲坪)의 전투 → 갑산촌(甲山村)으로 가는 도중 → 천수평(泉水坪)의 전투 → 마록구(馬鹿溝)의 전투 → 피로 삭인 에피소드 → 승리 → 종결 → 부(附)[작자의 약력]의 총 12장으로 구성되어 있다. 그런데 이는 이범석이『한국의 분노』를 집필할 때 자신이 지휘했던 신부를 중심으로 기억에 남는 내용들을 기록했을 가능성을 보여주고 있다.

이러한 경향은『우둥불』에서도 그대로 이어지고 있다.『우둥불』에서는 '전쟁의 서곡(序曲) → 조우(遭遇) → 전투(戰鬪)준비 → 한밤에서 새벽까지 → 백운평(白雲坪)의 전투 → 갑산촌(甲山村)으로 가는 길 → 천수평(泉水坪)전투 → 마록구(馬鹿溝)전투 → 피어린 간주곡(間奏曲) → 승리 → 맺음 → 민족의 긍지인 역사적 사실을 흐릴 수 없다'로 재차 정리되었다.[54] 따라서 이범석의 청산리전투에 대한 기억과 기록은 처음부터 전투에 참여했던 다른 인물인 홍범도의 기록이나 혹은 일제의 정보문서 등을 통해 보완될 필요가 있었던 것으로 판단된다.

실제로 이범석도 『우둥불』에서 "두날 두밤의 혈전 끝에 청산리 혈전은 종말을 고하였다"라고 하였으며, 이 표현대로라면 청산리전투는 이틀간 전개된 전투였다고 할 것 있다.[55] 그러나 실제 청산리전투는 약 6일간에 걸쳐 전개된 전역(戰役)이었으며, 따라서 청산리전투의 구체적 정황과 그 속에서의 이범석 혹은 북로군정서의 역할을 보다 분명하게 파악하기 위해서는 전투의 전체적인 전개 과정과 각각의 독립군 부대들이 처해 있던 상황을 종합적으로 검토할 필요가 있다고 할 것이다.

3. 『우둥불』의 기록과 청산리전투의 전개 상황

1) 백운평전투

청산리전투는 만주로 불법 월경한 일본군 육군 소장(少將) 동정언(東正彦)이 지휘하는 동지대(東支隊)가 김좌진이 이끄는 북로군정서군을 공격하기 위해 추격해 오던 중 1920년 10월 21일 삼도구 청산리 백운평(白雲坪) 부근의 골짜기에서 기습 공격을 받고 패퇴한 백운평 전투로부터 시작되었다. 이후 독립군은 1920년 10월 26일 새벽까지 약 6일간 완루구전투와 천수평전투, 어랑촌전투, 맹개골전투, 만기구전투, 쉬구전투, 천보산전투, 고동하전투 등 총 9차례의 전투에서 일본군을 맞아 연승을 거두었으며, 청산리전투는 이 모든 전투를 통칭하고 있다.

그런데 『독립신문』에서는 보면, '김좌진 씨 부하 600명과 홍범도씨 부하 300명은 大小戰爭 10여 회에 왜병(倭兵)을 격살한 자가 1,200

명'56)이라고 보도하고 있는데 이를 통해서 보면 청산리전투의 전투의 횟수는 실제 알려진 것보다 많았을 것으로 추정되기도 한다.

전투가 전개된 지역도 훈춘현과 왕청현, 동녕현성의 동부전선과 화룡현을 중심으로 한 서부전선의 주 전장으로 나누어 설명하기도 한다. 이 경우 동부전선에서 전개된 약 7건의 전투를 청산리전투에 포함시켜야 한다는 주장이 제기되어 있으며, 여기에 포함되는 전투로는 첫째, 10월 23일 북로군정서 잔류부대가 아시다와 다카다 중위가 지휘하는 부대를 습격한 전투.

둘째, 10월 27일 150여 명의 나자구 의사부군이 노모저하구에서 다요기병 소대와 아베 대대의 1개 소대, 시데시마 대대의 1개 중대 및 1개 기관총소대 등과 2시간가량 격렬하게 전개한 전투.

셋째, 11월 4일 혼춘 한민회군 30여 명이 혼춘현 3도구 북쪽 39리 떨어진 지점에서 일본군 78연대 우에사카 대대를 습격하여 약 1시간 정도 교전하여 이다 소위 이하 5명을 살상한 전투.

넷째, 11월 6일 혼춘한민회의 심순서가 지휘하는 30여 명의 결사대가 75연대 쥬지 중좌가 지휘하는 2개 중대를 혼춘현 우두산 남쪽에서 습격하여 1시간 동안 교전한 전투.

다섯째, 11월 9일 소속이 불명확한 독립군부대는 동녕현 소수분하의 팔가자에서 북만파견군 야스니시 대대의 무라다 중위가 지휘하는 5명의 경찰대를 전멸시킨 전투.

여섯째, 12월 5일 시마다 소위가 지휘하는 30여 명의 일본군이 하마탕 서북쪽 산곡에 있는 독립군부대의 숙소를 포위 공격하여 양측이 교전한 전투.

일곱째, 10월 28일 76연대 이와오소좌가 나자구에서 대황구로 돌아

올 때 왕청현 장가구에서 소속 불명의 독립군부대로부터 2차례의 습격을 받은 전투 등이 있다.[57]

독립군을 토벌하기 위해 본격적인 군사행동에 돌입한 동지대는 우선 산전(山田) 연대를 2대로 나누어 삼도구에서 작전을 전개하였다. 또한 동정언 소장이 직접 인솔하는 주력부대는 이도구 서북지방에 있는 것으로 알려진 홍범도 연합부대를 공격하기 위해 한 부대를 천보산(天寶山) 방면으로 출동시켜 남하케 하고 일부는 이도구로부터 서진케 하여 독립군을 포위하고자 하였다.

독립군부대 역시 응전 태세를 갖추었는데 백두산 산록을 향해 발빠르게 이동하고 있던 홍범도부대는 8월 하순 명월구 근거지 떠나 9월 21일경 이도구 어랑촌에 도착하였다. 안무(安武)가 지휘하는 국민회군도 9월 말경 이도구 방향에 진격하고 있었고, 최진동의 군무독군부군도 9월 말경 봉오동을 출발하여 나자구에 도착하였다. 북로군정서는 9월 9일 사관연성소 생도들의 졸업식을 마친 후 서대파를 떠나 10월 12일과 13일 사이 청산리 부근에 도착한 것으로 나타나고 있다.[58]

이에 독립군부대들은 일본군의 공세에 대비하여 작전회의를 개최하고 청산리부근의 지리적 조건을 이용하여 적절한 부대 배치를 협의했던 것으로 보인다. 제1연대는 홍범도를 대장으로 6개 중대 병력이 완루구(完樓溝) 중앙산록에 배치되었으며, 제2연대는 김좌진을 사령관으로 2개 제대(弟隊)가 이도구(二道溝) 좌편 고지에 배치되었다. 제3연대는 최진동을 사령관으로 6개 중대가 이도구 우편 고지에 배치되었다.

이때 북로군정서군은 사령관 김좌진, 참모장 나중소, 부관 박영희, 연성대장 이범석, 종군장교 이민화, 백종열, 한건원(韓建源), 김훈, 보병대대장 김규식, 부관 김옥현(金玉鉉), 제1중대장 강화린(姜華麟), 특무정사 나상원(羅尙元), 제2중대장 홍충희(洪忠熹, 대대장 서리) 등으로 구성되어 있었다.[59] 전열을 정비한 북로군정서군은 산전(山田) 연대의 선발대가 청산리 골짜기로 들어올 것이 예상되는 상황에서 일전(一戰)을 벌이기로 결정하였다. 이에 부대를 2개의 제대(弟隊)로 나누어 제1제대는 상대적으로 훈련이 부족한 병사들로 편성하여 제2제대가 잠복한 지점 건너편의 사방정자(四方頂子) 산기슭에 배치하였다. 그리고 제2제대는 300명의 사관연성소 연성대로 구성하고 연성대장 이범석이 지휘하도록 하였다.

전 부대원들은 청산리 계곡에서도 폭이 가장 좁고 양쪽에는 깎아지른 듯한 절벽 위에 매복하여 공지(空地)로 들어오는 일본군을 기다리고 있었다. 절벽 위에 매복한 제2제대는 소나무와 잣나무 가지로 위장을 하고 바위 등의 엄폐물로 활용하여 철저하게 몸을 숨기고 있었다. 또한 인근 마을의 한인(韓人) 노인들을 통해 북로군정서군이 보잘 것 없는 무장력을 갖춘 채, 하루 전에 허둥지둥 계곡 쪽으로 도망갔다는 거짓 정보를 흘렸다.

10월 21일 오전 북로군정서군은 일본군 전위 중대 병력이 모두 공터 안으로 들어서고 전면의 선두 병력이 제2제대의 매복 지점으로부터 10여 보 앞에 도달할 때까지 기다렸다가 일제히 사격을 개시하였다. 600여 정의 소총과 4정의 기관총, 그리고 2문의 야포(野砲)가 일본군을 향해 총공격을 가하였다. 일본군도 즉각 총을 쏘며 저항했지만 독립군이 어디에서 총을 쏘는 것인지를 명확하게 알 수 없는 상황에서 속수무책일 수밖에 없었다. 1시간 30여 분의 교전 끝에 200여 명의 일본군 전위부대가 전멸하였으며, 이범석은 당시의 상황에 대해 다음과 같이 기록하였다.

우리는 미친 듯이 (총을) 쐈으며 만세를 불렀다. 이 전격적인 기습에 적들은 미쳐 생각할 여유도 없이 그저 쓰러져 가기만 했다. 이렇게 적은 불과 반시간 만에 태반이 섬멸되었다. (중략) 1시간 반이 지났을 때 적의 전위부대는 완전히 소멸되었다. 우리는 소리 높여 만세를 부르며, 밀림으로부터 뛰어나와 흩어져 있는 전리품을 재빨리 거뒀다. 놈들의 무기는 1정의 중기관총만이 그대로 있을 뿐 나머지 기관총은 모두 망가지고 보총도 대부분 못쓰게 되었다. 우리는 그중에 쓸 만한 것을 골라서 어깨에 메었다.[60]

뒤이어 도착한 본대는 전위중대가 전멸당한 것을 보고 반격을 위해 산포[山砲, 차량이 통행할 수 없는 산악 따위의 전투에서 쓸 수 있도록 분해하여 운반할 수 있게 만든 가벼운 대포]와 기관총을 들고 응전(應戰)해 왔다. 그러나 이들 역시 북로군정서가 매복하고 있는 위치를 정확히 알 수가 없었기 때문에 화력만 허비하였으며, 시간이 흐를수록 일본군 전사자는 계속 늘어갔다.

일본군은 다시 보병 2개 중대와 기병 1개 중대를 북로군정서군의 측면을 우회하여 매복하고 있는 제2제대를 포위해 보려고 시도하였으나 결과는 크게 다르지 않았다. 일본군은 절벽 위에서 정확하게 조준하여 맹렬하게 사격하는 북로군정서 독립군의 공격에 막대한 피해만 보고 도주하였다.

그러나 일본군은 북로군정서 독립군의 맹렬한 공격에 두 차례나 혼이 나고도 또다시 부대를 정돈해 매복한 북로군정서 제2제대의 정면과 측면을 산포와 기관총으로 공격해 왔다.[61] 그러나 이 역시 독립군은 절벽의 고지 위에 완전히 은폐되어 있었으므로 중화기로 반격한다 해도 별다른 효과를 거둘 수 없었으며, 일본군은 여전히 사상자만 낼 뿐이었다.[62]

백운평전투는 북로군정서군의 완벽한 승리로 끝이 났다. 이에 대해 이범석은 "선발 제1제대를 인솔하고 쟈산춴[갑산촌]에서 가슴을 조이며 우리를 기다리던 김좌진 장군은 나를 껴안고 약 30분 동안 놓지 않았다. 김장군은 눈시울에 어른거리는 빛으로 무언가 이야기를 할 뿐 아무 말 하지 않았다. 김좌진 장군은 내가 엄호 임무까지 끝내고는 청산리계곡을 빠져나오지 못할 줄로 생각했었다는 것이다. 적어도 전투부대의 태반을 상실할 줄로 생각했었다고 한다. 소대장 2인과 실종된 20여 명이 우리 측 희생이 있었다(당시에는 여유가 없어 확인 못했었으나 후에 사망으로 밝혀졌다). 그러나 우리는 적에게 막대한 손실을 안겨주었던 것이다"라고 하였다.[63]

2) 천수평전투와 마록구[어랑촌(漁郞村)]전투

천수평전투와 마록구전투도 연이어 전개되었다. 백운평전투에서 승리한 독립군은 갑산촌(甲山村)에 도착하여 잠깐의 휴식을 취하고 있었다. 그런데 이때 마을 주민들로부터 어제 일본군 기병 1개 중대가 갑산촌을 지난 천수평으로 들어갔다는 정보를 입수하게 되었다.

이에 북로군정서군은 전투태세를 갖추고 22일 새벽 4시경, 제2제대를 선두로 천수평으로 향했다. 그리고 도전(島田) 중대장이 지휘하는 기병부대가 토성(土城) 안에 말을 매어 두고 민가(民家)에서 잠에 취해 있는 것을 확인하였다. 상황이 파악되자 제2제대의 김훈중대는 동쪽의 고지로 진출하여 적의 퇴로를 차단하고 이민화(李敏華) 중대는 남쪽 고지에 배치되었으며, 이범석은 한건원·이교성의 제2중대를 거느리고 천수평 전면을 공격하기로 하였다.

새벽 산속 마을의 정적을 깨는 독립군의 총성이 울리고 일본군이 잠들어 있던 민가를 향해 화력이 집중되자 기습을 받은 적의 중대 병력은 순식간에 전멸되었으며, 일대는 일본군과 말의 피로 물들었다. 주변은 일본군의 군용품들이 흩어졌으며, 도망친 4명의 병력을 제외하고는 모두 전멸되었다. 아군도 전사 2명, 경상 17명의 피해를 입었으며, 이범석도 허벅지에 가벼운 찰상(擦傷)을 입었다. 이에 대해 이범석은 다음과 같이 회고하였다.

> 우리는 적의 기마 순찰에게 발견되고 말았다. 곧 한발의 총소리가 났다. 우리는 조금도 틈을 주지 않고 그들을 향해 쳐들어갔다. 이 순간 우리들의 중화기란 중화기는 일제히 이 마을 동녘에 있는 술도가(燒鍋)를 향하여 불을 뿜었다. 그 술도가 토성(土城) 안에 메어둔 적의 군마가 목표였다.(중략) 이 싸움에서 적은 도망친 4명의 사병을 제외하고는 시마다 이하 기병 1개 중대, 120명의 사병이 전원 몰살당했다. 이들 적은 기병 27연대 가노 대령이 영솔하는 전초 중대였다. 우리편에서는 2명의 전사자와 17명의 부상자를 냈을 뿐이었다. 이밖에 우리들은 2필의 말, 약간의 4·4식 기병총, 군도, 망원경, 전화기 및 기타 물품을 노획했다. (중략) 나는 오른쪽 허벅다리에 적탄으로 인해 경미한 찰상(擦傷)을 입었으나 그 대신 시마다 중대장의 12배 망원경을 얻게 되었다.[64]

한편 북로군정서군은 크게 승리했지만, 천수평전투에서 도망친 일본군 병사가 있었기 때문에 곧바로 전열을 정비해 다시 전투태세를 갖추어야 했다. 이들이 어랑촌(漁郎村)에 설치되어 있는 일본군 사령부에 사태를 보고할 것이 분명했고 그렇게 되면 대부대가 공격해 올 것이 틀림없었기 때문이다.

첸수이핑전투는 이미 끝났다. 도주한 몇 명의 적기는 위량춘(漁郎村)에 있는 저희 전투사령부로 달려갔을 것이다. 우선 위량춘 고지를 향해 사관생들은 거의 구보로 전진했다. 그때 벌써 적은 중포(重砲) 사격을 개시했다. 대포 소리가 대지를 무너뜨리는 것 같았다. 이전에도 포성이 많이 났지만, 적이 사용하는 포는 모두 박격포 정도의 보병이 수반하는 소포들로 야포·산포가 대부분이었다. (중략) 나는 한근원 중대로 하여금 급히 김훈 중대를 지원토록 하였다. 이만희 중대는 첸수이핑 북방고지로 이동하여 이를 점령할 것을 명하였다. <u>나는 다시 전 예비대가 마루꼬우(馬鹿溝 – 필자) 북방고지로 급히 올라갈 것을 요청하였다. 적은 전 사단병력으로 맹렬하게 공격을 가해왔다.</u> 경(輕)·중(重) 각 포문을 열고 첸수이핑의 아군을 견제하면서 주력부대의 공격을 엄호하였다. 마침내 적병은 마룩꼬우 언덕을 향해 드리닥치고 말았다. (중략) <u>수는 비록 2만 대 2천의 비율이었으나 우리는 산봉우리 위에서 우월한 지형을 차지했고 강철같은 의지와 용기를 가지고 있었다.</u> (중략) 자연도 우리를 도왔다고 할까! (중략) 우리는 적을 정확하게 볼 수 있었으나 적은 태양의 광채를 향해 싸우는 것이다. (중략) <u>이 전투에서 적은 1천 명가량(가노 연대장 포함)의 사상자를 내고 아군은 1백여 명의 사상자를 냈다.</u>[65]

위의 내용에서 보면 첸수이핑에서 승리한 모고교김서교군은 김비고 김의 사령부가 있는 이량춘을 향해 '저의 구보로 전진'했는데 이는 적을 앉아서 기다리기보다는 지형적으로 유리한 고지를 점령해 선제공격을 가하는 것이 바람직하다는 판단에서였다. 이범식은 이만희·김훈 중대와 함께 적의 공격에 대비하고 있었는데 마록구 북방고지에서 일본군 2만 명 대 독립군 2천 명의 비율로 싸워야 했던 것이다.

그런데 『우둥불』에서는 이 전투를 마록구전투라고 칭하고 있으나 이는 오류이며, 이 전투의 정식 명칭은 어랑촌전투로 보는 것이 타당하다는 것이 학계의 일반적인 정설이다. 우선 마록구는 어랑촌에서 멀리 떨어진 무산대안(茂山對岸)에 위치해 있는 지명이어서 지명과 위치가 서로 맞지 않는다. 또한 전투가 벌어졌던 어랑촌 내의 지역을 만록구(滿鹿溝)라고 부르기도 했는데 이범석은 이 만록구를 마록구로 혼동했을 것이라고 보고 있다.[66]

'어랑촌의 서남단의 고지'를 선점한 후 얼마 되지 않아 일본군의 대규모 병력이 고지를 향해 몰려왔으며, 북로군정서군은 백운평전투 때와 마찬가지로 고지 위에서 일본군을 내려다보는 유리한 위치에서 전투를 시작하였다. 일본군도 북로군정서군에 10배에 가까운 압도적인 병력으로 공격을 가해왔다. 이에 기관총대 제2소대장 최인걸(崔麟杰)은 기관총 사수가 전사하자, 스스로 몸에 기관총을 묶고 몰려오는 일본군에게 집중 사격을 가해 격퇴시켰으며, 탄환이 모두 소진되자 장렬하게 전사하는 분전(奮戰)으로 일본군과 싸웠다.

그런데 전투가 점점 치열해지고 있을 때, 완루구전투를 치르고 이동 중이던 홍범도부대가 어랑촌 부근으로 이동해 왔다. 홍범도부대는 북로군정서군이 일본군 연대병력에 포위되어 혈전(血戰)을 전개하고 하고 있다는 정황을 파악하고 이를 지원하러 온 것이었다.

뿐만 아니라 홍범도부대는 대한독립군 300명, 국민회군 250명, 광복단군 200명, 의민단군 100명, 신민단군 200명 등 총 1,250명의 대 병력이었다. 홍범도의 독립군 연합부대는 북로군정서가 선점하고 있는 바로 옆의 최고표고(最高標高)에서 진을 치고 일본군에 대해 맹공을 퍼부었으며, 이에 일본군은 북로군정서군과 전투 중이던 병력을 나누어 홍범도부대와 전투를 전개하지 않을 수 없었다.

전투는 22일 오전 9시부터 시작된 해가 기울어질 때까지 계속되었으며, 지형적으로 유리한 고지를 차지하고 있었고 사기 또한 충천한 독립군들은 일본군을 향해 맹공을 퍼부었고 단 20분간의 공격에서도 일본군은 300여 명의 사상자를 내었다. 고지에 어둠이 내리기 시작하고 일본군의 공격이 약화되자 북로군정서군과 홍범도의 독립군 연합부대는 전투를 승전으로 마무리하고 다시 부대를 나누어 안도현(安圖縣) 방면으로 이동하였다.[67]

이범석은 전과(戰果)와 관련하여 일본군은 기병 연대장 가노우(加納) 대좌를 비롯하여 1,000여 명의 병력이 전사하는 피해를 입었으며,[68] 독립군도 100명의 사상자가 발생했다고 하였다.[69] 이후 독립군은 일본군과의 계속되는 전투에서 승리했으며, 청산리전투의 전체적인 상황을 정리하면 〈표 1〉과 같다.[70]

〈표 1〉 청산리전투의 중요 사항 정리

일자	지역	독립군 부대	일본군 부대	적 피해	비고
10. 21	青山里 白雲平	북로군정서	山田보병연대	200명	최초의 승전 독립군 20명 전사
10. 21	完樓構	홍범도 연합 부대	東支隊 주력부대	적 피해 400여 명	
10. 22	泉水坪	북로군정서	東山기병중대	기 피해 116명	매복전
10. 22	漁郎村	북로군정서·홍범도 연합 부대(북로군정서 600명, 홍범도 연합 부대 1,600명)	東支隊(북로군정서는 73연대, 홍범도 부대는 아즈마 소장이 지휘하는 주력 부대) 뒤에 혼전	300~1,000명(기록에 따라 차이)	북로군정서 독립군 전상자 100여 명
10. 23	맹개골	북로군정서	기병 30명	기병 10명	
10. 23	萬麒構	북로군정서	보병 50명	보병 30여 명	
10. 24 밤 9시	쉬구 (西溝)	북로군정서	보병 100명, 기병 1개 소대	다수 살상 섬멸	
10. 24 밤 9시	天寶山	북로군정서	1개 중대		백병전
10. 25 새벽	天寶山	홍범도 부대	수비 중대	큰 타격	
10. 25~26	古洞河	홍범도 부대	보병 150명	2개 소대	

한편, 이범석과 함께 전투를 지휘했던 김훈[71]도 어랑촌전투에 대해 다음과 같이 회고하였다.

漁郎村의 大戰과 敵의 大敗. (중략) 泉水洞에서 脫走한 四騎의 적은 어랑촌 본대에 歸하야 그 急을 報하매 적은 騎砲와 機關砲를 ○射하야 此에서 아군 1명이 전사하고 1人이 부상하였나이다. 同 9시경부터 彼我가 공히 고지를 점거하고 전투를 개시할 새 我 제1중대가 어랑촌 고지 南麓에 先登하야 山腹으로부터 伏上하는 적을 急射하매 혹 中彈하여 死하며 혹 潰走하야 退하였나이다. 我 旅行團과 기타의 부대는 천수동 서북고지에서 그 우측으로 脅迫하려는 적의 기병을 난사하여 진행을 制裁하고 어랑촌 후방 산림으로부터 적의 보병 100명이 登山하려고 밀집하는 것을 아군이 화력을 맹렬히 注하매 적은 미처 措手치 못하고 어랑촌으로 退入하였나이다. 그 退하던 적의 1소대가 火線을 脫하야 森林으로 據하고 上午부터 日沒時까지 교전하였는데 此戰에서 아군은 3人이 부상하였나이다.

我의 制先과 敵의 失敗. 前期의 戰에서 적은 아의 4배의 병력으로 각 兵種의 性能을 극도로 발휘하야 至再至三 돌격을 行하였으나 마침내 支持치 못하고 퇴각을 단행하였으니 이는 그 故가 他에 在치 않고 전혀 아군이 制先을 得함이었나이다. 아군은 몬저 양호한 陣地를 점거하고 3시간여 노력한 戰備로써 萬一遺策없이 先制의 利를 取하였음으로 적은 전력을 擧하야 보병으로는 我의 정면을 牽制하며 騎兵으로는 아의 측면을 脅迫하고 포병으로는 超越射擊을 試 백방으로 승리를 圖하였으나 마침내 아무 효과가 없었나이다.[72]

그런데 김훈도 어랑촌전투의 대승을 설명하면서 홍범도부대에 대해서는 언급하지 않고 있다. 그러나 홍범도부대가 청산리전역에서 격전을 치렀던 것은 분명하며, 이는 1990년대에 들어 홍범도에 대한 본격적인 연구가 이루어지면서 구체적인 사실로 확인되고 있다.

홍범도는 북한에서 출생하여 주로 북쪽 지방에서 투쟁하였으며,

소련에 거주하며 사회주의를 수용했기 때문에 한동안 적극적인 연구가 이루어지지 못하였다. 그러다 러시아와의 교류가 활발해 지고 회고록인 『홍범도일지』(이하 『일지』)가 공개되면서 연구가 활성화되기 시작하였다.[73] 홍범도부대는 천수평(泉水坪), 봉밀구(蜂密溝), 충신당(忠信場) 등을 경과하면서 많은 일본군을 섬멸했던 것으로 나타나고 있다. 이에 대해 『일지』에서는 "…봉미거우[蜂密溝] 지나 충신장 앞덕이에 올라서자 청산(리) 갑산(촌) 어구에 일병이 수천 명 모여 서서 장교놈이 군대에 여차여차 하여야 포로로 잡을 모계(謀計)를 가르치느라고 서서 공론(公論)할 때에 뽈리묘트 걸어 놓으니 막 쓰러지는 것을 보고 철(탄환)이 (떨어지고) 없어 놓지(쏘시) 못하고……"라고 하고 있었다.

이 기록에서 보면 홍범도는 청산리 일대에서 작전을 논의 중이던 일본군을 발견하고 수천 명의 일본군을 향해 탄약이 떨어질 때까지 총격을 가해 큰 승리를 것으로 보인다. 그러나 홍범도부대는 적지 않은 피해도 있었으며, 『일지』에는 다음과 같이 서술되어 있다.

우두양창으로 안도현을 향하여 가다나니 날이 저물어지므로, 우두양창 마기기에이 불을 놓고 ±(불)이게 지니까 내가 분부하되 우등(불) 앞에서 불쬐지 말고 대(먼)거리마다 죄되 燈下不明이므로 도적이 들어오는 것은 보지 못하는 것이라 명심하여라고 명령하고 밤을 지내는 때 마침 일병이 뒤를 좇아오다가 紅胡子[마적]를 만나 그놈들과 의병간 길을 알려주면 돈을 많이 주마 한즉 그놈들이 우리도 그놈들을 잡고자 하는 중이다 하고 같이 뒤를 좇아와서 우등(불)에다 속사포를 놓으니 우등 앞에 불 쬐던 군사는 씨도 없이 다 죽고 그 나머지는 사방으로 일패 도주하니 다시 更無興望이 되었다. 숱한 탄환을 피하여 산간으로 기어 올라간즉……"

홍범도 휘하의 부대원들은 야간에 우둥불을 피우고 불을 쬐던 중 마적에게 정보를 얻어 추적해 온 일본군의 기습으로 "씨도 없이 다 죽는" 타격을 입었던 것이다. 당시 독립군들은 일본군 토벌대뿐만 아니라, 돈벌이에 혈안이었던 마적들과도 싸워야 했던 것이다.

따라서 이상의 내용을 종합해 보면 어랑촌전투는 북로군정서와 홍범도연합부대가 함께해 거둔 대승이었으나 이는 사전에 계획된 연합작전이 아니라 독립군부대들의 상호연대 의식과 동지애(同志愛)가 바탕이 된 연합작전이었던 것이다. 또한 전투를 치르는 과정에서 이범석과 김훈은 홍범도의 존재를 명확하게 인식하지 못했을 가능성이 있는 것으로 여겨진다. 뿐만 아니라 청산리전투는 이범석이 기억하고 있는 전투를 포함해 서부전선에서의 다른 전투들과 동부전선에서의 7차례의 교전을 포함하는 만주지역 독립군 전체의 보다 광범한 대규모의 승리였다고 할 것이다.[74]

3) 청산리전투에 대한 다른 기록과 주변 정황

일본군의 공세가 시작되자 조선총독부의 기관지였던 『매일신보』에서는 일본군의 활동에 대해 보도하기 시작하였다.[75] 신문은 '토벌대 행동 개시, 토벌대 제3대로 편성하여 15일 출발함'이라는 제목 하에 일본군의 작전 개시를 알렸으며,[76] 일본군과 김좌진부대와의 교전에 대해 비교적 상세하게 보도하였다.

> 草賊團을 합한 1천여 명의 수괴 김좌진 부하, 漁老村에서 서로 만나 충돌되며 일장 접전이 시작, 피차사상이 不少햇다. 두도구에 있던 동지대의

예비대는 蜂蜜溝 부근에 음모단의 집단이 있는 것을 탐지하고 당시 봉밀구 서북방 약 80리 되는 後車廠溝로부터 돌아오는 길인 21일 이른 아침 기병 연대의 합하여 동지 서편 산중에서 음모단과 충돌하여 오후 7시까지 싸움을 계속한 후 드디어 그들을 뒤편 되는 밀림지대 안으로 격퇴하였다. 그 싸움에 대한 일본군의 손해는 전사 하사 1, 졸 2, 부상, 졸 11명, 기관총 1, 소총 11, 검 2, 탄약 1,200, ○銃 1을 鹵獲하였는데 음모단의 두목은 김좌진이요 부하 2~300명을 거느렸으며, 긔 외에 초적단 7~800명이 그에 참가한 듯 한대 그 합계는 1,000명 내외인 바 음모단의 사상은 다대한 모양이나 아직 알 수 없다.[77]

위의 기사에서 보면, 동지대 예비대는 봉밀구 부근에 독립군 있다는 정보를 입수하고 출동했다 돌아오는 길에 21일 오전 어로촌(어랑촌－필자)에서 김좌진부대와 대규모의 접전을 치른 것으로 나타나고 있다. 그리고 김좌진부대는 1,000여 명에 이르는 대규모였으며, 전투는 아침부터 오후 7시까지 계속되었는데 동지대에서는 하사 1명과 병졸 2명이 전사하였으며, 병졸 11명 부상당하는 피해를 입었다고 보도하였다. 또한 일본군은 독립군으로부터 기관총 1정, 소총 11정, 검 2자루 및 탄약 1,200발 등을 노획했으나 김좌진부대에 대해서는 피해가 '다대한 모양이나 아직 알 수 없다'고 하였다.

또한 『매일신보』에서는 조선군사령부의 발표를 인용해 홍범도부대의 동향에 대해서도 다음과 같이 보도하였다.

東支隊 예비대의 어로촌 서쪽 꼭닥이에서 음모 조선인단과 전투한 상보를 29일 군사령부에서 발표한 것을 본즉이라 하더라. 지대의 예비대는 10월 22일 어로촌 남쪽 꼭닥이에서 음모단 슈령 洪範圖의 거나린 거느린 단체를 격투하야 이를 추격 중이었으나 음모단의 퇴각한 방면 지형은 산악이 중첩하고 산림이 울창하야 대낮에도 컴컴하기 한량 업고 잡풀이 심히 무성

하야 나무뿌리가 여기저기 파묻혀 울퉁불퉁하며 넘어진 나무가 가로 세로 산란히 헛해져 있으며, 언덕과 낭떠러지가 있는 사이로 ○○○○가 이곳 저곳으로 박혀있어서 보병이라도 간신히 통과하게끔 되었으므로 마침내 음모단의 퇴각방면을 잃어버리고 23일까지 정찰중 동일 오후 4시에 이르러 음모단의 전날밤에 길에다 진을 치고 있는 곳을 발견하고 근처 인민을 불러 묻고 음모단의 露營 또는 퇴각한 방면의 확보를 얻고 발자취를 찾아서 산림 중을 방황하기 약 50시간 되는 25일 오후 10시경 되야 앞쪽 산림 속에 화염이 있는 것을 알고 또는 근처에 음모단의 로영이 있다는 보고를 접하고 음모단의 노영지 앞 약 300미터 근처에 대체를 정돈하고 오후 12시 돌격을 결심하고 음모단 본디의 노영지 앞쪽과 밑엽혜는 시내를 끼고 또 절벽이 있으나 용맹을 다하여 절벽에 올라가서 음모단 본디에 돌입한 바 음모단은 별안간 낭패를 당하고 사산하였는데 이 전투에서 아군에는 사상이 없고 음모단의 손해는 컴컴 한밤중이 되야 그 수요를 알 수 없으나 죽은자가 삼십 명가량의 손해도 다대한 모양인 바 모하됴사중이며? 얻은 물건은 소총○과 탄약 만개와 군수품 약간이 있었더라.[78]

동지대 예비대는 '어로촌(어랑촌－필자)'에서 홍범도부대와 전투를 전개한 후 이를 추적하고 있었으며, 험한 산악지형을 약 50여 시간이나 방황하던 중 홍범도부대가 로영(露營)을 하고 있는 것을 발견하고 오후 12시경 이를 기습하였다고 보도하였다. 그리고 전투 결과에 대해서는 일본군의 피해는 없었으며, 독립군은 30여 명의 사상자와 다대한 손해를 냈으며, 소총과 탄약 만개와 약간의 군수품을 노획했다고 하였다.

따라서 이러한 통해서 보면 일본군은 어랑촌전투에 김좌진부대와 홍범도부대가 함께 참가하고 있었다는 사실을 파악하고 있었으며, 김좌진부대는 전투 현장에서, 홍범도부대는 어랑촌전투 이후의 추격전에서 피해를 입혔다고 주장하고 있음을 볼 수 있다. 이밖에 다른 기사에서는 조선인 음모단들은 여전히 출몰하고 있으며, 음모단의 수령은 홍범도, 김좌진, 최명록이며, 각지의 형세는 자못 불온하다'고 하여 일본군과 독립군이 교전(交戰) 중에 있다고 보도하였다.[79]

뿐만 아니라 『매일신보』에서는 "청산리 서대포(西大浦)에 있던 무관학교는 군대의 편성도 매우 규칙적이었다고 하거나, 김좌진과 홍범도부대는 모두 크나큰 수목과 기타 수림(樹林) 사이에 숨어 있어 토벌하기에 간단치 않았다고 하는 토벌대에 참가했던 안천삼랑(安川三郎)의 인터뷰 기사를 게재하여 궁극적으로 일본군의 '토벌작전'이 성과를 거두지 못했음을 드러내기도 했다.[80]

한편 조선군사령부가 1926년에 작성한 『간도출병사』에서도 일본군은 '토벌작전'이 실패했음을 인정하고 있었다.[81] 동지대(東支隊)의 경우 이번 출병은 출동 지대가 적지(敵地)가 아니었으며, 중국 군대와의 타협적 토벌 이후여서 적도(賊徒)들이 사방으로 흩어졌으며, 긴급 출동 직후 초토행동으로 나설 수 없었던 점에서 문제가 있었다고 하였다. 게다가 외교 및 기타의 사정으로 서쪽과 북쪽 지구는 대체적으로 개방되었으며, 작전 지역이 광활한 것에 비해 병력은 매우 적었고 시일도 짧았던 점 등 여러 요인에 의해 섬멸적 타격을 기하는 것이 불가능했다고 하였다.

기림지대(磯林支隊)에서도 노모저하(老母猪河) 북방 산중에는 최명록의 북로독군부 외 각지에서 도피해 온 비적 약 600명이 있다는 정보를 입수해 연일 수색하였으나 그들이 거처(居處)를 계속 옮겨다녀 끝내 발견하지 못하였다고 하였다. 또한 오도구(五道溝) 서북쪽 곡지(谷地)에서 한민회 군무부장 최경천(崔慶天) 외 150명이 잠복해 있다는 보고를 받고 출동했으나 결국 발견하지 못했다고 하여 일본군의 토벌작전이 뚜렷한 성과를 거두지 못했음을 인정하고 있었다.

한편 1933년에 일본군이 제작한 작전 지도 통한 청산리전투 현장의 지리적 특징을 파악하여 독립군이 승리할 수 있었던 요인을 설명한 연구도 있다. 이 연구에서는 지도상에서 볼 때 독립군이 활동하였던 전투 지역의 면적은 대략 3,000㎢에 이르며, 이는 현재 서울의 5배에 이르는 규모이고 지리산보다도 약 6배가량 넓어, 일본군의 작전이 실패할 수밖에 없었던 중요 원인 중 하나로 파악하였다.[82]

즉 동지대(東支隊)의 병력을 약 5,000여 명으로 추산했을 때, 일본군 병사 1명이 담당해야 하는 작전 지역의 넓이는 약 0.6㎢이고 이는 빼곡히 나무가 들어차 있는 국제경기용 축구장 약 7개를 혼자서 수색해야 하는 크기였다고 한다. 따라서 이러한 지형적 요건이 독립군에게는 '피전책(避戰策)'을 효과적으로 수행할 수 있는 요건이 되었으며, 반면에 일본군에게는 수색과 전투 등에 있어 상당히 불리한 요건으로 작용했을 것이라고 주장하고 있다.

어랑촌에서 최대의 격전(激戰)이 치러진 것에 대해서도 이 지역은 동쪽으로는 용정[지금의 연길시]으로, 남쪽으로는 삼도귀[지금의 화룡시]로, 북쪽으로는 안도현으로 연결되는 교통의 요지였기 때문이었다고 보았다. 즉 독립군 부대들이 일본군의 포위망에서 벗어나기 위해서는 어랑촌을 거쳐 다른 지역으로 이동해야 했으며, 같은 이유에서 동지대의 지휘부와 예비대 역시 어랑촌 인근에 주둔하고 있었기 때문에 대규모의 격전이 불가피했다는 것이다.

청산리전투에서 독립군이 사용한 무기는 러시아제 모신나강 소총(Mosin-Nagant M1891)과 일본제 아리사카 30식 소총(1897년 제조), 아리사카 38식 소총(1905년 제조), 독일제 마우저 소총(Mauser Gew71/84)

등이었다.

권총으로는 부라우닝(Browning) 권총 및 나간트(Nagant) 권총 및 루거(Luger PO8) 권총 등이 있었으며, 이밖에 일제가 개발한 남부식 권총 등이 사용되었다고 한다. 또한 슈타이어(Steyr) M95 장총과 러시아제 PM1910 맥심 기관총 등도 사용되고 있었다.[83]

1920년 7월 14일자 조선총독부의 정보보고서에 따르면, 북로군정서는 서일을 총재로, 장정 1,000여 명, 군총 약 1,800정, 탄약은 총 1정에 약 800발, 권총 150정, 기관총 7정, 기타 다수의 수류탄을 보유했던 것으로 나타나고 있다.

대한북로사령부는 홍범도가 거느렸는데 대원 300여 명, 총 200정, 권총 약 40정, 탄약은 총 1정에 대하여 약 200발가량이었다고 한다. 대한국민회는 구춘선(具春先)을 회장으로, 회원 500여 명, 군총 약 400정, 권총 150정 및 약간의 수류탄을 가졌으며, 상해 임시정부에 속한다고 하였다. 대한북로독군부 최명록을 부장으로, 대원 300여 명, 군총 약 800정, 권총 50정, 기관총 2문, 탄약 및 수류탄 약간을 보유하고 있었던 것으로 파악하고 있었다.[84]

청산리전투의 전과(戰果)에 대해서는 전투의 특성상 정확한 파악이 곤란한 측면이 있다. 일본군은 1920년 10월 하순부터 11월 하순까지의 작전을 종합 정리하면서 사살 375명, 체포 177명, 귀순, 1,558명이라고 하였으며, 자신들의 피해에 대해서는 전사 하사 1명, 병졸 9명이라고 하였다.[85] 반면에 『독립신문』에 게재된 안정근(安正根)의 보고 등 우리와 중국 측 자료를 정리해 보면 〈표 2〉와 같다.[86] 이밖에 중국 호남성(湖南省), 장사(長沙)에서 발행되던 『대공보(大公報)』에서는 청산리대첩으로 사망한 일본군은 600명이며, 독립군은 50명

에 불과하다고 보도하였다.[87)

<표 2> 청산리전투의 전과(戰果)

구분	시기	작성자	전과
파견원보고	1920.11 중순 이전	안정근	1,000여 명
전투보고	1920.11.12	서일	1,100여 명(자상 400여 명 포함)
아(我) 군대의 활동	1921.1.21		1,200여 명(자상 400여 명 포함)
군정서격고문	1921.2.25	서일	1,200여 명
대한군정서보고	1921.2.25	서일	1,257+自相擊殺者 500여 인
북로아군실전기(1)·(2)	1921.3.1 1921.3.12	김훈	약 146명+自相擊殺者/명중자
求亡日報	1939.6.21		1개 연대
한국독립운동지혈사	1920.12	박은식	우리 사령부조사 1,600여 명 중국 관청 조사 1,300여 명 일본 영사관 비밀보고서 900여 명 서양 신문의 평론 2,000여 명 『遼東日日新報』 추산 2,000여 명
경천아일록	1921.3.21	김경천	1,200여 명
우둥불	1971	이범석	3,300여 명

북로군정서의 서일 총재는 독립군이 청산리전투에서 큰 승리를 거둘 수 있었던 이유에 대해 다음과 같이 설명하였다. 첫째, 일본군은 적을 가볍게 보고 험곡장림(險谷長林)을 별다른 수색이나 경계 없이 진격하다 병력의 일부 혹은 전부가 전멸을 당하였다. 둘째, 산림과 산중에 대한 지리적 파악이 부족하여 종종 자상충돌(自相衝突)을 일으켰다는 것이다. 셋째, 일본군은 겁나심(怯懦心)으로 전투에 임했으며, 군기(軍紀)가 문란하고 사격술도 정확하지 못해 한 발의 효과도 없이 난사할 뿐이라고 하였다.

이에 반해 독립군은 첫째, 생명을 돌보지 않는 분용결투(奮勇決鬪)

의 군인정신을 갖고 있었으며, 둘째, 양호한 진지를 선점하고 준비하였으며, 사격 성능을 극도로 발휘했다고 하였다. 그리고 마지막으로 임기응변의 전술과 예민하고 신속한 활동으로 적의 의표를 벗어났다고 하였다.[88]

이밖에 독립군이 승리할 수 있는 원인으로는 우선 만주 지역 한인 사회의 전폭적인 지지와 지원도 있었다. 주민들은 독립군에게 식사와 숙소를 제공하며 전투를 격려하였으며, 일본군에게 허위 정보를 제공하거나 통신선을 절단하는 활동을 전개하였다.[89]

이와 관련해 일본군 정보문서에서는 동지대(東支隊)의 경우 두도구 어로촌(봉밀구와 이도구의 중간) 간에 있어서 24일 20개소가 절단되었고 피복선 약간을 탈취당하였다고 하였다. 또한 백초구 방면에는 연선(延線)한 전화선을 23일 국자가 북방 40리의 지점까지 건설하였으나 절단을 당함으로서 27일에 이르러서도 통화가 불가능했으며, 피복선 2km를 탈취당하였다고 하였다. 그러면서 전화선 보호에 대해서는 식 방면 노무 쇄신를 나아고 있으나 피해가 빈발하여 통신연락이 극히 곤란하다고 하였다.[90]

민주지역 독립군에 내한 보별삭선이 부산되자 일본군은 간도의 무고한 한인농민들을 학살하는 '경신참변(庚申慘變)'을 도발하였으며 이는 1921년 5월 말까지 지속되었다. 일본군은 한인 양민의 가옥을 방화하였을 뿐만 아니라, 남녀노소를 묻지 않고 잔인하게 학살하거나 불태워 죽였다.

『독립신문』에서는 피살 3,664명, 체포 155명이고, 재산 피해는 민가 3,520동, 학교 59개교, 교회당 19개소, 곡물 59,970섬인 것으로 보도하였다.[91] 박은식은 서간도를 포함하여 한인 사망자 3,106명, 체포

자 238명, 소실가옥 2,500호로 집계하였다.[92]

중국 측 자료에서는 연길도윤이 외교총장에게 보고한 공문(公文)에서 길림성 연길, 화룡, 왕청, 훈춘, 동녕에서 피살된 화민(華民)이 622명, 간민(墾民)이 320명이라고 하였다.[93] 이에 반해 일제는 피살 494명, 체포 707명, 소각 민가 531동, 학교 25개교, 교회 1개소라고 주장하고 있다.[94] 이밖에 『길장일보(吉長日報)』에서는 "최근 3주일 내에 연변 일대에서 살해된 조선인은 2,000여 명"이라고 보도하였다.[95]

경신참변 기간 중 재만 한인들은 일제의 폭압을 견디기 어려워 귀순(歸順)하거나 귀순을 강요당하기도 했는데 최대 23,000명 웃도는 인원이 귀순했을 것으로 추정되고 있다. 그런데 중국 당국에서는 한인들에게 중국으로의 귀화를 권유하는 한편, 귀화하지 않을 경우 일본군이 철수한 후 상당한 처분이 있을 것이라고 위협하였으며, 귀순한 한인들에 대해서는 '친일자(親日者)'라는 이유로 압박을 가하거나 폭행하는 경우도 있었다.[96]

제4장

독립운동을 위한 새로운 모색과
반공주의의 형성

1. 노령(露領)에서의 항일무장투쟁과 적군(赤軍)의 배신

청산리전투 이후 북로군정서군은 소규모로 부대를 편성하여 이동하였다. 김좌진이 이끄는 주력부대는 11월 15일경 중·러 국경 지대인 춘양향 소삼차구(小三岔口) 부근에 도착했던 것으로 보인다.[1] 이범석의 경우 어느 경로로 이동했는지는 정확하게 알 수 없으나 김좌진과 자유시(自由市)로 들어가기 직전까지 행동을 함께했던 것으로 보아 이동 경로도 같았을 것이다.

이범석은 러시아령으로 들어간 후 독립군 소련 적군(赤軍)이 요구하는 대로 러시아혁명을 위해 바이칼호 근처의 시베리아 깊숙한 곳까지 진격하여 백군(白軍)과 싸우는 것에 대해 향후 독립운동의 진로와 관련하여 전략적으로 문제가 있는 것으로 판단하고 있었다.[2]

우리 독립군은 적로군의 밀사와 협약하여 쫓기는 백로군의 배후를 차단하고 공격을 가하기 위하여 바이칼 호를 향해 거슬러 올라갔다. 그때 김좌진 장군과 내가 생각하기는 우리는 독립운동의 수단으로 적로군을 돕는 것이지 러시아혁명에 가담하기 위해 싸우는 것이 아니라는 점이었다. 그런데 바이칼호를 향해 독립군이 시베리아 깊숙이 들어간다면 우리의 무대인 만주와는 너무나 거리가 뜨게 된다. (중략) 우리는 기어코 러시아의 이익을 위해 싸우는 사람들이 아니기 때문에 그런 전조를 예측하면서 까지 시베리아 안쪽으로는 들어갈 수 없었다.[3]

이범석은 소련의 제안에 대해 강한 민족주의를 품고 자라온 나로서는 도저히 받아들일 수 없는 노릇'이라고 하였으며,[4] 이에 이만에서 그는 자유시행 열차가 떠나기 직전 대열을 이탈하여 북만주로 돌아왔으며, 자유시참변을 모면할 수 있었다.

만주지역 독립군들이 새롭게 조직한 대한독립군단의 이동에도 문제가 있었다. 소련은 이동 중인 독립군단이 무장하고 있는 사실이 알려질 경우 일제가 다시 침공해 올 우려가 있었기 때문이었다. 이에 극동공화국 정부에서는 일단 독립군의 무장을 해제한 후 자유시에서 새로운 무기로 무장시켜 준다는 조건으로 독립군을 설득하고 있었다. 대체로 홍범도와 지청천은 자유시로 이동하는 것이 유리하다고 판단하고 있었으나 김좌진과 김규식(金奎植) 등은 이에 반대하고 있었다.

자유시참변은 이 같은 상황에서 발생하였으며, 우리나라 독립운동사상 최악의 비극적인 사건이었다. 1921년 6월 28일 러시아 연해주 자유시(스바보드니)에서 독립군의 지휘권 문제를 놓고 갈등을 빚고 있던 이르크츠크파의 고려혁명군정의회가 소련 원동공화국 제2군단

제29연대의 지원을 받아 상해파 계열의 무장부대인 사할린의용군의 무장을 해제하고자 시도하면서 충돌이 발생하였고 이 과정에서 수많은 독립군들이 전사하는 피해를 입었다.[5)]

1921년에는 지청천도 고려혁명군 사관학교 교장을 맡아 독립군 양성에 정성을 쏟고 있었지만, 민족의식의 고취에 중점을 둔 교육방침이 문제가 되어 소련 당국에 체포되어 사형선고를 받았다. 그러나 지청천은 1922년 7월 2일 임시정부와 각 독립운동단체가 외국의 혁명가를 함부로 처형할 수 없다는 국제법의 관례를 들어 강력 항의한 후에야 레닌의 특사로 석방되었다.[6)]

이범석은 일단 독립군의 시베리아 진출을 거부하고 만주로 돌아오긴 했지만, 여전히 소만 국경 지대를 오가며 러시아 백군과 교전하고 있었다. 『동아일보』에서는 당시 이범석의 활동에 대해 다음과 같이 보도하였다.

총사령 김규식 부하의 활동 이번 시베리아에서 일본군대의 철병할 기회로 하여 대한독립군은 도처에서 활동을 하는데 蘇王營을 점령할 때에도 대한독립군이 수천 명이 되었고 韓靼 총사령은 金奎植이오 騎兵隊長은 李範奭인데 김규식은 구한국시대부터 군인으로 여러 해 동안 북간도에서 의병으로 종사하던 사람이요 이범석은 중국 운남군관학교 기병과를 졸업하고 작년 3월 운동이 일어난 후에 즉시 만주로 가서 독립운동에 참가하여 그동안 여러번 실전에 경험이 많은 당년 22세의 용감한 청년 사관이라고 아라사 사람들 사이에까지 명성이 자자하다더라.[7)]

1922년 말경 이범석은 김규식이 조직한 독립군부대에서 기병대장으로 활동하고 있었으며, 이 부대가 소왕영[蘇王營, 우스리스크]를 점령할 때, 크게 활약한 것으로 나타나고 있다. 또한 그에 대해 항일부대의 기병대장으로서 여러 번의 실전 경험을 갖춘 22세의 용감한 청년사관으로 러시아에서도 명성이 자자하다고 하였다.

따라서 이 내용에서 보면 이범석은 청산리전투 이후 연해주에서 김규식 등과 함께 백계러시아군을 격퇴하는 전투에 참가하고 있었던 것으로 보인다. 실제로 김규식(金奎植)[8] 휘하의 독립군부대는 1922년 9월 1일 연해주 혁명군사소비에트 산하에서 '고려혁명군'을 조직했는데[9] 이범석은 이 부대의 기병대장으로 활동했던 것으로 추정된다.[10] 그리고 이들은 소련군과 함께 합동민족군(合同民族軍)이라는 이름으로 활동하고 있었다.

그런데 1922년 11월 고려혁명군은 원동총사령관 우보레비치(Ubo-revich)[11]의 명령과 고려혁명군정의회 작전명령 제2호와 제3호에 의거해 무장해제를 당하는 수난을 겪어야 했다. 당시 소련은 일본과 어업협정(漁業協定)을 추진하고 있었는데 일본은 소련의 혁명정부를 인정하는 것을 조건으로 시베리아 있는 모든 한인 무장세력의 무장해제를 요구하고 있었다. 그리고 소련이 이 제안을 받아드리자 독립군들에 대한 무장해제가 강요되는 상황이었다.[12] 게다가 1923년 4월 2일 백계러시아군을 지원하던 일본군이 블라디보스토크에서 완전히 철수하게 되자 전세(戰勢)가 적군에게 결정적으로 유리하게 되었고 소련으로서는 독립군 부대의 존재가 오히려 부담스럽게 되었던 것이다.[13] 이 같은 상황에서 합동민족군 내의 이범석 이하 한인독립군들은 소련군과 충돌할 수밖에 없었던 것으로 보인다.

(백군과의 전투에서 – 필자) 승리에 취해 東進하는 적로 제2군은 우리

독립군에게 완전 무장해제를 강요하면서 니꼬르스키에 진주하였다. 그 당시 만주에 있던 우리 독립군은 총사령부를 시베창에 두고 총사령관 金奎植 장군의 지휘 아래 隊伍도 정연히 각기 部署에 들어서 싸웠다. 나는 綏芬지역의 사령관이었다. 싸움에 지쳐 있던 우리가 그들의 무장 해제 요구를 들었을 때는 분으로 이가 북북 갈렸다. 니꼬르스키까지 진출한 소비에트 러시아 遠東 제2군은 한 쪽으로는 무장 해제를 강요하면서 비밀히 우리의 측면과 배후로 전략적 우회를 하기 시작하였다. 우수리 이남지역을 확보하고 있던 우리도 여지없이 포위당하고 말았다. 게다가 리콜리스끄에 사령부를 둔 러시아 원동 제2군의 초청을 받고 리콜리스크로 들어간 독립군 총사령관 김규식씨는 마침내 그들의 인질로 잡히게 되었다. 사령관이 인질로 잡히자 우리는 더 이상 은인자중할 아무런 이유가 없어졌다. (중략)

목숨을 내걸고 있는 우리는 약에 바쳐 미친 듯이 싸웠다. 여기저기에서 전우와 戰馬가 피를 흘리며 쓰러져 갔다. 그러나 우리는 빗발치듯한 총탄을 뚫고, 죽어간 동지를 그대로 놔둔 채 강을 건너지 않으면 안 되었다. 이제 나의 눈에 보이는 것이라곤 없었다. 다만 싸움뿐이었다. 진두에서 나는 아귀처럼 내 부대를 지휘하였다. (중략)[14]

이범석과 휘하의 독립군들은 소련 원동 제2군에 의한 무장해제의 위협을 인시하고 있었으며, 리콜리스크의 소련군 사령부에 초청받아 간 사령관 김규식이 인질로 잡히기, 이제 더 이상 은인자중할 아무런 이유가 없어졌다고 한다. 분위기가 험악해지고 소련 적군의 공격이 시작되자 이범석과 부하들은 치열하게 전투를 전개하였다. 이범석은 아귀(餓鬼)처럼 부대를 지휘하였고 많은 부하들은 전사하였으며, 자신도 머리에 총격을 당하는 중상을 입어 의식을 잃었다고 하였다.

이에 대해 그는 '철석처럼 믿었던 우방(友邦)은 일조일석에 음흉잔인한 배신자로 표변한 것이다. 그리하여 배신한 저들은 우리로 하여금 공산주의가 무엇임을 뼛속 깊이 일깨워 주었고, 러시아혁명의 정체를 노정(露呈)하여 그로 말미암아 저들과 영원히 적으로서 대치(對峙)하는 결별(訣別)에의 숙명을 안겨다 주었던 것이다'라고 하였다.[15] 이범석은 '그들(소련 – 필자)을 향한 영원한 복수를 맹세했으며, 나의 반공사상은 그렇게 뿌리 깊이 박혀졌던 것이다'라고도 하였다.[16]

1923년 연해주에서 활동하던 이범석은 그 곳에서 부인 김마리아를 만났다. 그녀는 1901년 9월 10일 연해주 유청에서 태어났으며, 귀화한 러시아계 한인이었다. 선대(先代)의 고향은 평양이었으며, 조부 때 연해주로 이주해 왔다. 선친은 약종상이었으며, 마리아는 15남매의 셋째 딸이었다. 그녀는 부친의 노력으로 러시아식 교육이지만, 남부럽지 않은 학교 교육을 받아 1917년 블라디보스토크 고등여학교를 졸업하였다.[17]

김마리아는 러시아혁명군 정치부원으로, 이범석이 수분지구 합동민족군 사령관으로 활동하고 있을 때, 소련공산당 극동지부에서 파견돼 이범석과 함께 복무하였다.[18] 그녀는 러시아에서 태어난 동화된 한인이었기 때문에 이범석 같은 한인 독립군을 감시하기에 적합한 인물이었다.

이범석은 민족합동군이 시베창[서북창(西北廠)] 계곡에서 일본군과 교전 중 미처 가지고 나오지 못한 비밀문서를 회수하기 위해 홀로 총격이 벌어지는 집단부락으로 들어가는 여군 김마리아를 보고 그 용맹함과 책임감에 깊은 인상을 받았다고 한다. 또한 어느 날 피복창 주임으로 근무하던 그녀가 기병(騎兵)인 자신의 군복을 편안케 잘 만들어준 섬세한 여성스러움에 관심이 끌렸다고 한다.

그녀 역시 러시아혁명군 2개 사단과 3개 유격부대가 달포 동안 점령하지 못했던 스빠스까야를 간단하게 점령하는 이범석의 전투지휘 모습을 보며 매력을 느꼈다고 한다. 당시 김마리아는 스빠스카야 전투 야전병원의 간호요원으로 자원하여 복무하고 있었다고 한다.[19]

이범석은 소련 적군(赤軍)과의 전투에서 머리에 총상을 입고 북만주 영고탑(寧古塔)에서 치료를 받으며 약 3주후 붕대를 풀고 부상에서 회복되었다. 그러나 만주로 퇴각한 부대원들이 중국 당국에 의해 무장해제를 당한 상황에서 더 이상 무장투쟁을 계속할 수 없는 어려운 처지에 놓여 있었다.

그런데 이때 국내에서 어머니가 찾아와 자기 몫의 친정집 토지를 팔아 장만한 1,700원을 주고 가셨다.[20] 병세가 호전되는 가운데 이범석은 김마리아가 해림(海林)에 와 있다는 소식을 듣게 되었고 그 길로 60리를 달려가 그녀를 만났다.[21] 이때 김마리아는 '이범석의 신변이 몹시 걱정되었을 뿐만 아니라, 날이 갈수록 심해지는 공산당의 죄악상에 환멸을 느껴 무작정 국경을 넘어 만주로 왔으며, 하얼빈에 있는 러시아 철도대학에라도 들어가 공부할까 하는 생각이었다'고 한다.[22]

두 사람은 1925년 가을 김좌진의 적극적인 지지와 김혁(金赫), 조성환(曺成煥), 김좌진을 감서(監書)로 해 결혼하였다. 이범석은 김마리아를 '무샤'라고 부르며 부부간의 정을 가꾸어 갔다.[23] 이범석은 자신의 결혼에 대해 '한쌍의 혁명자의 결혼'이라고 했으며, '무샤'라는 이름은 어려부터 아버지와 오빠만 부르던 '지순(至純)한 이름'이었기 때문에 자신도 그렇게 부르기로 했다고 하였다. 마리아는 그리스정교의 세례명이었다. 이범석은 김마리아에 대해 '평생을 살아오면서 늘 느끼는 일이지만, 그녀의 극기(克己)와 인내는 초인적이었다고 하였다.

1940년 부부는 5대독자 복흥[復興, 아명(兒名) - 필자]을 하남성(河南省) 허창(許昌)에서 낳았다. 중국군 조복림(曹福林)의 참모장으로 있을 때였다. 복흥은 어려서 폐렴으로 죽을 고비를 넘겼는데 김마리아의 정성을 다한 보살핌과 주변의 도움으로 살아날 수 있었다.[24] 이 때도 김마리아는 아이를 키우며, 서안의 중국 서북 군관학교 제7분교에서 노어(露語) 교관으로 활동하였다.

광복 후 김마리아는 "나는 고국 말도 서투르고 풍속에 대해서도 아는 것이 없으니 정치적으로 당신을 돌보겠다는 생각은 하지 않겠지만, 생활을 지켜주고 당신이 시련과 유혹에 부딪치면 명예를 지켜주겠다"고 약속했다고 한다. 이범석이 국무총리가 된 후 집으로 찾아온 기자들에게도 국어가 서툴다고 하며 "그분이 순전한 군인이고 정치에 대해서는 모를 것인데 이런 중대한 책임을 맡아 그 책임이 중함을 다시 한 번 느낍니다. 오직 성심성의로 내조하여 그이로 하여금 국가를 위하야 해 가도록 노력하겠습니다"라고 하였다.[25] 김마리아는 이범석과 자신에게 다가오는 금전적 유혹을 단호하게 거부했다고 한다.[26]

> 1901년 러시아 연해주 유청에서 태어나 그 곳에서 교육을 받았으며, 고려혁명군에 투신하여 정치위원, 피복창주임, 결사대원 등으로 활약했으며, (중략) 고려혁명군결사대원으로 하르빈을 중심으로 무기공급의 책임을 맡으셨고 그 후에는 마점산 장군의 통역관, 중국중앙군관학교 서북분교의 교관 또는 외국통신사 사원 등으로 활약하셨으며, (중략) 시종여일 이범석장군의 동지로서, 內助의 역할을 다하셨습니다. 지금 슬하에는 외아들 인종 씨가 계시고 그 분은 지금 미국의 샌프란시스코에 있는 유수한 기계공장 회사의 기사로 복무하셔습니다.[27]

위의 내용은 1970년 2월 1일 김마리아가 숙환으로 자택에서 별세한 후 발인제에서 부완혁(夫玩爀)이 낭독한 약력이다. 이를 통해서 보면 그녀는 결혼 후 늘 이범석과 함께했으며, 이범서의 인생 역정의 고비마다 독립운동의 동지로서, 그리고 건실한 내조자로서의 역할을 다하였다.[28]

2. 고려혁명군결사단(高麗革命軍決死團)의 조직과 활동

소련 적군과의 전투에서 부상당한 이범석이 북만주의 영고탑에 치료를 받았던 것은 이곳이 독립운동의 중심지였기 때문이었다.

> 중국 길림성(吉林省) 영고탑은 북쪽 만주의 정치 경제의 중추지로 각지와 교통요지인 관계로 독립운동의 주모자들은 뒤를 이어 모혀든다는데 김좌진(金佐鎭), 현천묵(玄天默), 김규식(金奎植), 이범석(李範奭), 김동삼(金東三) 등을 위시하야 사회주의 잡지 신생활(新生活)의 필화사건으로 유명하던 김모도 이곳에 잠복중이라더라[29]

영고탑은 북만지역의 정치·경제의 중심지이고 교통요지로 김좌진, 현천묵, 김동삼 등 다수의 독립운동가들이 활동하고 있어 이범석이 상대적으로 안전하게 치료받을 수 있는 지역이었던 것이다. 부상에서 회복된 이범석은 1925년 3월 독립군의 재건이 어렵다고 판단하고 호구지책으로 중국군 장종창(張宗昌)의 부대에 들어갔다. 이 시기 그는 윤형권(尹衡權)이라는 가명을 사용하였으며, 주로 러시아와 중국의 국경 지대인 오첨[五站, 러시아어로는 수분(綏芬)이라고 함]에 배치된 중국군 병력을 순시하는 임무를 맡았다. 국경 지대에서는 중국과 소련군 사이에 크고 작은 군사적 충돌이 빈번하게 일어나고 있었는데 충돌을 미연에 방지하는 것이 그의 임무였다. 이범석은 장종창의 처남(妻男)이던 조선인 안여반(安如盤)의 도움으로 이 부대에 들어갈 수 있었다고 한다.[30]

1925년 9월 이범석은 중동철도 동부연선 오길밀역(烏吉密驛)에서 고려혁명군결사단(高麗革命軍決死團, 이하 결사단)을 결성하여 다시 적극적인 항일무장투쟁을 시작하였다.[31] 조직은 이범석을 단장으로 하고 백운봉(白雲峰)·김창덕(金昌德)·진선(陳仙) 등의 대원이 공포운동(恐怖運動), 즉 의열투쟁을 목표로 하고 있었다. 초기의 운동자금은 어머니가 주시고 가신 1,700원이 바탕이 되었으며, 74명의 대원이 활동하였다. 이에 대해 이범석은 거듭되는 인적(人的) 희생과 물적(物的) 고갈로 인해 1928년 12월 조직은 자연스럽게 해체되었으나, '만주땅에 선 울던 아이도 울음을 그칠' 정도로 명성이 있었다고 하였다.[32]

한편 결사단의 활동은 『동아일보』를 통해 다음과 같이 국내에 보도되기도 하였다.

작년(1929년 – 필자) 10월 25일 밤 哈賓 外國 四道街 조선인 李圭殷의 집에 군자금을 강청하러 들어갔다가 할빈 日本領事警察의 경관대 7명과 충돌되어 현장에서 3명의 중상자를 내이고 세진하야 검거된 高麗革命軍決死團의 金剛이라고 하는 金寶炯(三三) 외 4명은 그간 할빈 일본 령사 경찰의 준렬한 취조를 바다오다가 지난 19일 오후 5시 30분 안동착 렬차로 일건 서류와 가티 신의주 경찰서에 압송되어 茅根 사법 주임의 재차 엄중한 취조를 마치고 25일 오전 일건 서류와 충돌 현장에서 압수한 모젤식 拳銃 2자두와 가치 신의주지방법원 검사국으로 넘어갓다. (중략)
전긔 5명은 할빈에 본부를 둔 고려혁명군에 가입하야 ○○운동을 하야

오다가 작년 9월경부터○○운동의 군자금을 모집하고자 결사대를 조직한 후 하얼빈과 부근 조선 부호에게 군자금을 강청하는 협박장을 배부하고 이어 집금을할 목적으로 전긔 오명은 작년 10월 10일경부터 할빈 외국 사도가 李圭殷의집에 출입하며 루차 군자금으로 2천원을 요구하야오다가 동월 25일 오후 8시경 김보형이 결사대의 대장이되어 최긔호, 손성우, 김헌과 미체포자인 ○○○의 4명을 더리고 전긔 리규은의 집에 침입하야 김보형 ○○○ 2명은 대문 부근에서 파수를 보고 최긔호 김헌 손성우의 3명은 내실로 들어가 최긔호 김헌 2명은 실탄을 재인 권총을 겨우면서 응접실에 잇든 리규은을 위협하며 군자금을 강청하얏다 현장에 쓰러트리고 도망하랴다가 손성우는 왼편다리와 턱과 기타 수처에, 김한은 왼편엇개에 경관의 총탄을 맛고 쓸어졋슴으로 현장에서 전긔 최긔호 손성우 김한 3명이 체포되엇스며 추후로 김보형 김진화 2명이 채포되었는데 전긔 총탄을 수서나 받든 손성우 김한과 피해자 리규은은 전부 생명에는 하등관계가 없고 손정우만 다만 왼편 다리를 이때 할빈 령사 경찰에서는 이것을 탐지하고 일 순사 前田喜一郎 외 6명의 무장경관이 급거 출동하야 현장을 포위하고 체포하랴하자 전긔 5명 중 권총을 휴대한 최긔호는 압서서 들어오는 경관대에게 발포하야 맹렬히 대항하야 필경 교화를 보게 되어 마츰내 이것을 미리 경찰에 밀통하얏다는 혐의로 전긔리규은에게 3방이나 쏘아 질라 바리엇다.

이 충돌이 생긴 후 할빈령사경찰에서는 고려혁명군의 검거를 적극적으로 개시하야 선긔 5명을 압송한 이후 또 5명의 결사대원을 검거하야 25일 신의주경찰서로 압송하야 목하 신의주 사법계에서 취조중인데 전긔 고려혁명군이란 다테느 재작년 11월경 할빈에서 李範奭 白雲峰 陳仙 등 인물이 모이어 조직하야 ○○운동을 하야오다가 작년 4월경 진선 權五天, 金珖珪, 韓秦燁, 崔錫 등이 할빈경찰에 검거되어 일시 돈좌를 보게되엇스나 그 후 당원 김보형이 각 방면으로 동지를 규합하야 재거하랴다가 그와 가티 경찰에 체포된 것이라 한다.33)

위의 내용에 의하면 1929년 10월 25일 밤 이보형을 대장으로, 최기호, 손성우, 김헌 외 1명의 대원들이 하얼빈 사도가(四道街)에 거주하는 조선인 이규은의 집에서 군자금을 모집하던 중, 출동한 일제 경찰과 총격전 벌였으며, 4명이 대원이 검거되던 것으로 나타나고 있다. 또한 결사단은 1928년 11월경 하얼빈에서 이범석, 백운봉, 진선(陳仙) 등의 주도로 조직되었으며, 1929년 4월경 진선, 권오천(權五天), 김필규(金珌珪), 한태엽(韓秦燁), 최석(崔錫) 등이 하얼빈 경찰에 검거되어, 일시 기세가 꺾이게 되었다고 하고 있다.

그런데 고려혁명군결사대와 관련해서는 김마리아도 다음과 같은 기록을 남기고 있다.

> 이 조직(고려혁명군결사단 – 필자)은 이름 그대로 목숨을 자본으로 삼고 권총과 폭탄으로서 적의 모든 인물, 시설 등을 소탕하겠다는 「테러」 단체로서 무서운 조직이었던 것입니다. 1927년에 조직된 이 결사단은 국내에서 망명한 애국지사가 주축이 되었습니다. 단장으로 추대된 이 장군은 단원들에게 특공대 교육을 실시하였고 그 강령은 왜적이 만주에 해놓은 시설 일체와 그들의 생명, 그리고 적의 앞잡이가 된 반민족분자들을 섬멸하는 것이 주된 내용이었다. 다음으로 내가 맡은 일은 단원들의 뒷바라지었으니 전체 단원과 그 가족들의 생계 지도와 무기 구입 등이었습니다. 이의 원화한 지원을 위해서 집단생활을 시작했습니다. 때로는 資金調達을 위해 중국 사람 농장에서 공동으로 품팔이도 적지 않게 했습니다. 단원들은 낮밤을 헤아리지 않고 기민 과감하게 활동해서 북만주 각지 왜적의 각종 시설을 닥치는 대로 부수고 그들이 진행하는 온갖 계획을 모조리 방해 했습니다.
>
> 우리 단의 행동이 이처럼 격렬하고 보니, 단원의 희생자가 점차 늘어만 갔습니다. 대개 공작 중에 현장에서 전사하거나 잡혀서 희생되고 말지만, 어느 때는 큰 부상을 입고 간신히 돌아오는 단원도 있어서 그런 때는 밤낮을 가리지 않고 간호해야 만했습니다. 이렇게 인명의 희생과 물자의 소모를 당하다 보니, 1928년 봄에 접어들자 생존자가 겨우 다섯 사람 밖에 남지 않은 막다른 골목까지 이른 적이었습니다. 그뿐 이겠습니까. 왜적의 추적을 물론이고 팽창하는 세력과 함께 공산 도당의 악날한 박해와 심지어 장샤오량[張學良] 군까지 우리에 대한 토벌을 적극화 해와서, 이 장군을 한

사로 잡으려 했습니다. 대세가 이에 이르자 우리단은 활동을 끝마치게 되었습니다.[34]

결사단은 권총과 폭탄을 가지고 일제의 통치기관 및 친일기관의 파괴 및 요인 암살과 친일분자 처단 등을 목표로 활동하는 의열단체였다. 국내에서 만주로 망명한 독립운동가들을 중심으로 결성되었는데 단장으로 추대된 이범석은 대원들에게 특공대 훈련을 실시하였으며, 김마리아는 단원과 가족들의 생계지도와 무기구입 및 부상자 간호 등의 일을 담당했다고 하고 있다. 단원들은 생계를 위해 중국인이 경영하는 농장에서 단체로 품팔이를 하는 등 고된 일도 마다하지 않았다고 히었다.

따라서 이를 종합해 보면 결사단의 결성 시기나 장소 및 해체 시기 등은 기록마다 다르게 나타나고 있지만, 이범석이 결사단을 이끌었으며, 일제경찰이나 정보기관으로부터 상당히 주목받는 적극적인 활동을 전개하고 있었던 것은 분명해 보인다고 하겠다.

1927년 4월 이범석은 김좌진의 요청으로 약 4개월 동안에 중동철도 동부지선(東部支線) 위하현(葦河縣) 위당구(葦塘溝)에 들어가 마적을 포섭하는 활동을 전개하였다. 약 6,000~7,000명의 마적을 규합해 만주군벌 장학량 정권을 위협하는 무장세력으로 활용하고자 했던 것인데 이 지역에는 20여 개의 마적단(馬賊團)이 활동하고 있었던 것으로 보인다.[35]

1927년 1월 풍옥상(馮玉祥)[36]은 김좌진에게 밀사를 파견해 장학량(張學良)이 중국 통일운동을 호응하도록 압력을 가해줄 것을 요청하였다. 이에 김좌진은 이범석에게 마적을 규합해줄 것을 요청하였고 이범석은 약 7,000명의 마적을 규합하는 데 성공했다고 한다. 한편 장학량은 이들 마적단을 진압하고자 친위대를 파견했으나 오히려 파견군 1개 대대가 마적에게 전멸당했다고 한다.[37]

사건이 발생하자 장학량은 마적단과 깊은 연관을 맺고 있던 이범석에게 현상금을 걸고 체포를 명령을 발동하였다. 이에 대해 이범석은 "윤형권의 목에 지명수배령[통집령(通緝令)]과 함께 비싼 현상금을 걸고 나를 노리고 있었는데 윤형권은 다름 아닌 나의 별명이었다"라고 하였다. 이범석은 장학량의 그물망이 좁혀오자 항복하든지 자살을 하는 방법밖에 없다는 생각을 했었다고 한다. 아니면 지청천처럼 상해로 임시정부를 찾아가는 것도 방법이었으나, 이 역시 너무나 잘 알려진 자신의 '외표(外表)' 때문에, 아무리 중국어를 능숙하게 구사한다 하더라도 일제가 관리하는 남만철도를 무사히 통과할 수는 없을 것으로 여겼다고 한다.[38] 이와 관련해 김마리아도 "그때 만주에서 활동하던 지도자들은 상해 임시정부를 찾아갔는데 대개가 성공했지만, 이 장군은 그렇게 능숙한 중국어를 하면서도 사진 수배와 적의 추적자가 널리 잠복해 있었기 때문에 상해로 갈 수 없었다고 하였다.[39]

1929년경 이범석은 신변의 위협을 피하기 위해 대흥안령(大興安嶺) 부근 할라수에서 은둔 생활을 하다 단신으로 외몽고(外蒙古)로 들어갔으며, 김마리아는 대흥안령 계곡의 토막에 머무르면서 교포 자제들과 러시아 아이들을 가르치며, 재회할 날만을 기다렸다고 한다. 이범석은 김광두(金光斗)라는 가명을 쓰며, 생계를 위해 사냥이나 수학기의 아편 밭을 지키는 파수꾼 일을 하기도 했다. 아편 밭을 지키는 일은 마적 등 도적떼와 맞서야 했기 때문에 목숨을 건 위험한 일이었지만, 거금을 벌 수 있는 일이었다.[40]

3. 톰스크 수용소에서의 생활과 사회주의 소련의 현실

1931년 9월 18일 만주사변의 발발은 이범석에게 새로운 기회가 되었다. 일본군이 만주를 침공하자 북만지역 중국군의 소병문(蘇炳文) 장군은 이범석에게 도움을 청했으며, 그는 소병문의 비서 겸 고급참모로 일본군과 싸울 수 있게 되었다. 이후 소병문과 마점산(馬占山) 부대의 연합이 이루어지면서 이범석은 마점산부대 제1군의 작전과장으로 자리를 옮겨 군사작전을 지휘하는 역할을 담당하였으며,[41] 헤어졌던 부인과도 재회하였다.[42]

이때 이범석은 중국의 철도에 비려진 열차를 징집열차(裝巾列車)로 개조해 진격해 오는 일본군에게 큰 타격을 가하는 전과를 올렸으며, 이를 본 마점산은 이범석에게 자신의 부대로 전속(轉屬)해 줄 것을 요청하였고 이범석은 마적 출신으로 군사 지식이 부족했던 마점산을 도와 일제와의 항전을 주도했던 것으로 보인다.[43] 마점산의 중국군은 1931년 11월에 선개된 상교전투(江橋戰鬪)에서 승리하였는데 이는 3만여 명의 관동군과 1만 3천여 명의 중국군이 흑룡강성의 성도(省都)인 치치하얼을 사이에 두고 37일간 전개한 혈전이었으며, 관동군은 1만여 명의 사상자를 내고 후퇴하였다.[44]

그러나 마점산부대는 시간이 지날수록 화력의 열세와 군수품의 부족 등으로 후퇴해야 했으며, 더 이상 버티기가 어렵다고 판단한 마점산은 7만여 명의 휘하 병력을 이끌고 소련 영내로 들어갔다.[45] 이범석은 당시 상황과 마점산에 대해 다음과 같이 회고하였다.[46]

중화민족 구국항일 장기전의 최고 중심인물인 마점산장군은 1932년 말까지 흑룡강성 전역에 걸쳐서 15개월 동안 성(誠)과 피를 기우려 나라와 민족을 구하려고 삼군을 질타하여 악전고투, 더 이상 지속할 수 없을 때까지 '항전을 지속했다. (중략) 1933년 초겨울 그가 만주에서의 항일전을 더 지속하지 못하고 러시아로 몰려들어온 근 7만 군대와 함께 8개월 동안 시베리아 북부의 작은 도시 톰스크에서 보냈다. 각지에서 항일하던 군대들이 지역마다 가까운 국경선을 넘어 혹은 연해주로 혹은 우수리[烏蘇里]강을 건느고 흑룡강성을 건너 수천씩 2·3만씩 들어서는 족족 수송되어 집결된 곳이 톰스크였다. 마장군은 1934년 늦은 여름 중국 수도 남경에 돌아온 후 국민정부로부터 동북정진군 총사령에 임명되었다. 山西省 북부에 있는 大同이라는 곳에 1개軍의 기병을 거느리고 주둔하면서 광복군 제2지대장으로 있던 나와 가끔 서신을 내왕했다. 1941년 신병으로 天津에서 요양하다가 만주 수복의 꿈을 안은 채 파란중첩한 일생을 마쳤다.[47]

위의 내용에 따르면 이범석은 1933년 초겨울 마점산부대를 따라 소련으로 들어가 톰스크 수용소에서 생활하다 1934년 늦여름에 남경으로 돌아온 것으로 추정된다. 『우둥불』의 연보(年譜)에서도 1933년 바이칼호수 시베리아철도 북지선종점(北支線終點)인 톰스크에 도착해 8개월의 억류생활을 하였으며, 1934년 7월 톰스크를 떠나 모스크바를 경유 구라파 방면 군사시찰단으로 폴란드를 시찰하고 베를린에 도착한 후 1934년 10월 52일 만에 상해에 도착한 것으로 되어있다.[48] 그런데 당시 국내 언론에서는 수용소에서 석방된 마점산 일행의 동정에 대해 보도하고 있었는데 이들은 1933년 4월 18일 모스크바에서 특별 열차를 타고 베를린으로 향했으며,[49] 소련·폴란드·독일·이태리 등을 시찰한 후 1933년 6월 5일 이태리에서 기선 '첸데롯소'를 타고 상해에 도착한 것으로 나타나고 있다.[50] 따라서 이범석이 톰스크 수용소에 억류에서 풀려난 것은 '1934년 늦은 여름'이 아니라 1933

년 4월경이었을 가능성이 있으며, 그의 증언대로 8개월간 억류 생활을 했다면 수용소에서 수감된 것은 1932년 8월을 전후해서였을 것으로 추정되기도 한다.[51)

또한 국내 언론에서는 당시 유럽을 시찰했던 일행이 66명이라고 보도하여 이범석의 기억과는 다르게 나타나고 있다. 이와 관련해 이범석은 유럽을 시찰했던 일행은 "마점산, 소병문, 이두(李杜), 왕덕림 (王德林), 공헌영(孔憲榮) 장군 등을 포함해 모두 52명이었으며, 이들 다섯 장성을 빼면 47명이며, 47명의 한 사람으로서 나도 모스크바로 떠났다. 톰스크에 도착해 8개월이 될락말락했으며, 날짜는 기억하지 못한다라고 하여 언론의 보도와 다르게 기억하고 있는 것으로 여겨진다.[52)

마점산을 따라 소련 영내로 들어간 이범석은 소련 영사의 지휘 하에 무장 해제, 인원 점호, 인명 등록 등의 수속을 밟고, 톰스크(Tomsk)의 피난민 수용소에 수용되었다. 이범석은 소련 영내로 들어가기 직전 극적으로 남편을 찾아온 김마리아와 함께 수용소에서 억류 생활을 시작하였다.[53) 그녀는 중동철도 호로(護路) 경찰대장 공광의(鞏廣義)의 부인과 함께 후방지역으로 피난 가던 중, 일본군과 백계 러시아 기병의 습격을 받아 사망했다는 소문이 퍼져 있던 상황이었다. 그런데 온갖 어려움을 뚫고 이범석의 부대가 소련으로 들어가기 직전에 남편을 찾아온 것이었다.[54)

톰스크 수용소는 제1차 세계대전 때 독일과 오스트리아의 포로를 수용했던 건물이었으며, 수용소 생활 중 추위와 배고픔은 가장 견디기 힘든 고통이었는데 혹한 속에서도 하루 450g의 빵으로 세끼의 식사를 해결해야 했다. 그러나 이범석은 소련말을 할 줄 아는 부인의 도움으로 큰 어려움을 면할 수 있었으며, 그 역시 완벽하진 않았지만, 어느 정도의 소련말을 구사할 수 있어 역시 도움이 되었다. 특히 이범석은 수용소 내에서 이루어지는 자치회 활동에서 사병들로부터 공정하다는 평을 듣고 있었기 때문에 7만 명에 이르는 중국군의 보급을 담당하는 임무를 맡을 수 있었다. 덕분에 그는 소련 당국으로부터 출입증을 발급받아 톰스크 시내를 비교적 자유롭게 드나들 수 있었다.[55]

이범석은 수용소에서 하루 450g의 빵을 배급받았는데 이에 비해 사병은 700g의 빵을 배급받았다. 시베리아로 추방당한 사람이 400g을 배급받고 있었던 것을 감안하면 장교에 대한 처우는 매우 열악한 것이었다. 문제는 사병이 장교에 비해 훨씬 많은 양의 빵을 지급받고 있었다는 것이었다. 이에 대해 이범석은 러시아의 프롤레타리아 혁명은 인테리를 적(敵)으로 삼아 투쟁하는 사회로 인테리들이 자신의 의사를 자유롭게 표현하지 못하게 하고 '머리를 못 쓰게 하기 위해' 배급량을 적게 주는 것이라고 보았다.[56]

이범석은 톰스크에서 김마리아의 외사촌 여동생의 남편을 만나 가족들에 대한 참담한 소식도 들을 수 있었다. 37명에 달하는 가족이 러시아혁명 이후 죽거나 소식이 끊어졌으며, 여동생 한 명이 어딘가에 살아 있다는 소식을 어렴풋이 듣고 있을 뿐이었다.[57] 다섯째 처남은 공산대학과 육군대학을 졸업하고 브라고베센스크의 문화·정치부장으로 일하고 있었는데 러시아정교회의 수녀와 연애를 했다는 이유로 중형을 받고 핀란드 국경에서 운하를 파던 중 동사(凍死) 혹은 아사(餓死)했다고 한다. 러시아 정교회의 수녀와 승정(僧正)은 대개 귀족의 자제였기 때문에 소련공산당에게는 말살의 대상이었던 것이다.[58] 또한 큰 처남은 제정러시아 시기에 연대장으로 제1차 세계대전에 참전해 니콜라스 철십자훈장을 탔다는 이유로 숙청을 당했다고 한다.[59]

이범석의 눈에 비친 러시아 사회는 곤궁한 식생활과 감시와 숙청의 불안이 대중들을 짓누르고 있는 '공포(恐怖)' 사회였다. 이 나라는 오직 우울뿐이었다. 명랑과 쾌활의 웃음을 거의 보지 못했다'라고 회고하였다. 그러나 인종차별이 거의 없으며, 특히 피압박 민족으로 공산주의 사회가 좋다고 하는 사람에는 우선적으로 기회를 주는 것과 언제 어디서나 일사불란하게 유지되는 공공질서는 소련인들의 미덕(美德)이 아니면 도저히 있을 수 없는 일이라고 높이 평가하고 있었다.[60]

광복군에서 이범석의 부관을 지냈던 김준엽은 이범석의 머릿속에는 항상 그가 모시고 존경하던 김좌진 장군이 한인 공산주의자 청년에 의해 암살당한 사건이 뿌리 깊게 남아 있어서 공산주의자들은 절대로 믿어서는 안 된다고 입버릇처럼 강조했다고 하였다.[61] 이범석에게 있어서 반공주의는 일제시기 전 기간에 걸쳐 그의 의식 속에 뿌리 깊게 자리잡아 가고 있었던 것으로 보인다.

이범석 일행이 석방될 수 있었던 것은 중국국민당 정부가 외교전문가인 안혜경(顔惠卿)을 모스크바로 파견해 석방 교섭을 진행했기 때문이었다. 중국과 소련은 이 문제를 해결하면서 단절되어 있던 국교정상화의 실마리를 풀고자 하였다.[62] 중국과 소련이 국교 단절은 1929년 7월 10일 만주군벌 장학량(張學良)이 일으킨 중동로사건(中東路事件)으로 양측의 관계가 극도로 악화되면서 발생하였다. 이 사건은 남경정부와 합류한 장학량이 소련이 소유하고 있던 중동철도를 전격적으로 회수하면서 시작되었다. 이후 양측의 갈등은 9월 19일 이른바 봉소전쟁(奉蘇戰爭)을 야기하였으며, 중국이 사실상 백기 투항한 상황에서 양국의 국교 단절 상태가 지속되고 있었다.[63]

안혜경의 교섭은 성공적으로 진행되어 톰스크에 수용되어 있던 중국군의 귀환이 결정되었다. 이에 대해 김마리아는 해금(解禁)이 이루어지자 마장군을 비롯한 일부는 폴란드, 독일, 이탈리아 등 유럽의 군사 시찰하게 되고, 그밖에 부대장들은 부대를 인솔하고 러시아 영토인 이리(伊犁)와 타청[塔城]을 거쳐 신강성(新疆省)으로 돌아가게 되었다고 하였다. 그리고 장교의 가족들은 블라디보스토크에서 배편으로 상해로 돌아왔다고 하였다.[64]

제5장

대한민국 임시정부 광복군의 창군과 OSS 작전

1. 낙양군관학교 한인특설반 설치와 중국군에서의 항일투쟁

상해로 돌아온 이범석은 1934년 10월경 낙양군관학교의 한인특별반 교관으로 활동하였다.[1] 1932년 4월 29일 윤봉길의 홍구공원 의거를 계기로 중국국민당 정부에서는 대한민국 임시정부를 적극적으로 지원하기 시작하였다. 이에 김구는 1933년 봄 박찬익(朴贊翊)과 진과부(陳果夫)를 매개로 장개석에게 한인청년들을 군사간부로 양성할 수 있게 해줄 것을 요청했으며, 한인특별반이 설치될 수 있었다.[2] 김구는 만주에서 한국독립군의 지청천·오광선 등을 교관으로 초빙하였으며,[3] 이범석을 불러들여 특별반의 위상을 높이고 중국과의 교섭을 원활히 하고자 했던 것으로 보인다. 이후 한인특별반은 1934년 2월 1935년 4월까지 92명의 한인청년 입교생을 받아 훈련시켰다.[4] 정식명칭은 '중앙육군군관학교 낙양분교 제2총대 제4대대 육군군관훈

련반 제17대였으며, 이범석은 학생대장(學生隊長)에 임명되었다.[5]

이범석이 한인특별반의 학생대장에 임명될 수 있었던 것은 마점산 부대에서의 항일투쟁을 통해 중국군 내에서의 신임이 두터웠기 때문이었을 것이다. 톰스크 수용소에서 석방되어 중국으로 귀환한 일행은 중국의 국민적 영웅으로 환대받고 있었으며, 김구도 이범석 내외를 따뜻하게 맞이해 주었다고 한다.[6]

한인특별반의 교육 내용은 학과(學科)와 술과(術科)로 나뉘어져 있었다. 학과에서는 지형학·전술학·병기학·통신학·중병기학·정치학·각국혁명사 등을 가르쳤으며, 술과에서는 체육·체조·무술·검술·야간연습·야영연습·보병조건·사격 등을 가르쳤다.[7] 특히 제17대에만 군마(軍馬) 40두를 배당하여 마술(馬術)을 훈련했는데 이는 이범석이 기병 출신이었던 것과 연관이 있어 보인다.[8]

그러나 1934년 8월경 낙양군관학교 한인특별반은 폐교되었고 이범석도 교관직을 사임하였다. 한인특별반에 대한 정보를 입수한 일제가 중국 정부에 강력하게 항의했기 때문이다.[9] 조선총독부 경무국에서도 상해(上海) 파견원 중야(中野) 사무관을 통해 한인특별반에 대한 정보를 보고 받고 있을 정도로 이 문제는 일제를 자극하고 있었다.[10] 이밖에 한인특별반 내에서 김원봉을 따르던 훈련생들은 다른 훈련생들을 좌경화시키고자 했으며, 훈련생들은 '의열투쟁'과 '군인양성'으로 노선이 양분되어 있기도 하였다. 여기에 이범석과 지청천은 훈련병들을 장교로 육성하려 하였고 김구는 의열투쟁을 위한 교육을 원하고 있었다. 특히 김구는 자신이 보낸 학생들이 좌경화될 것을 우려해 입교생 중 20여 명을 남경으로 철수시켰다.[11]

이밖에 중국 측에서는 삼민주의(三民主義)를 중심으로 한 정치 교육의 실시를 강조하여 갈등을 빚고 있었는데 이와 관련해서는 정치·군사 교육은 한인 교관들이 담당하며, 중국 측은 운영 경비만 지원하는 것으로 절충이 이루지기도 하였다.12)

> 이때 장군을 정말 바쁘신 몸이었습니다. 만주에서의 활약을 통해 얻은 모든 체험을 이론적으로 체계를 세우고 실전과 이론이 합치하도록 많은 연구를 하셨고 학생들을 지도하셨습니다. 이때부터 나는 가정주부다운 생활을 시작한 셈입니다. 만주와 시베리아의 전진(戰塵) 속에서 생명을 내걸고 항상 긴장을 하던 때 비해서 퍽 안일한 편이었습니다. 이윽고 낙양군관학교가 폐쇄되자 장군을 또다시 중국의 직업군인이 되었습니다. 이때도 역시 일개 주부로서 장군을 보살펴드린 셈입니다.13)

위의 내용에서 보면 당시 이범석은 한인특별반에 입교한 한인청년들을 가르치는 일에 열심을 내며 바쁜 날들을 보냈으며, 부부의 일상도 만주나 시베리아에서 목숨을 걸고 항상 긴장하고 있을 때 보다는 훨씬 안일하게 지낼 수 있었던 것으로 보인다.

낙양군관학교 한인특별반이 폐쇄되자, 이범석은 중국군으로 복귀하였다. 1936년 12월 서안사변(西安事變) 이후 양호성(楊虎城) 휘하에서 기병연대장으로 활동하였으며, 왕모백(王慕白)이라는 이름으로 중국 육군 제3로군 소장인 한복거(韓復渠)의 고급참모로 복무하였다.14) 1938년에는 제3로군의 예하부대인 제55군 조복림(曹福林) 휘하에서 주임참모로 활동하며, 노북(魯北), 태아장(台兒莊), 롱해선(隴海線) 전투에 참전하였다. 특히 1938년 4월의 태아장전투는 중일전쟁 개전 후 중국군이 거둔 최초의 승리로 거듭되는 패전으로 곤경에 처했던 중국 국민당군이 자신감을 찾는 계기가 되었다.15)

1939년 6월 이범석은 중국국민당 중앙훈련단 당정간부훈련반(黨政幹部訓練班, 이하 중앙훈련단) 제3기로 입교하여 교육을 받았다. 중앙훈련단은 중국국민당의 최고간부을 위한 교육기관으로 장개석이 직접 단장을 맡고 있었으며,[16] 중국국민당의 이념과 고등 군사 지식을 교육하였다. 이범석은 교육을 이수한 후 중앙훈련단의 영예대대 중대장과 교관으로 활동했는데 이는 그가 중앙훈련단의 교육을 대단히 우수하게 이수했음을 보여주는 것이라고 하겠다.[17]

2. 광복군의 창군과 제2지대의 OSS 작전

1940년 대한민국 임시정부에서는 한국광복군의 창설에 박차를 가하고 있었다. 이범석은 한국광복군창설위원회(韓國光復軍創設委員會)에서 박찬익, 지청천, 김학규, 조경한(趙擎韓) 등과 함께 실무를 담당하였다.[18] 이범석은 초기에는 광복군이 국군(國軍)이 아니라 당군(黨軍)으로 창설되고 있다는 점에서 참여를 주저하였다고 한다.[19]

이후 1940년 8월 4일 중경에서 대한민국 임시정부의 국군으로 광복군총사령부가 조직되었으며, 군관학교 출신의 실전 경험을 갖춘 만주지역 독립군들이 주축이 되었다.[20] 9월 15일에는 임시정부 주석 겸 한국광복군창설위원회 위원장 김구의 명의로「한국광복군선언문」이 발표되어 그 창설을 내외에 알렸다.[21] 이범석은 한국광복군 총사령부의 참모장에 임명되는데 그는 중국과의 교섭을 통한 광복군의 군비 확장에 힘을 기울이는 한편, 광복군의 병력을 1년 내 3개 사단으로 확충하고자 하였다.[22]

1942년 10월 이범석은 광복군 제2지대장에 임명되어 서안으로 이동했으며, 부지대장 이복원(李復源) 이하 안춘생(安椿生)·노태준(盧泰俊)·노복선(盧福善) 등이 각각 구대장을 맡아 활동하였다.[23] 제2지대에서는 적극적인 초모활동(招募活動)을 전개했으며, 중국군사위원회에서도 중국 각지에 수용되어있는 한적(韓籍) 포로들에게 한국 광복군이 될 수 있는 길을 열어 주었다.[24] 이범석은 중국 중앙군관학교 제7분교 주임 호종남(胡宗南)과 교섭하여 제7분교에서 광복군 대원들이 훈련을 받을 수 있도록 하였다.[25]

1944년 10월 이범석은 중국전구 OSS(Office of Strategic Services)[26] 비밀첩보과(SI, Secret Intelligence Branch) 소속의 씨전트(Clyde B. Sargent) 대위에게 광복군과 OSS의 합작을 제의하였다.[27] 그는 미군에게 광복군을 훈련시켜 정보 수집 및 장래 한국에서 연합군의 작전을 돕기 위한 지하 조직 설치와 운영에 필요한 훈련을 요청했으며, 훈련을 받은 광복군은 한반도뿐만 아니라, 일본 본토에서도 작전이 가능할 것이라고 주장하였다.[28] 이에 OSS에서는 주중 미국대사관에 한인공작반(韓人工作班)을 설치하고 인우생(安偶生), 엄도해(嚴道海), 송면수(宋冕秀), 진춘호(陳春浩), 안병무(安炳武), 박영만(朴英晩) 등에게 일본의 신문·잡지·뉴스 방송 등을 통한 정보수집과 일본군 중요 문서의 번역 등을 담당하게 하였다.[29]

1945년 1월 이범석은 싸전트와 한국계 미군인 정운수(鄭雲樹)를 서안의 제2지대 본부로 초청하여 제2지대가 OSS 훈련과 한미 공동작전을 수행할 수 있는 충분한 역량을 갖췄음을 보여주었다. 그 결과 OSS는 제2지대의 전반적 사기와 개인의 능력, 단결심 등이 훈련과 작전 수행에 적합하다는 결론을 내렸으며,[30] 1945년 4월 3일 광복군과

OSS의 공동작전을 최종적으로 승인하였다.[31]

곧이어 이범석은 제2지대 본부가 있는 서안 두곡(杜曲)에 한미합동지휘부(韓美合同指揮本部)를 설치하고 OSS훈련을 진행하였으며, 한국선전위원회(韓國宣傳委員會)를 조직하여 미국 심리전팀의 활동을 돕게 하였다.[32]

> 싸전트 대위와 이범석은 토요일 아미스카(Amisca)를 경유하여 重慶에 도착합니다. 후자는 독수리작전의 핵심인물이므로 특별대우를 요합니다. 우리는 작전이 즉시 착수되거나 혹은 4월 15일쯤에 개시되기를 바라며, 또한 첩보의 순환이 조만간 시작될 것으로 믿습니다.[33]

이 내용에서 보면 OSS에서는 싸전트와 이범석이 독수리작전의 핵심인물이므로 특별대우를 해야 하며, 작전은 즉시 착수되거나 적어도 4월 15일쯤에는 개시되기를 바란다고 하고 있었다. 1945년 6월에는 이범석이 곤명(昆明)의 OSS 책임자 헬리웰(Paul Helliwell) 대령에게 편지를 보내 일본군을 탈출한 한인청년들의 서안으로의 수송 및 부양(阜陽)의 제3지대와의 단파 무선통신 가능 여부에 대해 논의하기도 했다.[34]

1945년 8월 4일 광복군과 OSS의 연합훈련이 종료되자 8월 7일 제2지대 본부에서 개최된 회의에서는 김구, 지청천, 이범석, 도노반(William J. Donovan) 소장, 헬리웰 대령, 싸전트 대위 등 양측의 중요인사가 참석한 가운데 광복군은 지구공작반(地區工作班)을 편성하였고 이범석이 총지휘에 임명하였다.[35]

그리고 이 같은 분위기에서 당시 미군은 이범석에 대해 대단히 긍정적으로 평가하고 있었던 것으로 나타나고 있다.

> 이범석 장군은 전적으로 혁명적 군사지휘관이다. 그는 44세이며 거의 30년간 군인생활을 해오고 있다. 궁궐에서 태어나 1910년 한일병탄 전에는 왕실의 일원이었으며 처음에는 궁내에서 교육을 받았으며 후에 일본에서 수학하였다. 3년간 러시아에서 수학하였으며 유럽을 여행하였다. 그는 또한 중국 국립 기병학교를 졸업하였다. 그는 한국어, 일본어, 중국어 및 러시아어를 유창하게 말하며 약간의 영어지식도 갖고 있다. 이 장군의 군사 경험은 동남 만주지역 특히 한·만 국경에서의 다년간의 유격전, 台兒莊 및 기타 지역 전투에 있어서의 중국군과의 참전, 그리고 前 山東省長 韓復榘를 위한 수년간의 자문 및 일본인과의 연락 역할을 포함한다. 이장군의 관심과 역점은 오로지 군사적인 것이며 러시아가 한국에서 지배적인 영향력을 행사하게 되리라는 강한 관심을 제외하고는 정치적 편파성을 피하고 있다. 그는 전적으로 혁명적이고 군사적이며 일본으로부터 한국의 자유획득을 돕겠다는 바람 이외에 아무런 개인적인 야망도 갖고 있지 않다.[36]

위의 내용에서 보면 미군은 이범석이 궁궐에서 태어난 왕실의 일원으로 궁내에서 교육을 받았고 일본에서 수학했으며, 3년간 러시아에서도 수학했다고 하고 있는데 이는 정보의 오류인 것으로 보인다.

그러나 그가 전적으로 혁명적이며, 군사적이며 일본으로부터 한국의 자유 획득을 돕겠다는 바람 이외에 아무런 개인적 양망도 갖고 있지 않다고 하고 있는 것은 이범석의 독립운동에 대한 신념과 태도를 높이 평가하고 있었음을 보여주는 것이라고 할 것이다. 뿐만 아니라 이범석이 향후 러시아가 한국에서 지배적인 영향을 행사할 것이라는 점에 대해 강한 의심을 갖고 있다고 한 것은 반공주의적 관점에서 광복 후 조국의 장래에 대해 염려하고 있던 그의 안목을 보여주는 것이라고 할 것이다.

김구가 이승만에게 보낸 편지에서도 이범석에 대한 평가는 긍정적이었다. 김구는 이범석이 미국과 한국 모두를 위해 가장 큰 일을 할 수 있을 것으로 확신한다고 하면서 군사적 경험에서 뿐만 아니라, 군사 교련에 있어서도 한국 군인들 가운데 가장 탁월하며, 귀하도 아시다시피 그는 몇 년 전 청산리전투에서 일본군을 상대로 승리를 쟁취한 결과 청년장군으로 명성이 자자하다고 하였다.[37]

그러나 8월 9일, 예상치 못했던 일제의 포츠담선언 수락 소식이 전해지면서 작전은 실행에 옮겨지지 못하고 말았다. 이에 임시정부에서는 다시 국내로의 '정진대(挺進隊) 파견을 추진했는데 광복군을 국내로 들여보내 일제의 투항을 접수하고 이들로 하여금 국내의 치안을 담당하게 하는 한편, 임시정부와 광복군을 위한 연락 및 준비를 담당케 하고자 함이었다.

이범석은 싸전트를 설득해 미군의 허락을 얻었으며,[38] 1945년 8월 13일 대한민국 임시정부는 이범석을 정진군 총사령관에 임명함과 동시에 대원들을 이끌고 국내로 들어가도록 하였다.

국내로 향하는 항공기에는 이범석과 김준엽, 장준하·노능서(魯能瑞) 등이 승선하고 있었고 OSS 측에서는 버드(Willis H. Bird) 대령을 포함하여 총 18명의 인원이 탑승하였다. 이 중에는 함용준(咸龍俊) 대위, 정운수 중위, 서상복(徐相福) 이등병 등 한국계 미군 병사도 함께 있었다.[39]

광복군정진대가 국내로 향한 것은 8월 16일이었다. 그러나 새벽 4시 30분 서안을 출발한 비행기가 산동반도에 이르렀을 때, 미군 항공모함들이 일본 전투기로부터 공격을 받고 있으며 여러 지역에서 여전히 전투가 벌어지고 있다는 소식이 전해졌다. 이에 책임자인 버드 대

령은 돌아갈 것을 명령하였고 대원들은 서안으로 되돌아와야 했다.[40]

이후 국내 진입이 재차 시도된 것은 8월 18일이었다. C-47수송기를 이용해 새벽 5시 50분에 서안을 출발한 대원들은 약 6시간의 비행 끝에 11시 56분경 여의도 비행장에 착륙하였다. 그러나 일본군은 비행장 착륙은 허락했지만 비행기를 포위하고 어떠한 활동도 허락하지 않았다.

일본군은 대본영(大本營)으로부터 어떠한 지시를 받은 바 없다는 이유로 아무런 조치를 취하지 않았으며, 주변에 탱크와 박격포 등을 배치하여 위협을 가하였다. 이에 정진대는 일본군이 제공한 휘발유로 연료를 보충한 후 착륙한 지 28시간여 만인 8월 19일 오후 4시 20분에 여의도 비행장을 이륙하여 산동성(山東省)의 유현(濰縣)비행장을 거쳐 8월 28일 13시 45분 서안으로 귀환하였다.[41]

당시의 심경에 대해 이범석은 "나는 화가 나서 한강물이나 마시고 가자며 바께스에 물을 떠 오라고 그랬지. 그 물을 3분의 1이나 마셨더니 속이 시원해지더군. 그 때부터 내 심장병이 씻은 듯이 없어졌어, 나중에 알고 보니 그거 심장병이 아니라 사향병(思鄕病)이었네"라고 하였다.[42] 이후 이범석은 광복군 확대와 교포들의 안전한 귀국을 위해 노력하던 중 1946년 5월 16일 500여 명의 광복군을 이끌고 중경을 떠나 6월 3일 인천항을 통해 환국하였다.[43]

제2부

'민족지상·국가지상'의
독립국가 건설

제6장

해방 직후의 정치적 상황과
조선민족청년단

1. 환국 전후의 정치 환경과 냉전(冷戰)에 대한 인식

대한민국 임시정부에서는 8·15 광복 이후 8월 17일 제39차 임시의
정원(臨時議政院) 회의를 개최하고 환국해 전체 국민 앞에 정부를 마
칠 때까지 현상태를 유지할 것과 임시정부와 임시의정원의 환국 준
비와 기타의 문제를 모두 국무위원회(國務委員會)에 위임하기로 결
정하였다.

8월 22일 김구 주석은 중국국민당의 비서장 오철성(吳鐵城)을 방문
하여 임시정부의 즉각적인 정식 승인을 요청하였으며, 24일에는 장
개석에게 공한을 보내 임시정부가 필요로 하는 요청 사항을 전달하
였다. 그러나 중국 정부는 미국의 의사라며 중경에 있는 임시정부와
광복군은 개인 자격으로 입국하라는 통첩을 해왔으며, 무기를 회수
해 갔다.[1]

이에 이범석도 개인 자격으로 환국해야 했으며, 그의 환국에 대해 국내 언론은 다음과 같이 보도하였다.

> 光復軍參謀長으로 조국광복을 위하여 해외에서 분투하던 李範奭은 戰災民과 함께 一市民의 자격으로 지난 26일 釜山에 입항하여 검역을 마치고 상륙할 예정이었는데, 지금 南朝鮮에 만연되고 있는 콜레라 관계로 2일 釜山港을 출발하여 仁川으로 회항하기로 되어 3일 오후 着港하였다는데, 이번 李將軍과 함께 歸國하는 光復軍은 500명이나 되며 이 500명의 光復軍은 대부분이 幹部級이라 한다.[2]

이범석은 '일시민(一市民)'의 자격으로 전재민(戰災民)들과 함께 5월 26일 부산항(釜山港)에 입항하여 검역(檢疫)을 마치고 상륙할 예정이었다. 그러나 남한(南韓)에 만연하고 있던 콜레라 때문에 인천으로 회항하여 3일 오후 도착하였다. 함께 귀국한 광복군은 500명 규모였으며, 이들 대부분은 간부급이었다고 하였다.

언론에서는 이범석에 대해 무인(武人)일 뿐만 아니라, 영어, 중국어, 러시아어, 일본어 등에 능통하며, 『한국의 분노』라는 저서를 낸일도 있는 문무(文武)를 겸비한 분이라고 하였으며, 작년(1945년 – 필자) 8월 18일에는 여의도 비행장에 착륙하여 개선하였으나 여러 가지 사정으로 중국으로 돌아갔다고도 보도하였다.[3]

인천에 도착한 이범석은 그 길로 서울로 향했으며, 날이 밝기를 기다렸다가 송동산(宋東山) 이하 수 명의 수행원을 대동하고 엄항섭의 안내를 받아, 병상(病床)에 있는 김구 주석에게 문병 겸 환국 보고를 했다.

두 사람은 '말없이 굳은 악수'를 나누었으며, 이범석은 김구에게 인천 상륙 전후의 경과를 보고한 후 약 30분간 환담하였다. 이후 이범석은 곧바로 군정청(軍政廳)을 방문해 배에서 대기하고 있는 나머지 병력의 상륙과 숙사(宿舍) 문제 등을 논의하였다. 일행 중에는 노백린(盧伯麟)의 아들 노태준(盧泰俊)과 안중근(安重根)의 영질(令姪) 안춘생(安春生) 등이 있었다.[4]

이범석의 입장에서 보면 미군정의 방침에 따라 개인 자격으로 입국하기는 했지만, 자신은 광복군을 이끌고 귀국한 책임자였다. 총사령관 지청천이 중국에 남아 있었고 광복군의 통수권은 긴구에게 있었다. 병상의 김구를 찾아가 귀국 보고를 하는 것은 그에게는 당연하고도 상징적인 절차였던 것이다.

귀국 후 그는 정치적으로 별다른 활동을 하기 어려운 상황이었다. 좌·우익의 대립은 격화되고 있었고 민족진영 내부도 분열 상태였다. 1945년 12월 모스크바 3상회의의 내용이 전해지면서 시작된 신탁통치 파동은 혼란스러웠던 정국을 더욱 혼란스럽게 만들었다. 신탁통치안이 발표되자 얼마 후 좌익은 모스크바 삼상회의 결정을 지지하며, 찬탁으로 돌아섰다. 반면에 이승만과 김구를 비롯한 우익은 치열한 반탁운동을 전개하여 미군정에 정치적인 부담을 주고 있었다.

미군정은 결렬된 미소공동위원회를 재개하기 위한 노력보다 남한 내에서 미군정을 지지해 줄 정치세력의 확장에 신경 쓰고 있었다.[5] 미국은 남한 대중의 지지를 획득하여 소련과의 회담에서 유리한 위치를 확보하고자 하였으며, 미군정도 '강력하고도 지속적인 민주주의 제도를 발전시킬 건설적인 경제와 교육개혁에 관한 계획을 수립할 필요가 있다'고 본국에 보고하고 있었다.[6]

김구는 1차 미소공동위원회 결렬 이후, 1945년 12월 임시정부 내무부장 신익희의 명의로 발표한 전국 행정청 소속의 경찰기구 및 한인 직원은 전부 본 임시정부 지휘 하에 귀속케 함[7]을 중요 내용으로 하는 국자포고사건(國字布告事件)으로 미군정의 강력한 경계의 대상이 되고 있었다. 이에 미군정은 신익희가 주도하고 있던 정치공작대(政治工作隊)를 해체시켰으며,[8] 미 국무부와의 협의에서 김구에 대한 지지가 실패했음을 공식화하였다.[9]

여기에 미군정이 김규식(金奎植)을 중심으로 하는 좌우합작 추진에 지지를 보내는 듯하자 이승만은 민족통일총본부(民族統一總本部)를 조직하여 이를 무산시키려는 움직임을 보이고 있었다.[10] 더욱이 1946년 6월 3일 이승만의 정읍(井邑) 발언이 있자[11] 바로 다음날 한국독립당(韓國獨立黨)의 선전부장 엄항섭은 "미소공동위원회의 장기 휴회로 한국인들의 실망이 큰 상황이므로 속히 미소공동위원회가 재개되어 자주적이고 독립적인 임시정부 수립에 적극적인 원조가 있기를 희망한다"라는 취지의 담화를 발표하였다. '정읍발언'에 대한 반대를 공식화한 것이었다.[12] 한편 이범석은 김구에게 귀국 인사를 한 후, 기자들에게 개인 자격이고 일개 무변(武弁)이라 전체적으로 의견을 말할 수 없다고 하여 정치적 상황에 대한 언급을 피하였다.[13]

국내 정세가 혼란을 거듭하고 있는 가운데 좌·우익은 모두 대중에 대한 장악과 선전 효과의 중요성을 깨달아 가고 있었으며, 청년조직의 중요성이 부각되고 있었다.[14] 미국은 한국과 같은 봉건적 사회에서 청년단체는 익숙한 기관이며, 한국사회에서 공직을 유지하고 획득하는 데에는 잘 훈련되고 조직된 제복을 갖춘 청년단체의 지원이 필요하다고 보고 있었다.[15]

실제로 김구와 이승만의 곁에는 청년단체가 조직되어 강력한 지지

기반을 이루고 있었으며,[16] 반면에 신탁통치안의 발표 등으로 지지도가 극단적으로 낮아진 미군정은 청년단체를 조직하여 지지기반을 확충하고 싶어 했다. 이에 미군정은 남한에서 자신들에게 우호적인 청년단체를 조직하고 이끌어 줄 새로운 인물이 필요했으며, 이범석이 주목을 끌고 있었다.

미군정은 이범석에 대해 군사 분야만이 아니라 문학, 시, 언어 등 다른 분야에서도 천재적인 것으로 알려져 있으며, 중국어와 일본어를 모국어처럼 유창하게 구사한다. 용맹하고 담력이 있을 뿐 아니라 인정스럽고 친구와 부하들에게는 뛰어난 사교성도 발휘한다고 평가하고 있었다.[17] 뿐만 아니라 미군정은 이범석이 소련의 도전에 직면하고 있던 자신들의 한반도 정책을 지지하고 있는 것으로 판단하고 있었다.

> 지금까지 본인은 한미공동작전에 대해 최대한의 정력을 기울여왔습니다. 왜냐하면 본인은 미국적 이상과 자유와 민주주의에 대한 목적, 그리고 세계를 자유 및 민주주의 국가들로 변화시키려는 미국의 민주주의에 대한 목적을 공유해왔기 때문입니다. 이러한 신념 하에서 본인은 한국 임시정부와 한국광복의 이상과 목표를 본인의 신념과 마찬가지로 표명합니다. (중략)
>
> 미래에 있을 한국의 정치적 발전은 러시아와 미국에 크게 달려있습니다. 한국 내에서 양국의 활동은 한국의 정치체제가 공산주의 국가가 될지 아니면 민주주의 국가가 될 것인가를 결정할 것입니다. 이러한 이유로 본인은 만약 우리가 자유와 민주주의 그리고 지속적인 평화를 위해서 한국의 발전에 영향을 미칠 전망과 결의를 가지고 있다면 한국을 위해 민주적인 정부형태를 바라는 미국인이나 한국인의 어깨에 지워진 책임은 중대하다고 생각합니다.[18]

1945년 9월의 이범석은 자신은 미국식 민주주의의 이상과 목표를 공유하고 있음을 강조하고 있었으며, 현 상황에서 미국이 한국의 발전에 영향을 끼치려는 결의를 갖고 있다면, 향후 미국이나 미국인의 어깨에 지워진 책임은 대단히 중대하다고 역설하고 있었다.

뿐만 아니라 제2차 세계대전이 일본의 멸망으로 종식되기는 했지만, 미국과 소련 간의 냉전적 대립이 격화될 것이라고 예상하고 있었고 소련의 공세에 대응하기 위한 '광복군과 OSS의 합동작전을 1급 비밀로 제안하기도 했다.[19]

이범석은 제2차 세계대전의 종전 이후 태평양 국가로서 미국과 소련의 대립과 갈등이 격화될 것이라고 보았다. 그리고 미국은 한국의 독립과 방어를 위해서만이 아니라, 미국의 이익을 위해서라도 소련의 정책에 대한 연구가 필요하다고 하였다. 또한 중국과 만주 및 일본과 국내에서의 공산주의자들에 대한 정보를 수집하기 위해 즉각적으로 '한국국(韓國局)'을 설치해 줄 것을 OSS에 요청하기도 했다. 이범석은 공산주의가 내세우고 있는 세계주의에 입각한 반(反)민족주의적 경향에 대해서도 거부감을 나타나고 있었다.

> 오늘날의 공산주의자들은 함부로 민족을 부인하고 또 민족과 조국을 부인하려고 드니 딱한 노릇이다. … 소련이 건국 초기 양심적으로 세계주의를 실천하는 척하며 각 종족에게 평등하게 권리를 부여한 것은 세계의 동정을 얻고 약소민족의 환심을 사기 위한 일종의 연극이었다. … 전후 그들의 입으로 다시 세계주의를 내세우고 각국의 공산당을 조종하여 흡사 세계주의적인 듯한 공작을 진행시키고 있는 것은, 타민족의 민족의식을 말살시킴으로써 슬라브 민족의 침략적 민족주의를 세계적으로 실현해보려는 야심적인 흉계에서 나온 것이라고 생각할 수밖에 없다.[20]

그는 공산주의자들이 민족과 조국을 함부로 부인하는 것은 딱한 노릇이며, 소련이 세계주의를 내세우는 것은 슬라브 민족의 침략적 민족주의를 세계적으로 실현해 보려는 흉계에 지나지 않는다고 보았다.

환국 초기 이범석은 군사전문가로서의 위상을 나타내고 있었다. 1945년 11월 9일 12개의 군사단체가 통합해 '전국군사준비위원회(全國軍事準備委員會)'를 결성하고 '일당일파(一黨一派)'에 속하지 않은 군사조직이 될 것을 선언하면서 이범석을 고문으로 추대하였다.[21] 1946년 7월에는 국방경비대의 고문[혹은 통위부 군사고문]으로 취임하였으나 곧 사임했는데 이에 대해 미군정은 통위부가 좌경화된 것으로 인식했기 때문이라고 보았다.[22]

1947년 3·1절을 맞아 『조선일보』에 게재된 인터뷰에서는 임시정부 세력과 정치적으로 거리를 두고 있었음을 보여주기도 하였다. 이범석은 3·1운동 직후인 4월 초순 우리 일행은 상해로 갔으며, 임시정부에는 벌써 각 방면에서 굉장한 망명인사가 모여들고 있었다. 그러나 며칠 두고 보니 그들의 파벌적 암투와 허영이 눈에 띠어 환멸과 실망을 느끼었으며, 동시에 나의 죽엄터는 상해가 아니요 저 두만강 백두산 기슭이란 것을 직각하였다. 그때 마침 남만주 봉천성 삼원포에는 이시영 씨가 신흥사관학교를 설립했으므로 첫 여름 어떤 날 새벽 동지 여섯 명 중 나와 최윤동(崔允東), 배달무 세 사람은 상해를 떠나 삼원포로 갔다고 하였다.[23]

2. 조선민족청년단의 결성과 민족주의 청년운동

1) 청년운동과 민족문제에 대한 인식

환국 초기 이범석이 별다른 정치활동을 하지 않고 있었던 것은 오히려 미군정에게 이범석이 새로운 청년운동의 지도자가 될 수 있을 것이라고 판단하는 데 도움을 주었을 것이다. 미군정의 입장에서 보면 한국민주당이 지원하는 극우 청년단체들은 민족주의적 정통성이 부족했으며, 폭력적 경향으로 국민들에게 반감을 사고 있었다. 서북청년단 등 반공투쟁을 전면에 내세운 우익 청년단체들은 '파시스트의 전위조직' 혹은 '한민당이 돈으로 고용한 외인부대'라는 세간의 혹평에 시달리고 있었다.[24]

이 같은 상황에서 미군정으로서는 이범석이나 지청천 등이 새로운 청년운동의 지도자로 적합하다고 판단했을 것으로 보이며, 대중적 지지도라는 측면에서 상대적으로 앞서고 있던 이범석을 적임자라고 생각했을 있었을 것으로 여겨진다. 여기에는 지청천이 이범석보다 일년 늦은 1947년 7월에야 귀국한 것도 영향을 끼쳤을 것으로 보인다.[25]

이범석은 귀국 직후 하지 사령관과 아서 러치(Archer L. Lerch) 군정장관을 방문해 청년운동을 하겠다는 의사를 밝히고 도움을 요청하였으며,[26] 여세를 몰아 1946년 10월 9일 족청을 결성하였다.[27] 미군정은 족청에 대해 한국의 새로운 국가정신을 구축하는 데 도움이 되는 시민교육 프로그램을 운영하여 강력한 애국심을 갖춘 청년단체로서의 역할을 기대하고 있었다.[28] 즉 족청이 미국식 민주주의의 이상을 지닌 시민을 만드는 단체, 혹은 교육기관으로서의 역할을 해줄 것을

원하고 있었던 것이다.[29)]

반면에 이범석은 우선 국가 건설의 토대가 되는 사상(思想)이나 윤리(倫理)의 확립이 필요하며, 공산주의와의 대립이 격화되고 있는 상황에서 이를 타개하는 돌파구의 하나로 청년운동을 염두에 두고 있었다. 실제로 그는 오랫동안 해외에 있다가 조국에 돌아와서 가장 절실하게 느낀 것은 윤리의 파멸이요, 생활의 파멸이었으며, 먼저 윤리의 건설에 착수해야겠다는 결의를 갖게 되었으며, 그 대상으로 청년을 선택하게 된 것이라고 하였다.[30)]

1946년 11월 7일 시카고 선(Chicago Sun)지(紙)와의 인터뷰에서는 "오늘날의 한국은 1919년의 독일(獨逸)과 같소. 이데올로기적인 대립과 민족적 불화, 경제적 곤궁의 문제가 바로 그것이요. 청년들의 단결이 민족해방의 관건이 되오. 지도자 양성을 위한 학교를 세우는 것이 우리의 목표이지요. 우리는 그들에게 명령에 복종하는 것, 실천적인 능력의 함양과 도덕심의 회복 등을 교육하려 하고 있소. 장개석(蔣介石)의 신생활운동(新生活運動)과도 같은 것이오."라고 하였다.

지도자 양성 학교에서는 역사학, 윤리학, 정치학을 가르칠 것이며, '파업분쇄 방법도 가르칠 것이요, 히틀러의 유겐트(Hitler-Jugend)의 역사도 물론이요'라고 하였다. 그는 청년운동의 기초를 청년교육에 두고 있었으며, 필요한 경우 히틀러의 파시스트적 교육운동도 수용하겠다는 비판의 소지가 있는 다소 과격한 태도를 보이고 있었다.[31)]

미국의 역사학자 브루스 커밍스(Bruce Cumings)는 이범석이 족청을 조직한 것과 관련해 중국의 남의사(藍衣社)를 모방했다고 주장하기도 했다. 즉 이범석은 중국 군관학교에서의 교육과 소련에 대한 부정적 인식, 그리고 독일 유겐트의 교육 등을 바탕으로 족청의 청년들

을 교육하고자 했던 것으로 보았다.[32]

이범석은 1947년 8월 12일에 발표한 글 「나의 청년운동」을 통해 청년운동의 원칙을 밝혔다. 그는 첫째 '민족지상 국가지상'을 강조했는데 이는 제2차 세계대전 이후의 냉엄한 국제질서 속에서 민족의 자유와 조국의 독립이 절대적 지상 과업임을 강조하는 것이라고 할 수 있었다. 둘째, 대내 자립, 대외 공존과 착안원대(着眼遠大) 착수비근(着手卑近)의 원칙을 천명하였다. 셋째, 비정치와 비종파(非宗派)의 원칙을 강조하였으며, 넷째, 비군사(非軍事)의 원칙을 내세웠다. 건국초기 국가건설에 임하는 청년운동 지도자로 가질 수 있는 내용들이었던 것으로 보인다.[33]

1947년 10월 8일에 발표한 「민족과 청년」에서는 청년운동의 중요성을 다음과 같이 강조하였다.

> 오늘날의 조선은 깊이 병들어 신음하고 있다. 조선의 명의들은 혹은 미국 약으로, 혹은 소련 약으로, 혹은 중국 약으로, 혹은 그 혼합제를 가지고 그 병을 고치려 하지만, 나의 의서에 의하면 이 병을 고칠 자는 오직 청년뿐이요, 그 약에는 다만 '청년의 의지와 역량의 통일'이 있을 뿐이라고 명시되어 있다. 이 약방문으로 지난날 독일도 소련도 터키도 패전에서 부흥할 수 있었고, 중국 역시 이 요법에 의지하여 장기 항전을 이겨낼 수 있었던 것이다.[34]

이범석은 오늘날 해방된 남한은 깊은 병에 신음하고 있는데 이 병은 미국, 소련 혹은 중국 약(藥) 또는 그 혼합제(混合制)로 고쳐질 수 있는 것이 아니라, 청년의 의지와 역량의 통일을 통해 고쳐질 수 있다고 하였다. 독일도 소련도 터키도 이 약방문(藥房文)으로 패전에서 부흥할 수 있었고 중국 역시 장기항전에서 승리할 수 있었다고 강조하였다.

이밖에 이범석은 청년들에게 우리 민족의 단일혈통 혹은 혈통적 단일민족국가론(單一民族國家論)이 결합된 민족주의를 강조하고 있었는데 그는 단일민족이라는 특성은 우리 민족에게 큰 장점이 될 수 있을 것이라고 하고 있었다.

> 우리는 독일의 히틀러가 억지로 純血운동을 벌였던 일을 기억하고 있다. 그것은 독일 민족 형성의 역사적 배경으로 보아 사실상 불가능한 일이기는 했지만, 현실적으로 유태인을 배척함으로써 민족적 결속에는 심대한 효과가 있었다. 이 하나의 산 實例만 보아도 피의 순결이라는 것이 얼마나 존귀한 것이고 중요한 것인지를 알 수 있는 것이니, 우리도 이러한 점에서 우리 자신을 충분히 음미해 볼 필요가 있다.35)

이범석은 독일의 히틀러가 억지로 벌인 순혈(純血)운동은 사실상 불가능한 일이었지만, 민족적 결속에는 심대한 효과가 있었으며, 이 하나의 실례(實例)만 보아도 피의 순결이 얼마나 존귀하고 중요한 것인지를 알 수 있다고 하였다.

또한 그는 "우리는 희귀한 단일 혈통의 민족이요, 삼천리강토라는 동일한 영역에서 반만년 생성해 온 민족이요, 게다가 철저한 공동 운명을 지닌 민족"이라고 하였다. 그리고 "민족의 형성으로 보아 우리는 가장 긴밀하고 가장 완전한 가장 자연스러운 민족이다. 우리 민족과 같이 하나의 민족으로서 이렇듯 빈틈없이 훌륭하게 형성된 민족은 아마도 전 세계에 다시없을 것이다."라고도 하였다.36) 그에게 있어서 민족은 독보적 영역으로 해석되고 있었던 것이다.

이범석은 민족지상의 국가 원리에 대해서도 다음과 같은 견해를 피력하였다.

> 우리가 세우려는 국가는 완전한 주권국가인 동시에 우리 민족의 역사적 독자성과 현실적 환경에 비추어 반드시 단일 민족국가일 것이며, 또 제도적으로는 어떠한 개인적 또는 집단적 특권도 허용치 않는, 따라서 주권은 삼천만 민족에게 있고 통치자와 피치자의 관계까지도 포함하여 온 동포가 정치적으로나 경제적·문화적으로 권리와 지위와 책임이 기본적으로 균등한 국가인 것이다. 이것이 '민족 지상'의 국가 원리다.[37]

그가 지향하고 있던 새로운 국가는 민족의 역사적 독자성에 비추어 단일민족국가이며, 제도적으로는 정치·경제·문화적으로 균등한 국가였다. 그리고 이것을 민족지상의 국가 원리라고 하였다. 그러나 이범석에게 있어서 정부수립 초기 균등한 국가의 건설을 위해 구체적으로 무엇을 어떻게 해야 할 것인가에 대해서는 그의 반공주의 주장만큼 명확하지 않았던 것으로 보인다.

이범석은 1946년 10월 9일 서울 종로 1가에 있던 서울 그릴에서 발기인대회를 개최하고 족청을 창단하였다. 창단선언에서 민족청년단은 "청년의 정신을 작흥(作興)시키고 청년의 진로를 명백히 하여 건국성업(建國盛業)의 역군이 될 것을 기하려 하다"고 밝혔다.[38]

11월 24일에는 수원에 설치된 족청 중앙훈련소에서 전국에서 선발된 200명의 청년을 제1기생으로, 본격적안 청년 교육을 시작하였다.[39] 초기의 청년 교육은 안호상과 장준하(張俊河)가 주도했는데 장준하는 김구에게 양해를 구한 뒤 비서직을 사퇴하고 족청에 입단하였다.[40] 그러나 얼마 후 이범석과 안호상의 노선을 거부하고 탈퇴하였다. 정치권 일부에서는 이범석에 대해 도조히데키(東條英機)와 비슷하다고 하거나 '히틀러를 꿈꾸는 위험한 인물'이라는 악의적인 비난이 제기 되기도 하였다.[41]

족청의 창단에 대해『동아일보』에서는 조선 청년의 의지와 역량을 집중하여 건국 도상(途上)에서 운동의 추진체가 되고자 결성된 것으로 이범석을 단장으로 추대하고 시내 을지로 5가 77번지에 사무소를 두어 청년들의 힘을 규합 훈련하기로 했다고 보도하였다.[42]

『조선일보』에서는 "족청은 18~30세 사이의 유능한 청년들을 선발하여 1개월에서 3개월 정도의 훈련을 통해 민족정신을 앙양하는 동시에, 국가지상과 민족지상의 이념 하에 건국도상에서 청년으로서의 순성(純誠)을 바칠 것이라고 하였다.[43]

당시 이범석은 해방정국에서 '건준(建準)이다 무어다 해서 청년들이 뻘건 깃발 아래 따라 다니며, 좌익의 청년운동이 정치적으로 주도권을 장악하고 있는 것을 심각한 문제라고 인식하고 있었으며, 청년들에게 민족주의를 훈련시켜 공산주의를 비판할 수 있도록 해야 한다고 생각했다고 한다. 이범석은 청년운동에 있어서 공산주의 계열이 2배나 우세한 상황에서 통일국가를 이룩하기 위해 이를 뒤집어 놓아야 한다고 생각하고 있었던 것으로 보인다.[44]

2) 조선민족청년단의 운영과 청년교육

(1) 미군정의 적극적 지원과 정치적 함의(含意)

족청은 결성 이후 연합군 사령관 맥아더(Douglas MacArthur)와 중국전구(中國戰區) 사령관 웨드마이어(Albert C. Wedmeyer) 등의 후원을 받았다. 맥아더는 이범석을 돕기 위해 필리핀에서 보이스카우트를 조직하고 훈련시킨 경험이 있는 미 육군 중령을 파견해 주기도 했다고 한다.[45] OSS에서 함께 일을 했던 사전트도 1947년 4월부터 미군정 정치고문실에서 근무하며 적극적으로 도왔다.[46]

> 본 단은 남조선 주둔 미군정청의 재정적 지원을 받고 있으나 이는 다만 진정한 애국운동의 강력한 전개를 도모함에 있어 현 행정자의 후원을 얻어 소기 사업의 건전한 추동에 이바지하고 함일 뿐이요, 우리는 오직 끝까지 민족지상, 국가지상의 이념하에 자주독립을 성취할 혁명적 의식의 고취와 아울러 과감한 혁명적 실천을 전개할 것임으로, 모든 기우는 시간이 경과함과 함께 본 단 운동의 구현 과정이 이를 해소시킬 것이니 이점 너무 조급한 염려가 없기를 바란다.[47]

그런데 미군정의 재정적 지원이 집중되고 이와 관련해 우려의 목소리가 들리자 이범석은 위에서 보는 바와 같이 세간의 기우(杞憂)에 대해 민족지상 국가지상의 진정한 애국운동을 전개함으로써 시간이 경과되면 해소될 것이니 너무 조급한 염려가 없기를 바란다고하였다.

미군정은 족청에 대해 민정과(民政課)에 직속되어 있는 조직이며, 18~30세의 청년들에게 애국심을 기르고 민주주의적 생활 교육을 배양하기 위해 결성한 조직으로 약 500만 원의 예산을 부여하고 있다고하였다.[48]

주한미군 정보참모부가 작성한 연간 활동 보고서에 의하면 족청은 1946년의 경우 총 37,371,770원의 예산을 요청했으며, 이 중 20,648,410

원이 지급된 것으로 나타나고 있다. 남조선과도정부 노동부에 편성된 예산 19,447,000원[49]을 상회하는 수준이었다. 이밖에 다른 기록에서는 족청에 대한 미군정의 예산 지원과 관련해 1946년에는 500만 원을 지원했었던 것이 1947년에는 거의 4배가 늘어난 1,900만 원으로 급증했다고 하였다. 1946년에 미군정은 좌우합작위원회에 300만 원을 후원했으며, 1947년에는 좌우합작위원회에 300만 원, 족청에 1,900만 원을 후원했는데 당시로서는 파격적인 지원이었던 것이다.[50] 미군정은 족청에 대한 재정지원 및 운영과 관련해 별도의 담당 관리를 파견했고 한다.[51]

족청의 단원이 되기 위해서는 일정액의 입단금과 매월 회비를 납부해야 했으며,[52] 참여 인물 중에는 상당한 재력가들도 있었다. 서울시 중구단부 단장을 지낸 이두철(李斗喆)은 해방 이후 미군정으로부터 미츠코시 백화점 경성지점을 넘겨받은 인물이었다.[53] 족청은 미군정의 공식적인 지원금 말고도 상당수의 자금이 유입되고 있었던 것이다.

한편 중앙훈련소의 입소식에서는 미국 국가가 합창되었는데 이는 미군정장관 대리 헬믹(Charles Helmic) 준장이 축사(祝辭)를 했던 것과 함께, 족청이 미군정과 얼마나 돈독한 유착관계에 있었던가를 단적으로 보여주는 것이기도 했다. 중앙훈련소도 일본군이 전쟁 말기에 건설 중이던 육군병원 건물과 4만여 평의 부지를 인수해 조성했는데 이 역시 미군정청의 특별 배려가 있었던 것이었다.[54]

뿐만 아니라 헬믹 군정장관의 '족청의 목적과 활동에 관한 비망록'에서 보면, 미국은 단기적으로는 미군의 조기 철수에 대비하여 남한에 대한 안정화 프로그램의 일환으로 족청을 지원하고자 했으며, 장기적으로는 미군 철수 이후에도 한국이 공산화되지 않고 유지될 수 있는 지도세력을 양성하기 위한 노력의 일환으로 족청을 지원하고 있었던 것이다.[55)]

그러나 족청과 미군정의 관계가 우호적이었다고 해서 이범석이 미군정에 대해 일방적으로 순응한 것은 아니었다. 1947년 1월 28일 소련의 로마넨꼬가 평양의 쉬띄꼬브에게 보낸 남조선 정세에 대한 정보자료에 따르면, 이범석은 3월 1일을 기해 족청 회원 약 50,000명을 동원하여 신탁통치 반대 시위를 계획하고 있었다고 한다.[56)]

(2) 조선민족청년단의 인적 구성과 성격

족청은 발족 직후 전국위원 46명, 이사 12명, 상무이사 6명을 선출하였으며,[57)] 『사단법인 조선민족청년단 규약』에는 전국위원이 60명으로 나타나고 있다.[58)] 족청 규약에 따르면, 전국위원회는 최고 결의기관이었으며, 30여 명 이상의 각도 대표로 구성되어 있었다. 전국위원회는 매년 2월에 정기회의를 열었으며, 중앙이사회는 한 달에 한 번씩 개최되도록 규정되어 있었다. 지방조직은 부·군·도(府·郡·道)위원회를 비롯하여 해당 지역의 사회단체 및 유지의 발기로 조직되는 구·읍·면 위원회 등으로 구성되어 있었다.[59)]

초기 중앙간부 12명의 성격은 한국독립당과 임정 관계자, 교육계 인사, 기업인, 종교인 등을 중심으로 구성되어 있었다. 상무이사는 대부분 임정 계열이었는데 이들 중 경력이 확인되는 사람은 다음과 같다.[60)]

<표 3> 족청 상무이사의 주요 이력

이름	주요 이력
김응권	1897년생, 3·1운동 참여 뒤 중국으로 건너가 상해에서 독립운동. 귀국 후 신문 출간 및 광업종사. 조선소년단 전무이사. 상해에 있을 때 운남(雲南)에서 이범석이 가지고 온 권총을 맡은 인연이 있음.
김형원	동아일보, 조선일보, 중외일보, 매일신보에서 기자, 편집국장을 지냄. 해방 후 조선일보 편집국장, 한독당 중앙위원.
김활란	이대 총장, 미군정 학무국 조선교육위원, 조선교육심의회 참여.
현상윤	고대 총장, 미군정 학무국 조선교육위원, 조선교육심의회 참여.
황의돈	보성고보, 중동학교 교사, 역사가, 국사교과서 집필.
이기진	함흥상업창고주식회사 전무취체역, 선흥(鮮興)상공주식회사 대표취체역, 북내(北內)상점 대표취체역, 경성건축사 대표취체역, 해방 직전 함흥에서 조선판석공업주식회사 취체역.
박주병	1947년 6월 좌우합작위원회 위원으로 확충, 한독당 민주파.
노태준	1936 한국국민당 청년단 단장, 1940 광복군 제1지대 간부, 1944 광복군 제2지대 제2구구대장, 1945 국내정진군 제2지구대장.
설린	천도교 신파, 1925년 천도교청년당에 의해 모스크바로 파견한 간부 중 하나. 1926년 모스크바 유학, 1930년 수운주의(水雲主義)를 내세워 좌파진영과 사상 논쟁, 1946년 수운회관에서 서영훈에게 족청을 소개. 1950년 서울시 경찰국 사찰과에서 '족청계 배후지도 인물로' 강세형과 더불어 지목당함.

출처: 후지이 다케시, 「족청·족청계의 이념과 활동」, 성균관대학교 박사학위 논문, 2010, 55~57쪽 참조.

1947년 3월에는 8명의 이사가 추가되었는데 안춘생, 송면수, 강세형, 윤치영, 임영신, 백성욱, 전진한, 백두진(白斗鎭) 등이었다.[61] 전국위원 60명 가운데 이사가 아닌 사람은 40명이다. 이들의 경력을 분류해 보면 미군정 관계자, 정치인, 기업인, 교육계 인물, 지역 유지 등으로 구성되어 있었으며, 이 중 미군정 관계자는 노동부장 이대위, 보건후생부장, 이용설, 공보부장 이철원, 문교부장 유억겸 재무부장 서리를 역임한 홍헌표 및 문교부 교화국장을 역임한 최승만도 등이 있다.[62] 기업인에 속하는 이들은 권영일, 김창기, 김현경, 이만수, 배

영건, 조인섭, 이천탁, 박택선, 이성민 등이 속했다. 이들은 중소 자본으로 족청의 보조적인 자금원으로서의 역할을 했을 것으로 보인다. 이밖에 김관식과 변성옥 등이 포함되어 있었다.

지역유지 출신은 경남도단부 단장인 김동욱, 전남체육회의 거물이자 광주청년단 부단장, 족청 광주시단부 단장을 맡은 주봉식 등이 있었으며, 신간회 대구지회에서 활동했던 송두환이 포함되어 있었다. 그는 해방 이후 1946년 12월에 민주통일당 발기인을 맡는 등 정치활동을 계속했으며, 족청에서는 경북도위원회 위원장을 맡았다. 이밖에 김병연은 해방 직후에 평남에서 조만식, 이윤영 등과 더불어 건국준비위원회를 결성했으며, 월남 이후에는 조선민주당의 조직부장을 지냈다.[63] 족청의 핵심기관이라고 할 수 있는 중앙훈련소의 중요 임원 구성은 〈표 4〉와 같았다.[64]

〈표 4〉 중앙훈련소의 임원 구성

직위	이름	비고
단장	이범석	
부단장	김형원(金炯元)	
	이준식(李俊植)	
총무부장	김웅권(金雄權)	
차장	강인봉(姜仁鳳)	신진당 청년부장, 1946년 말 유동렬 사임 후 족청으로 옮긴 것으로 추정.
조직부장	노태준(盧泰俊)	
차장	정일명(鄭逸明)	광복군 제2지대 소속이었던 정일명(鄭一明)으로 추정.
선전부장	송면수(宋冕秀)	
차장	정일문(趙一文)	
재정부장	백두진(白斗鎭)	조선은행
차장	유창순(劉彰順)	조선은행
훈련부장	안춘생(安椿生)	

직위	이름	비고
학생부장	유해준(俞海濬)	
차장	장준하(張俊河)	
여성부장	최이권(崔以權)	한국애국부인회 선전부장, 백낙준 부인
차장	김현숙(金賢淑)	여자경찰관 간부
	박봉애(朴奉愛)	경성보육학교 체육교사, 건국부녀동맹 집행위원, 독촉애국부인회 총무
감찰부장	김근찬(金根燦)	일본 동양대 중퇴, 조선씨름협회 심판장, 중등교사, 대한민주청년동맹 부회장
후생부장	김정희(金晶熙)	

출처: 후지이 다케시, 「족청·족청계의 이념과 활동」, 성균관대학교 박사학위 논문, 2010, 63~64쪽 참조.

족청 구성원들의 중요한 특징에 하나로는 교육계 인물들이 상당수를 차지하고 있다는 것을 들 수 있는데 이는 당시 교육 관련 인물들이 이범석과 같은 민족관과 국가관을 공유하고 있었음을 보여주는 것이기도 했다. 특히 안호상과 정인보는 살아온 길은 달랐지만, 이범석과 같이 대종교에 입교하여 그 교리에 공감했던 공통점을 가지고 있었다. 그리고 이들의 강력한 민족주의는 족청의 교육 내용과 활동에 영향을 끼쳤으며, 족청의 성격을 규정해가는 일면이 있기도 했다. 교육계 인사로는 이태규, 윤일선, 전형필, 박영출, 박인덕, 김윤경, 변영태 등을 꼽을 수 있을 것이다.

이밖에 부단장인 김형원은 아호가 석송(石松)으로 시인(詩人)이었으며, 『조선일보』와 『매일신보』 등의 편집국장을 지냈고 이범석과 동갑으로 충남 출신이었다. 여성부장 최이권은 백낙준 이사의 부인이며, 김현숙 차장은 훗날 여군 창설의 주역이 되었다.[65]

(3) 중국군에서의 경험과 나치즘의 영향 문제

족청의 핵심기관이었던 중앙훈련소의 설립과 운영은 장개석이 만든 '중국국민당 중앙집행위원회 훈련단 당정간부훈련반'에서의 이범석의 경험에 그 연원이 있었다.[66] 1941년 7월에 대한민국 임시정부의 창구역할을 맡고 있던 중국국민당 조직부장 주가화(朱家驊)가 장개석에게 보낸 문건에서 보면 이범석은 1940년에 중앙훈련단 영예대대 중대장으로 당정훈련반 제3기를 졸업한 것으로 되어 있다.[67] 당정훈련반 제3기는 1939년 6월 4일부터 7월 5일까지 교육 훈련을 실시했기 때문에 이범석도 이 시기에 교육을 받았을 것이다.[68]

당정훈련반은 중앙훈련단에서 가장 중요한 훈련 단위로 단장의 정신훈화, 당정훈련과정, 군사훈련, 업무연습의 4가지 훈련을 실시하였다. 이 중 단장 정신훈화는 단장인 장개석이 직접 실시하는 교육이었으며, 국민당에 대한 기본인식과 '당(단)무과정, 항전건국 공작 등에 대한 교육이 이루어지고 있었다.

군사훈련은 학과와 실기 및 연습을, 업무연습은 조사, 설계, 인사, 경리에 관한 연습을 개별 또는 조별로 실시하였다.[69] 자서전 쓰기, 조별 토론회, 좌담회 등이 실시되었으며, 오락시간도 있었다.[70] 표어로는 노동·창조·무력·자각·자동·자치'를 내걸었다.[71]

이범석은 이 훈련 과정에서 '국가지상, 민족지상'이라는 구호와 그의미에 대해 구체적으로 인식했던 것으로 보인다. 이 구호는 장개석이 1938년 7월 7일 발표한 '항전건국 제1주년을 기념하여 전국 군민(軍民)에게 알리는 글'에 처음으로 등장하며,[72] 이 글을 기초한 사람은 『대공보(大公報)』의 총편집 담당 장계란(張季鸞)이었다.[73] 이듬해

3월에 발표된 '국민정신총동원 강령'에서도 국가지상·민족지상, 군사제일·승리제일, 의지집중·역량집중이라는 구호가 제시되었다.[74] 국민정신총동원 강령은 장개석이 중앙훈련단의 필독서로 지정했기 때문에 이범석은 자연스럽게 이 구호를 접하게 되었을 것이다.[75]

족청 중앙훈련소의 교육 과정은 1주일의 예비훈련을 거친 후, 한 달의 훈련 기간을 '훈치(訓治)계단'과 '자치계단'으로 나누어서 진행하였다. 입소한 훈련생들은 조와 반으로 대(隊)를 나누어 단복과 단모를 착용하고 족청의 취지, 목적, 훈련의 의의, 정신, 방침 등을 학습하였다. 예비훈련을 마친 후 입소식을 가졌으며, 정식 훈련에 들어갔다. 훈련 기간 중에는 확실·신속·정숙·일치라는 주훈(週訓)을 정해 이를 준수하였다.

훈치계단인 확실주간에는 훈련정신과 여러 규범들을 체득하고 생활 태도를 관습화였다. 자치계단인 신속 주간부터는 조장(組長)을 선출하여 자각·자동으로 자치관리를 하였다. 정숙주간과 일치주간에는 상호간의 연구와 토론으로 통일된 사상과 일치된 행동을 갖도록 하였다.[76]

이 훈련 방식은 이범석이 중국국민당 중앙훈련단에서 배운 것이었다. 중앙훈련단에서도 입단하면 대대·중대·분대로 편성되어 기숙사에서 함께 생활했으며, 모두가 황색의 사병복을 입었다.[77] '자각, 자동, 자치'라는 표어를 내걸었으며, 4주의 훈련 과정을 입오(入伍)·역행(力行)·자치·검토주'로 나누어서 진행하였다. 확실·신속·정숙 등도 함께 강조되던 덕목들이었다.[78] 중앙훈련단에서 훈련을 받았던 소육린(邵毓麟)은 1949년 주한 중국 대사로 부임해 기록한 일기(日記)에서 이범석이 중앙훈련단의 훈련 방법을 남한에 이식하기 위해 족청을 조직했다고 하였다.[79]

족청의 청년훈련과 관련하여 또 하나 주목되는 것은 히틀러의 유겐트 교육에 영향을 받았을 가능성이 있다는 것이다. 이는 이범석이 독일의 예나대학(Friedrich-Schiller-Universität Jena)을 졸업한 안호상(安浩相)과 밀접하게 교류하고 있었기 때문이기도 하였다.[80] 그러나 다른 인물이 거론되기도 한다. 이는 안호상이 독일 예나대학에서 박사학위를 받은 것은 1929년의 일로 히틀러가 집권하기 전이기 때문이다.[81]

안호상은 1930년 10월경 서울에 도착하여 1931년 봄부터 1932년 봄까지 일본 교토(京都)제국대학 문학부 철학과에서 공부하였다.[82] 1932년 4월에는 경성제국대학 철학연구실이 중심된 철학연구회에 참여했으며,[83] 그해 6월에 경성제국대학 대학원에 들어갔다.[84] 이어 1933년 10월 1일부터는 보성전문학교(普成專門學校)에서 철학강의를 시작했고,[85] 1934년에는 전임(專任)이 되었다. 뿐만 아니라 1940년 학교를 휴직하고 다시 교토대학으로 갈 때까지 계속 서울에 머물렀다.[86] 때문에 안호상과 히틀러 정권의 유겐트를 연결하는 것에는 무리가 따르는 측면이 있다는 것이다.[87]

그러나 안호상 역시 반공주의자였으며, 국가지상주의자였다. 그는 박사학위 취득 후, 귀국하는 과정에서 혁명 이후 경제적으로 가난하고 궁핍한 러시아의 상황을 살펴볼 수 있었다. 그는 소련에 대해 "모스크바를 지나가도 땅이 황량하기는 마찬가지이며, 소련의 모든 땅이 농사를 거부하는 듯 보였다"라고 하였다. 그리고 "바이칼 호숫가에는 통나무집들이 보였는데 다른 어느 곳이나 마찬가지로 집집마다 라디오 안테나를 높이 세워두고 있었다. 공산당의 선전을 모두 들어야 했던 것이다"라고 하였다.[88]

한편 안호상은 유학 시절에 들은 히틀러의 연설을 회고하며 그에 대해 건설의 정치가이며, 위대한 웅변의 소유자로 청중들의 마음을 좌지우지하는 능력이 있는 혁명가라고 평가하고 있었다.[89]

이범석과 안호상은 인간적으로도 오랫동안 교류하면 함께 정치활동을 전개하였을 뿐만 아니라, 안호상은 스스로를 '족청파'라고 칭하며,[90] 이범석 사후 추도사를 하기도 했다.[91]

이밖에 이범석도 히틀러의 독일에 대해 긍정적으로 생각하는 면이 있었는데 우선 1946년 9월에는 독일유학생 간친회를 통해 유학생들과 교류하고 있었다.[92] 또한 1948년 8월에는 이범석은 국내의 한 잡지와의 인터뷰에서 히틀러의 '나의 투쟁'에 대해 어떻게 생각하느냐는 기자의 질문에 대해 그 책은 "내가 애독(愛讀)하는 책일 뿐더러 나에게 '국가지상, 민족지상'의 신념과 암시를 던져 준 잊지 못할 책"이라고 하였다.

또한 베를린을 방문했을 때 히틀러의 일사불란한 지도 아래 독일이 백림(伯林)을 위시(爲始)하여 전국적으로 전개된 재건(再建)에 대해 "폐허(廢墟)를 뚫고 약동하는 생명력은 참으로 가관(可觀)할 바 였다"라고 하였다. 물론 이범석은 곧 바로 히틀러가 조국과 민족을 사랑해 민족국가 재건(再建)에 나아가는 것까지는 좋았으나 침략주의(侵略主義)로 나간 점과 유태인을 배척하는 편협한 민족주의를 고집(固執)한 것은 잘못이라고 지적하였다.[93]

이밖에 이범석은 1949년 8월에 열린 괴테 200년제에 참석하기도 했는데 이는 서울대학교와 전국문총(全國文總), 대한학술원, 독일문학회 등이 개최한 행사로 안호상, 강세형, 최규동, 임병직, 이기붕(李起鵬)이 등이 참석하였다.[94]

이범석은 중국에서 활동하면서 중국어로 번역된 『나의 투쟁』을 접했을 것으로 보인다. 1934년 4월 상해(上海)의 여명서국(黎明書局)에서는 『나의 투쟁[我的奮鬪]』의 번역본을 출간했으며, 다음 달 곧바로 재판(再版)을 찍었다. 1935년 7월에는 국가 기구인 국립편역관(國立編譯館)에서 또 다른 번역본을 출간하였으며, 같은 해 11월에 재판(再版)을, 1938년 5월에는 5판을 찍었다. 이밖에 1940년에는 또 다른 번역본이 출판될 정도로 『나의 투쟁』은 중국 내에서 널리 읽히고 있던 베스트셀러였다.[95]

그런데 이범석에게 독일 유겐트와 관련하여 영향을 끼친 인물은 강세형일 것으로 추정되고 있다.[96] 그는 1899년에 전북 익산에서 출생하였으며, 3·1운동에 참여해 8개월의 징역형을 받은 뒤 일본으로 건너가 와세다(早稻田)대학과 상지(上智)대학 철학과를 다녔으며, 1931년 봄부터 베를린에서 4년간 유학하였다.[97]

이범석은 베를린에서 '명'이라는 한국인 유학생을 만났다고 회고했는데 '명'은 가명이고, 성명을 밝히고 싶지 않다고 하였다. 그런데 '명'은 베를린대학에서 교편을 잡고 있고 열심히 철학을 파고든다고 한 것에서 볼 때,[98] 강세형일 가능성이 높다. 이범석이 이름을 밝히지 않은 것은 1952년의 부통령 선거에서 그가 함태영(咸台永)의 선거사무장을 맡았기 때문이었을 것으로 여겨진다.[99]

강세형은 1930년대 전반에 베를린대 철학과에서 박사학위를 받았고, 같은 대학에서 한국어 강의를 했다.[100] 그는 유학생 시절부터 히틀러와 유겐트에 대해 깊은 관심을 가졌으며, 유겐트의 지도자였던 쉬라흐(Baldur von Schirach)와도 교분이 두터웠다. 일독문화협회(日獨文化協會)의 주임(主任)로 활동했으며, 1939년에는 일본과 독일의

문화사업에 노력한 공로로 감사장을 받았다.[101]

> 800만 독일청년의 수령인 독일 청소년성 대신 발두이폰쉬라하 박사로
> 부터 동경서 독일문화를 위하여 활약하는 한 조선청년에게 다년간 일독문
> 화사업에 노력한 공을 가상히 여긴다는 감사장과 함께 대신의 서명을 기입
> 한 사진을 부쳐와서 이 청년을 감격케 하는 동시에 동경 지식층의 한 화제
> 가 되었다. 이 청년은 전북 익산출생 (중략) 일독문화협회 姜世馨군인데
> 早稲田과 上智대학을 맞치고 독일로 건너가서 백림대학에 유학중으로서
> 『히틀러 · 유겐트』의 조직과 훈련을 연구해 가지고 지금으로부터 5년 전에
> 전기 대학을 마치고 귀국한 후에는 내리 동경에 있어서 독일문화 교류에
> 노력해 왔으며, 지금에 이르러서는 일본과 독일 간에 없어서는 안 될 존재
> 가 되었다.

위의 내용에서 보면, 강세형은 독일 베를린에서 유학하며 히틀러
와 유겐트의 조직과 훈련에 대해 연구한 조선청년으로 일본과 독일
간에 없어서는 안 될 존재가 되었다는 평가를 받고 있었던 것으로 보
인다. 따라서 "독일에서 3년 동안 히틀러 유겐트의 열광적인 멤버"였
던 인물은 강세형이었던 것으로 파악된다.[102]

그는 1941년 4월 일독문화협회 주사(主事)로서 일제하 대표적인 친
일단체인 녹기연맹(綠旗聯盟)과 국민총력조선연맹(國民總力朝鮮聯盟)
에서 청소년 훈련에 관한 강연을 하기도 했다.[103] 그는 국내 잡지에
도 여러 번 등장하고 있는데 히틀러 유겐트를 적극적으로 소개하고
있으며, 나치스의 정책 기조가 민족주의임을 강조하기도 했다.[104]

강세형은 중앙훈련소에서 '특별강좌'를 담당하였다. 강좌의 내용은
주로 지리정치학의 개념, 조선민족과 타민족의 지리적 역사적 관계,
유태민족의 민족성과 그 활동, 제1차 대전 및 제2차 대전 후의 열강

정책과 약소민족의 현상, 미·소 양진영과 조선의 입장, 선진국의 청년운동과 조선에 적절한 청년운동 등 이었다.[105]

또한 그는 1949년 10월에 국방부에 신설된 정훈국의 초대 국장을 맡기도 했는데 이범석은 강세형의 친일 경력에 별다른 제한을 두지 않았으며, 나치즘에 대해서도 특별하게 거부감을 갖고 있지 않았던 것으로 보인다.[106]

(4) 조선민족청년단의 교육 내용과 '족청계' 인물들

1946년 12월 2일 오전 10시 족청의 간부 제1기 훈련생의 입소식이 서울 천도교(天道敎) 교당에서 개최되었다.[107] 입소식에는 200여 명의 단원과 외빈(外賓)들이 참석한 가운데 애국가와 미국 국가를 합창한 후 단장 이범석의 훈사(訓辭)와 단원의 선서가 있었으며, 헬믹, 조소앙, 정인보, 등의 축사가 있었다.

훈련생들은 약 1개월 동안 정인보, 최규동, 설의식, 백낙준, 안호상 등 당대 최고의 학자나 저명인사들로부터 강의를 들을 수 있었는데 서울의 어느 일류 대학에서도 그만한 강사진을 한꺼번에 모을 수는 없을 정도였다고 한다.

정치이론가인 장덕수(張德秀), 공산당에서 전향한 조봉암(曺奉岩) 등도 강의를 했으며, 김구와 조소앙의 정신훈화 특강을 들을 때는 교육장에 기침 소리 하나 없었다는 회고도 있다. 또한 '전방위(全方位) 전인교육(全人敎育)'이라고 할 수 있는 매우 다양한 내용의 교육받았는데 당시 언론에서는 청년훈련소에 대해 무실역행(務實力行)의 청년도장이며, 생활혁신과 건국정신이 재앙양(昻揚)되는 곳이라고 하였다.[108]

정인보는 훈련생들에게 단군의 자손임과 애국의 열정을 강조하는 단가(團歌)와 훈련소가의 가사를 지어주었다.[109] 그는 강의 때마다 '보라매론'을 빠트리지 않고 역설하였다고 한다. 보라매는 백두산 일대에 서식하는 매의 일종으로 어미를 갓 떠난 새끼를 길들여서 곧바로 사냥에 쓸 수 있을 정도로 영특하고 용맹한 조류였다. 정인보는 훈련생들에게 이제 조국과 민족을 위해 사냥에 나서야 한다는 점을 강조했다고 한다. 족청은 보라매를 '애칭'으로 사용했는데 이는 우리 나라 공군이 사용하기 이전의 일이었다고 한다. 훗날 족청의 옛 동지들의 모임을 '보라매동지회'라고 부른 것은 여기에서 연유한 것이라고 한다.

여성 훈련생이었던 이현숙은 중앙훈련소의 교육에 대해 대학 같으면서도 규율이 엄정했고, 군사학교 같으면서도 인문·사회과학에 속하는 강의가 많았다고 하였다. 또한 특색 있었던 것은 학습 훈련을 사회봉사 활동에 직결시킨 것이라고도 하였다.[110] 족청의 청년교육은 제10기까지 이루어졌으며, 1,921명이 배출되었다. 이 중 제7기는 여성특별반(女性特別班)이었다.

민족지상 국가지상이란 성스러운 이념아래 李範奭장군을 단장으로 바뜰고 해이된 민족사상과 건설한 국민으로서의 생활정신을 주야로 연마하고 잇는 조선민족청년단에서는 이번 일곱 번째 훈련생모집을 여자청년으로 정하여 조선서는 처음보는 획기적 거사로서 이외외집흔 제일회 여자청년훈련생 입소식이 25일 水原 북문박 동 청년단 훈련소 강당에서 성대히거 행되엿다 그 옛날 우리조상 武人들이 활을 메고 말을 달렷다는 練武臺 근방 유서 깁흔 이 훈련소에는 남조선 각도 각군을 단위로 모여든 여자청년이 모다 183명 대개 중등교육을 밧고 직장에서 집에서 일하다가 동 청년단의 취지에 감동되여 일개월간이나마 조선의 딸 조선의 어머니로서의 정신을 가

다듬으려고 자진해 드러온 18세내지 20세의 여자들이다 이날 金九씨 헬믹 대장 대리『챔패니』대좌 미측관위 대표 써―전트씨를 위시하여 朴順天, 朴賢淑 제씨와 각게 래빈○○ 300여 명이 모인 가운대 절차는 문자 그대로 애국렬에 불타는 분위기 속에서 진행되엿는데 여자입소생들의 얼골에는 한결갓치『조선여성의 선구자』가 되리라는 구든 결의가 보엿다.[111)

여자청년훈련생의 입소식은 1947년 9월 25일에 있었으며, 183명의 입소생들이 1개월간 훈련을 받았다. 이들은 모두 중등교육 이상의 교육을 받은 18세에서 20세의 여성들이었으며, '조선여성의 선구자'로서의 기대를 받고 있었다고 한다.

입소식에는 김구와 헬믹과 써전트, 박순천 등 300여 명의 내빈이 참석하였다. 김정례(金正禮)[112), 이희호(李姬鎬), 윤희열(尹喜烈), 이혜경(李惠璟), 안정애(安貞愛), 김길림(金吉任), 김미희(金美姬) 등이 이때 훈련을 받은 인물들이었다.[113) 족청의 교육을 이수한 수료생들은 각 지방에 배치되었으며, 이로서 족청은 창단 1년 만에 전국적 연결망을 갖춘 국내 최대의 청년 조직이라는 평가를 듣는 성과를 거둘 수 있었다.

〈표 5〉에서 보면 훈련생들의 전체 훈련 시간은 304시간으로, 1주당 76시간이었다. 따라서 일요일을 쉬지 않는다고 해도 하루에 10시간 이상의 강도 높은 훈련이 진행되었음을 알 수 있다.

족청은 생활훈련을 강조하고 있었으며, 식사의 경우도 훈련의 일부로 진행될 정도였다. 조(組)별로 행동하는 훈련생들은 신호나팔 후 조장(組長)의 인솔 하에 지정된 식당에 들어가 번호순으로 착석한 후 자기 번호가 기입된 식기의 밥과 국을 앞에 놓고 조장의 구령에 따라 일제히 식사를 하였다. 식사가 모두 끝나면 조장의 구령에 의해 일제히 기립해 질서 있게 식당을 나가는 군대식 교육의 연장이었다.[114] 1948년에 족청이 발행한『훈련수지(訓練須知)』에서도 경례, 행진, 제식동작 등과 더불어 내무교육이 다루어지고 있었으며, 엄격한 규율과 통제에 바탕에 둔 군사교육의 형태를 띠고 있었다.[115]

이범석도 족청 단장으로서 강연회나 좌담회를 주재하였다. 1947년 2월 23일 춘천 국민회가 춘천교회당에서 개최한 강연회를 통해 참석한 청중들에게 많은 감동을 주었으며, 오후에는 독립촉성연맹에서 주최하는 좌담회에 참석하였다.[116] 1948년 7월 11일에는 족청 서울시 단부가 중구 일신초등학교 대강당에서 주최한 강연회에서 시국강연을 하였다.[117] 8월 16일에는 삼남지방에 극심한 홍수가 발생하자 수재의연금 3천만 원을 목표로 2주 동안 일식결식수해구제운동(一食缺食水害救濟運動)을 전개하였다. 또한 구제 물자 운반 및 가숙사(假宿舍) 축성(築成) 활동을 전개하여 일반에 감동을 주었다고 한다.[118] 11월에는 이범석 논설집 제1권『민족과 청년』을 출간하였다.[119]

〈표 5〉 족청 중앙훈련소 시간표[120][121]

정신훈련(71)		지능훈련(75)		체력훈련(49)		생활훈련(87)		실천훈련(22)
윤리(12)	단장	정치(9)	선전부장	체조(11)	훈련대장	隊務(4)	훈련대장	강연회(6)
국사(9)	정인보	경제(9)	고승제	체육(16)	훈련대장	근로(12)		토론회(4)
독립운동사	단장	법률(6)	조기열	驅步(22)		同樂會(5)		小組會(7)
단무(4)	교무과장	특별강좌(9)	강세형			영화감상(2)		독서회(5)
교무(4)	교무과장	시사(6)	설의식			방송청취(2)		
사회심리(6)	박영출	국문(6)	박창해			내무정리(17)		
명사강연(10)		철학(6)	안호상			학습		
승강기식(20)		조직(9)	조직부장			洗面		
창가(6)		선전(6)	선전부장			식사(45)		
		측도(9)	교무부장					

1947년 3월 25일 족청은 제2회 전국위원회에서 이범석의 단장 중임을 만장일치로 결정하였으며,[122] 10월 9일에는 서울운동장에서 창단 제1주년 행사를 개최하여 그 세(勢)를 과시하였다.

조선민족청년단에서는 창립 1주년인 9일을 맞이하여 다채로운 기념행사를 거행하는데 전국 20만 단원대표 1만여 명이 모이어 아침 10시부터 서울운동장에서 기념식을 거행한 다음 기념가두행진을 할 예정이다. 한편 한강 백사장에서는 8일부터 시작된 기념종합훈련을 10일까지 계속 실시하여 동 청년단원의 사기를 앙양하고 있다. (중략) 아침부터 내리는 가을비를 맞으면서 식장에는 내빈 다수와 전국단원 약 30만의 대표 약 5,000명이 남빛 제복의 모습도 씩씩하게 단기를 휘날리며 정열한 가운데 10시 정각 비둘기를 날리며 식은 개시되었다.

국민의례를 마친 후 단장 이범석장군은 등단하여 "우리는 과거 1년 동안의 행적을 반성하고 앞으로는 전국 800만 청년들과 손을 마주잡고 자주독립과 생활재건에 매진할 것을 이 자리에서 맹세하자"고 기념사를 외친 다음 우렁찬 단가의 합창에 뒤이어 내빈축사가 있었다. 브라운소장이 하지중장의 축사를 대독하여 "여러분이 과거 1년간 정당을 떠나 오직 순량한 국민정신을 고취한 업적은 크다. 앞으로도 편벽된 사상을 버리고 조선국민으로서의 실력을 양성하여 훌륭한 정신적 지도자가 되라"고 격려한 다음 이승만의 "1년 동안에 벌써 30만 청년이 단결된 것은 조선민족 단결의 모범을 보인 것이니 그 힘과 땀으로 조선 자주독립의 원동력이 되라"는 축사를 尹致暎 비서국장이 대독하고 이어서 헬믹대장 金九의 열렬한 축사가 있은 후 전단원으로부터 보내온 기념품을 李단장에게 증정하고 351통의 축전문을 전한 다음 여자단원의 단가 합창 이어서 김구의 선창으로 대한독립만세를 삼창하고 식을 마치었다. 이윽고 사열식 분열식을 거행하여 세련된 단체훈련이 만장의 갈채를 받았고 다시 오후 2시부터 가두행진을 하였다.[123]

족청은 기념식 이틀 전인 8일부터 한강 백사장에서 종합훈련을 실시하여 분위기를 띄웠으며, 30만 단원을 대표해 모인 5,000명의 대원들이 남색 제복을 입고 비둘기를 날리며 개회식을 시작하였다.

기념사에서 이범석은 전국 800만의 청년들과 손을 잡고 국가의 자주독립과 생활개선에 매진할 것을 맹세하자고 하였다. 이어 브라운 소장이 대신 읽은 하지 중장의 축사와 김구의 축사 등이 있었다. 윤치영(尹致暎)이 대신 읽은 이승만의 축사에서는 1년 동안에 '벌써 30만의 청년이 단결한 것은 조선민족 단결의 모범이며, 그 힘과 땀으로 조선 자주독립에 힘이 되어 달라'고 하였다. 각지에서 351통의 축전이 도착하였으며, 여성단원의 합창에 이어 김구의 '대한독립만세' 삼창으로 식이 끝났다.

족청의 영향력이 강화되자 1948년 5·10선거에 직접 족청이라는 이름을 걸고 출마한 사람도 적지 않았다. 인천 을구의 이성민(李性玟), 양주 을구의 구중서(具重書), 고양 갑구의 유만석(柳萬錫), 김포의 정장해(鄭暲海), 서천의 최영재(崔榮宰), 서산의 김남윤(金南潤), 임실의 이정기(李珵器), 김제 을구의 홍희종(洪熺鍾)과 이원익(李元益), 담양의 정균식(鄭均植), 나주 을구의 서상덕(徐相德), 완도의 황하봉(黃鶴鳳), 부산 갑구의 문시환(文時煥), 부산 병구의 최명구(崔命九), 부산 정구의 이시환(李時桓), 의령의 안준상(安駿相), 함안의 강욱중(姜旭中), 울산의 김태근(金太根), 김해 을구의 김상규(金尙圭)등이 출마했으며, 이정기, 홍희종, 정균식, 문시환, 안준상, 강욱중 등이 당선되었다.124)

족청을 내세우지 않고 당선되기는 했지만, 족청계로 분류되던 인사들도 있었다. 윤치영(尹致暎, 중구, 한민당), 김경배(金庚培, 연백군 갑구, 무소속), 김웅권(金雄權, 파주군, 무소속), 곽상훈(郭尙勳, 인천시 갑구, 무소속), 이재형(李載瀅, 시흥군, 무소속), 김유선(李裕善, 부천군, 독촉국민회), 윤재근(尹在根 강화군, 무소속), 홍범희(洪範熹, 원주군, 무소속), 박우경(朴愚京, 영동군, 무소속), 연병호(延秉昊, 괴산군, 무소속), 최운교(崔雲敎, 논산군 을구, 무소속), 김명동(金明東, 공주군 갑구, 무소속), 이중근(李鍾根, 청양군, 독촉국민회), 남궁현(南宮炫, 부여군 갑구, 독촉국민회), 신방현(申邦鉉, 공주군 을구, 무소속), 손재학(孫在學, 홍성군, 독촉국민회), 윤병구(尹炳求, 예산군, 무소속), 배헌(裵憲, 이리시, 무소속), 윤석구(尹錫龜, 군산시, 무소속), 조영규(曺泳珪, 영광군, 한민당), 이항발(李恒發, 나주군 갑구, 무소속), 이남규(李南圭, 목포시, 독촉국민회), 강기문(姜己文, 산청군, 무소속), 김경도(金景道, 함양군, 독촉국민회), 김태수(金泰洙, 창원군 갑구, 독촉국민회), 이귀수(李龜洙, 고성군, 무소속), 신상학(辛相學, 김해군 갑구, 무소속) 등이 이에 속하였다.[125]

이밖에 족청이 중요 인물로는 1960년대~1970년대에 민주화를 위해 노력한 장준하와 부완혁, 김철 등이 대표적이며, 1980~90년대에는 김정례와 이희호가 여권 신장과 민주화를 위해 노력하였다. 장준하는 조선민족청년단의 2대 교무처장으로 근무할 정도로 초창기 족청과 관계가 깊은 인물이었으며,[126] 사상계의 마지막 발행인이었던 부완혁(夫玩爀)은 이범석이 초대 국무총리로 임명되었을 때 그의 비서관이 되었다.[127]

김철은 조선민족청년단 중앙훈련소 제1기생 출신으로 중앙훈련소 교무처 편집실 실장을 맡았으며, 통일사회당과 사회민주당의 혁신정당을 이끌었다. 그는 족청이 제1차 해산을 결정했을 때 서영훈(徐英勳) 등과 함께 보라매 동창회를 통해 족청의 독자성을 지키려고 노력했으며, 원외자유당(院外自由黨)이 결성되었을 때에도 서영훈, 김정례 등과 함께 활동하였다.[128] 김정례는 이범석의 측근으로 족청계 반혁명 사건에 연루되어 징역 12년형을 선고받기도 하였으며,[129] 이희호는 족청 여성반 간부들이 서울의 우이동(牛耳洞)으로 옮긴 중앙훈련소 수료식에서 연극공연을 했을 때 여주인공 역을 맡았던 것으로 알려져 있다.[130]

3. 조선민족청년단을 둘러싼 정치적 갈등의 확산과 해산

1) 정치적 갈등의 확산과 대동청년단

족청의 영향력이 빠르게 확산되자 이에 대한 견제도 강도를 더해가고 있었으며,[131] 여기에는 몇 가지 원인이 중첩되어 있었다. 첫째, 족청이 중앙훈련소를 개설하면서 족청은 전국의 청년단체들에게 좋은 시설, 훌륭한 강사진, 과학적 커리큘럼에 의해 교육을 실시할 예정이니 수강생을 보내달라고 요청하였으며, 청년단체들은 우수한 단원들을 선발하여 훈련소에 보냈다. 그런데 막상 훈련이 끝나자 청년들 중 일부가 돌아가지 않고, 족청에 그대로 눌러앉는 경향을 보이고 있었던 것이다.

둘째, 대공투쟁(對共鬪爭)에 있어서도 다른 청년단들은 공산당과의 투쟁에서 피를 흘리고 있었는데 족청은 "온상 속(교육장)에서 신선놀음만 한다"거나 "피는 우리가 흘리고 이삭은 족청이 주어 벼 낟가리를 쌓고 있다"는 등의 비난이 일어나고 있었다. 실제로 이범석도 국무총리 인준이 확정되기 직전 언론과 가진 인터뷰에서 "과거 가장 혼란한 때에도 테로 등 한 가지도 민족에 대하여 죄과를 범한 게 없음은 우리 단의 자랑이지요"라고 하였다.[132]

셋째, 족청이 정치적으로 중립을 표방하자 지하로 숨어들었던 남로당·민애청 등의 좌익분자들이 족청을 합법적인 은신처로 삼고 있다는 여타 청년단체들의 비판도 적지 않은 부담이 되고 있었다.

넷째, 족청이 미군정으로부터 상당한 후원을 받고 있다는 것과 이범석의 야심만만한 태도와 지청천과의 갈등 역시 문제가 되고 있었다. 1947년 4월 귀국한 지청천은 광복군 총사령관이라는 정치적 명망성을 바탕으로 대동청년단(大同靑年團)을 조직하고, 청년단체의 규합과 통일을 천명하고 나섰다. 이에 적지 않은 우익청년 세력들이 공감하고 있었으며, 그 바탕에는 족청을 견제해야 하겠다는 여타 세력들의 정치적 의도도 깔려 있었다.

> 이청천 장군의 새로운 지도 이념 아래 청년단체는 대동단결하여 통합하고져 그간 교섭 중이었는데 7일 光靑회관에서 그 통합체인 大同靑年團籌備會를 결성하였다 한다. 위원장에는 이청천장군, 부위원장에는 李瑄根, 李成株, 선우기성, 柳珍山 제씨라하며, 통합되는 단체는 다음과 같다. 大韓獨立促成全國靑年總聯盟, 韓國光復靑年同盟, 朝鮮靑年同盟, 西北靑年會, 國民會靑年隊, 韓國靑年會, 三均主義靑年同盟[개인자격], 朝鮮建國靑年會[원직합의 교섭 중], 靑士同志會, 韓國干城靑年會建國緩靖隊, 彰義團, 光復學軍同志會, 北鮮靑年會, 靑年朝鮮總同盟大韓建國前衛隊, 民衆救護協會, 靑年指導者後援會.[133]

지청천을 중심으로 대동청년단이 결성되자 청년운동의 또 다른 구심점이 되고 있었으며, 서북청년단, 광복청년회 등은 이범석에게 양세력의 통합을 요청하기도 했다. 이범석과 지청천의 갈등은 구체적

양상으로 표출되기도 했다. 대동청년단이 충남 부여군에 지부를 결성하기 위해 지역을 방문했을 때 족청 회원 50여 명이 단복을 입고 지부 결성에 반대하는 시위를 벌였다. 이에 지청천은 족청 지단장을 불러 호통을 쳤고 시위는 큰 충돌 없이 해산되었지만 갈등은 계속되고 있었다.

이에 1947년 12월 13일 이범석과 지청천은 두 단체는 상호친목을 도모하는 동시에 청년운동의 질적 향상을 위해 노력할 것이라는 내용을 골자로하는 「전국청년에게 고함」이라는 성명서가 발표되기도 했다.

중요 내용은 첫째, 상호 훼방 및 비방의 언행을 중지할 것, 국가와 민족을 위한 봉사에 상호 협력할 것, 셋째, 군중이나 단원의 획득은 자원에 의할 것 등이었다.[134] 동일한 이념과 노선을 가진 두 우익청년단체의 경쟁은 갈등이 증폭시키고 있었고 이들의 통합 문제는 점차 정치화 되어가고 있었다.

2) 이승만의 압박과 '눈물의 해산 선언'

제헌의원을 뽑는 5 · 10선거는 족청의 역량을 가늠하는 시험대가 되고 있었다. 100만 명의 단원을 가지고 있는 것으로 알려진 족청의 투표성향은 선거에 영향을 끼칠 가능성이 충분했기 때문이었다. 반면에 비정치 · 비종파를 표방해 온 족청이 선거에 능동적으로 개입하는 것은 일종의 자기모순이라는 비판을 받을 수도 있었다. 이에 족청은 이범석이 선거에 출마하지 않는다는 것과 단정(單政)을 지지하기로 방침을 정했다. 이어 각 지방 단부에는 선거구의 형편에 따라 국회의원 출마 후보를 결정하도록 위임하였다.

5·10 총선거는 UN의 결의에 따라 선거가 가능한 남한 지역에서만 실시되어 제주도 2개구를 제외한 전국 198개 선거구에서 치러졌다. 당선된 국회의원의 정당별 분포를 보면 대한독립촉성국민회(이승만 지지파)가 54석으로 가장 많았고 한국민주당이 29석, 대동청년단 12석, 조선민족청년단 6석, 대한독립촉성농민총동맹이 2석, 무소속 84석 포함한 95석이 기타로 분류되고 이었다.

족청은 직접 선거에 관여하지는 않았지만 족청의 이름을 걸고 당선된 6명을 포함해 약 20명 정도의 의원이 범 족청계로 분류될 수 있었다. 여기에 1948년 8월 2일 이범석의 국무총리 임명 동의안이 국회를 통과되자 족청의 위상은 더욱 높아졌으며, 조직을 새롭게 정비해야 하는 상황을 맞게 되었다.135)

㉮ 제5차 임시확대전국위원회를 소집하였다. 새로운 정세 하에서 조선민족청년단이 걸어가야 할 자세를 토의하는 중요한 모임이었다. 단상토의 끝에 채택한 선언문은 이러했다. "…친히 단을 창립하고 오늘까지 단을 영도하기에 영일 없던 그 이범석 단장의 모든 시간과 정력, 기술과 판단이 이제야 바야흐로 시정에 요청되는 긴급한 정정이기에 그가 계속하여 우리 단장으로 단무에 전력하지 못하게 되는 바꿀 수 없는 희생까지도 감수하려 한다."
이 선언문의 골자는 이범석 단장을 총재로 추대하고 이준식 부단장을 단장 대리로 선임하는 인사개편의 배경 설명이었다. 또한 족청은 그 명칭을 '조선…'이 아닌 '대한민족청년단'으로 개칭하였다.136)

㉯ 대한민족청년단에서는 지난 8월 28일부터 3일간 우이동 중앙훈련소에서 임시확대전국위원회를 열었는데 동 대회에서 단장 이범석 장군은 국무총리의 취임관계로 단장을 사임하고 총재로 추대되었으며, 대리단장에는 부단장 李俊植장군이 임명되었다고 한다.137)

족청은 1948년 8월 28일부터 8월 30일까지 우이동 중앙훈련소에서 제5회 임시확대전국위원회를 개최하고 부단장인 이준식을 단장 대리로 임명하였으며, 명칭도 대한민족청년단으로 개정하였다. 이범석은 자신이 정부에 몸담고 있더라도 결코 족청을 떠나지 않는다는 것을 분명히 약속드린다고 하여 내부 결속을 한층 더 강화하는 행보를 보였다. 10월 9일에는 서울운동장에서 창립 제2주년 기념식을 성대하게 개최하였다.

> 지난 2년 동안 오직 국가지상·민족지상의 굳은 이념 아래 꾸준히 청년운동을 추진해 온 대한민족청년단에서는 동단 창립2주년인 10월 9일을 맞이하여 서울운동장에서 성대한 기념식을 거행하였다.
> 이날 상오 10시 李대통령 대리 安浩相 문교부장관과 동단 총재 李국무총리를 비롯하여 李仁 법무장관 등 각 장관, 무쵸 미대통령특사 대리 로버츠준장를 비롯한 우방 각국 영사 등 국내외 명사 다수 참석한 가운데 安椿生씨의 개식사가 있었고, 이어 총재 李範奭씨의 훈사 그리고 대리단장 李俊植씨의 훈사가 있었다. 다음 내빈축사로 들어가 안호상씨가 대통령을 대리하여 동단의 발전을 축하하는 치사가 있어 곧이어 콜터 주둔미군사령관, 무쵸 특사 대리 로버츠준장, 許중국총영사, 尹致暎 내무부장관 등 제씨의 간곡한 축사가 있었다. 순서에 따라 단가합창, 구호 등이 있었고 마지막 주악과 아울러 이총재의 사열식이 끝난 후 폐회하고 12시 반 정각 을지로를 향하여 시가행진을 시작하였다.[138]

기념식에는 대통령을 대리해 교육부장관 안호상이 참석했으며, 법무부장관 이인(李仁)을 비롯하여 각부 장관과 무쵸 미대통령 특사 대리, 로버츠 준장을 비롯한 콜터 미주둔군사령관과 각국 영사 등이 참석하였다. 10만 단원들의 가두행진도 있었는데 대열의 선두가 서울역에 이르렀을 때에도 행렬의 후미(後尾)는 동대문에서 주춤거릴 정도의 규모였다고 한다. 높은 학력의 단원들이 엄정한 규율에 따라 행진하는 모습은 마치 군대 같았다고 한다.

한편 청년단체들 사이에서는 통합논의가 제기되고 있었다. 정부수립 이전에는 반공투쟁이라는 명분 하에 다양한 청년단체의 결성이 용인되었지만, 정부가 수립되자 이념적 동질성 갖는 청년단체들의 통합논의는 자연스러운 것이었다.

이승만은 여순사건 직후부터 "모든 청년단체를 합쳐 반공운동을 전개하는 한편, 우수한 청년을 선출하여 민병(民兵)을 조직할 것"임을 밝혔으며,[139] 국회에서는 청년들을 호국군(護國軍)으로 편성할 것과 청년단체를 통합해 호국청년동맹을 조직할 것이라는 방향으로 논의를 좁혀가고 있었다.[140]

1948년 11월을 전후해 전국청년단체 통합준비위원회에서는 각 단체 대표자 연석회의를 개최하고 통합 절차를 논의했는데 통합 단체의 명칭을 대한청년단(大韓靑年團)으로 확정하고, 12월 19일 서울운동장에서 결단대회를 개최하기로 하였다. 그런데 언론에서는 이번에 통합하는 단체로 청총(靑總)·서청(西靑)·대청(大靑)·독청(獨靑)·국청(國靑) 등 5개이며, 족청도 합류 의사를 표명했으나 오는 11월 10일 개최되는 전국대표자대회 이후 태도를 결정할 것이라고 보도하였다.[141] 족청은 청년단체의 통합에 주저하고 있었던 것이다.

12월 17일 오후 7시 30분 이승만 대통령은 청년단체의 대동단결이 필요하다는 점을 강조하는 라디오 연설을 하였다. 그는 여순사변(麗順事變)에서 보는 바와 같이 지금 당장 시급한 것은 반공정책임을 강조하면서 우선 모병제(募兵制)로 국군을 속히 조직해야 하며, 청년단체의 대통일을 이루는 것이 중요하다고 강조하였다.

족청이 대한청년단에 합류하지 않는 것에 대해서도 비판을 가하였다. 이승만은 여순사건 이후 청년들이 자발적으로 통일된 청년단체을 조직하여 국가의 위난(危難)을 방비하기로 했는데 그중 한 개 단체가 통일안에 주저하는 태도가 없지는 않으나 이는 청년단체의 통일이나 반공주의에 반대하는 것이 아니라, 다른 단체들의 성심(誠心)을 의려(疑慮)하는 듯하다라고 언급하였던 것이다.[142] 족청에 대한 여타 청년단체들의 비판도 노골화해 갔으며, 족청의 고립화도 가속화되어 갔다.

1948년 12월 19일 12시 대한청년단의 발단식이 서울운동장에서 이승만 대통령을 위시해 장면 외무장관, 이인 법무장관, 전진한 사회부장관 및 지청천, 명제세(明濟世)를 비롯해 수만 명의 청년들이 운집한 가운데 거행되었다. 총재로 선출된 이승만 대통령의 취임사가 있었으며, 우리는 총재 이승만 대통령의 명령을 절대 복종한다는 취지의 성명서가 낭독되었다. 이후 국무총리 이범석과 백남훈(白南薰), 지청천 및 재일동포 대표 자격으로 참석한 박성진(朴性鎭) 등의 축사(祝辭)가 있었다.

언론은 이날의 행사가 원만히 끝난 것으로 보도했으나 여타의 증언을 통해서 보면 상황은 전혀 달랐던 것으로 보인다.[143]

족청을 제외한 40여 개 단체들은 족청 하나만을 외면한 통합 작업에 피치를 올려 그해(1948년) 12월 19일 서울운동장에서 대한청년단 결성대회를 가졌다. 그런데 이 결성대회는 출범을 자축하기 보다는 족청을 성토하는 무드로 이상기류를 형성했다. 이범석이 국무총리 자격으로 축사하려 하자 군중들이 아우성을 쳤다. 이범석 축사는 듣기 싫다! 족청을 해산시키고 대한청년단에 합류시키기 않는 한 이범석 국무총리는 축사할 자격이 없다.

이범석 국무총리는 끝내 축사를 하지 못했으며, 족청을 성토하는 소리는 더욱 높아갔다.[144]

군중들이 이범석의 축사를 듣기 싫다거나 대한청년단에 합류하지 않은 단장은 축사할 자격이 없다 등 야유를 했기 때문에 축사를 하지 못하였다.

대한청년단의 단장으로 선출된 신성모는 24일 오후 2시 사회부 내에 있던 단장실에서 정식으로 취임식을 거행하였다.[145] 27일에는 담화문을 발표하고 대한청년단의 임무가 도로의 수선이나 식림(植林) 등의 민간사업을 포함하기는 하지만, 반공이 가장 중요한 임무임을 분명히 하였다. 그리고 향후 편성될 5만의 호국군(護國軍) 역시 청년단체 내에서 추려질 것이라고도 하였다.[146]

호국군은 1949년 1월 20일 그 세부 규정이 마련되었는데 선발된 청년들은 생업에 종사하면서 거주지에 주둔하고 있는 연대(聯隊)에서 필요시 군사훈련을 받도록 되어 있었다. 1949년 1월 현재 약 2만 명의 인원이 4개 여단, 10개 연대로 편성되었으며, 육군참모총장 직할부대였다. 7월 10일에는 호국군군사학교가 설치되었으며,[147] 4기에 걸쳐 1,080명의 졸업생이 배출되었고 이 가운데 현역 장교로 편입된 인원은 640명이었다.[148]

대세가 청년단체의 통합 쪽으로 기울자 족청 부단장 노태준과 총무부장 강인봉은 1948년 12월 27일 신성모를 만나 통합을 위해 2개월의 시간을 달라고 요청했으며, 신성모는 대통령과 의논하겠다고 답변하였다.[149]

이러한 가운데 12월 31일 한 해를 마무리하며 발표한 국무총리의 송년사(送年辭)에서 이범석은 독립의 성취가 우리의 위대한 지도자요 세계적인 정치가이신 이승만 대통령 각하의 정확한 노선과 부단한 투쟁에 의한 것이라고 아니할 수 없다는 취지의 연설로 여전히 이승만에 대한 존경의 태도를 나타내고 있었다.

> 단기 4281년도 오늘로써 마지막 갑니다. 우리 배달민족으로서 영원히 기념할 이 해를 보내면서 감개가 더욱 깊습니다. 첫째는 우리 겨레의 40년간 숙원이던 독립이 성취되었으니 이 이상 더 기쁘고 감격할 일이 어디 있겠습니까? 이것은 우리 3천만 동포의 한결같은 투쟁의 결과이거니와 우리의 위대한 지도자요, 세계적 대정치가이신 李承晩 대통령각하의 정확한 노선과 부단한 투쟁에 의한 것이라고 아니할 수 없습니다. 이러한 의미에서 나는 국민에게 감사드리는 동시에 대통령 이승만 각하께 충심으로 감사드리는 바입니다.[150]

그러나 이범석과 족청은 2개월 동안 여전히 무엇을 어떻게 할 것인가에 대해 명확한 방향을 찾지 못하고 있었고 1949년 1월 5일 이승만은 다시 '경고'에 가까운 담화문을 발표하였다. 이승만은 이범석에 대해 정권을 탐내서 세력을 부식하려는 지도자가 아님을 누구나 다 믿는 바이지만, 만일 그러한 의도가 있다면 지우(知友) 간이라도 결코 포용하지 않을 것이며, 족청이 개인의 파당을 만들려고 하는 것은 물론 아닐 것이라고 하였다.

족청 단원들에 대해서도 국군이 조직되더라도 국방장관의 세력에 의지하여 우세한 지위를 점령하게 되기를 바라지 말고 오직 다른 단체들과 평균한 대우로 편협한 감정을 없게 해야 할 것이라고 하였다. 사실상 족청이 해산하지 않는다면 이는 이범석이 정권에 대한 욕심이 있어 파당을 만들려는 것이며, 족청은 어떠한 특권도 누려서는 안 된다는 점을 분명히 한 것이었다.[151]

이에 족청에서는 1월 7일 족청 중앙단 명의로 기존의 단계적 통합안을 고수한다는 결의문을 발표하여 저항의 태도를 보이기도 하였다.[152] 그러나 같은 날 이승만이 다시 기자회견을 통해 "청년단체 통일은 국회나 국무회의에서도 다 동의하는 것으로 이범석장군도 여러 번 지시하였고, 나도 바라는 바인데 민족청년단 측에서는 고의는 없겠지만 지체되고 있어 지방에 따라서는 불편이 불소(不少)하니 필요 이상 지연하면 대통령령이나 총리 명령으로 해체시키겠다"고 하였다.[153]

8일에는 족청의 총무부장 강인봉이 8일 오후 통합을 원만히 할 것을 맹세한다는 건의문을 경무대에 전달하였으며, "완전한 통합의 실(實)을 거두기 위한 시간의 여유를 하명(下命)하여 주심을 앙망(仰望)한다"고 하여 재차 이승만 대통령에게 선처를 요청하는 모양새를 취하였다.[154]

이후 족청은 1월 14일 해산을 공식화했으며, 이범석도 "이제 이 나라의 원수요, 최고지도자이신 이승만 대통령께서 국가의 새로운 역량으로 청년의 대동단결을 요청하시는 이때에 무엇이 아까워서 이 단체만이 합류를 거부할 것이며 어디다가 쓰겠다고 이 단체만을 보류하겠습니까. 더욱이 민족청년단은 이범석이라는 나 일개인의 전유물이 아니요, 실로 150만 동지의 공동체입니다"라는 성명서를 발표하였다.[155]

상황이 불리해지고 더 이상 시간을 지체할 수도 없게 되자, 족청은 1949년 1월 20일 전국 이사 및 도(道)단장 회의를 개최하고 강요된 해산에 대해 강한 불만을 드러내는 해산선언서을 발표하였다.

1월 20일 개최된 本團 전국 이사 及 道단장 연석회의에서 다음과 같은 결의와 해산선언을 채택하였다.

1. 결의문

우리는 총재 이범석장군의 지시를 받들어 대한청년단과 통합할 것을 전제로 團을 해산하고 대표 5인을 구성하여 통합에 관한 일체를 교섭케 할 것을 결의한다.

2. 해산선언

오늘 우리 민족청년단은 친애하는 3천만 동포 앞에 엄숙히 해산을 선언한다. 창립 이래의 우리 단체 시비罪에 대하여서는 후일 부흥민족의 정당한 역사심판에 일임하리라. 오직 우리는 민족지상 국가 건설의 숭고한 이념 밑에 이 團으로써 건국과정의 민족적 주류의 역량을 결집하여 민족 전체의 정치적 ㅁ動과 경제적 균등 번영을 아울러 보장하는 민족의 이상적 발전을 성취하려던 소기의 과업을 완수하지 못하고 해산하게 됨을 슬퍼할 뿐이다. 이제 곧 우리 團은 대한청년단에 통합할 것이다. 갑자기 해산을 강요당하게 됨에 이 마당에 있어서 이제 더 할 말이 없으랴만은 분명히 지금 우리에게는 참을 수 없게 쏟아지는 피눈물 밖에 할 말이 많지 않다. 끝으로 과거에 우리 團을 애호하여 주신 우리 동포 및 인사에게 뜨거운 감사를 드린다. 단기 4282년 1월 20일 대한민족청년단 전국 이사급 도단장 연석회의156)

그런데 위의 선언서에서 보면, 족청은 대통령 이승만의 뜻을 받드는 것이 아니라 '총재 이범석 장군의 지시를 받들어 대한청년단과 통합할 것을 전제로 단(團)을 해산하는 것이며, 민족의 이상적 발전을 성취하려던 소기의 과업을 완수하지 못하고 갑자기 해산을 강요당하게 됨에 따라 지금 우리는 참을 수 없이 쏟아지는 피눈물밖에 할 말이 많지 않다'고 하였다. 사실상 족청은 끝까지 자기 목소리를 유지하고 있었던 것이다.

이승만은 이범석에게 "족청을 해산시키고 국무총리로 남든지, 총리직을 내놓고 족청 단장에 전념하든지 하나를 택하도록 강요했다고 한다. 만일 이범석이 국무총리직을 내놓고 족청 단장만을 택하겠다고 하면 이승만은 당사자의 의견을 존중해 주는 차원에서 국무총리직에 대한 사표를 받아 버리면 그만이었다. 그리고 한쪽 날개를 잃어버린 이범석에게 족청에 대한 '해산 명령'으로 남은 한쪽 날개를 잘라버리면 이범석과 족청은 하루아침에 나락으로 떨어지고 마는 것이었다. 이범석에게는 결단이 필요한 시기였다.[157] 1949년 3월 20일에 그는 국방부장관을 사임했으며, 후임으로는 대한청년단 단장이며 내무부장관이던 신성모가 취임하였다.[158]

제7장

제1공화국의
초대 국무총리 겸 국방부장관

1. 국무총리 지명과 취임 전후의 정황

김구와 김규식이 남북협상을 주장하면서 신익희와 지청천 등 임시정부 계열의 여러 인사들은 이승만 진영으로 옮겨갔으며, 국무총리 인준 과정에서 보면 이범석은 이미 정부 내에 다양한 인물들과 나름의 인맥관계를 형성하고 있었다. 윤치영의 부인인 이은혜와는 같은 지역에서 자랐으며 먼 인척간이었고 한민당(韓民黨) 인사들과는 당 관계자들의 행사에 참석하여 친분관계를 쌓고 있었다.[1]

5·10총선거에 의해 제헌국회가 성립되고 대통령중심제의 헌법이 확정되었을 때, 이승만이 대통령이 되는 것은 자명해 보였으며, 부통령은 임시정부의 원로인 이시영이 당선되었다. 따라서 정계와 일반 대중들에게 관심은 누가 초대 국무총리가 될 것인가에 쏠려 있었으며, 조소앙·신익희·김성수 등이 하마평에 올라 있었다.

그러나 이승만은 일반의 예상과 달리 조선민주당(朝鮮民主黨)의 이윤영(李允榮)을 지명했다. 이북(以北) 출신이며, 강력한 정파(政派)를 갖지 않았다는 점과 목사이며, 원만한 성격의 소유자라는 점이 낙점의 이유였던 것으로 보인다. 그러나 초대 대통령 이승만이 처음으로 지명한 국무총리 후보는 한민당과 대한독립촉성국민회 등의 반대로 국회에서 거부되었다.

불의에 일격(一擊)을 당한 이승만은 2번째 국무총리 후보로 이범석을 지명하였다. 이승만이 국무총리 지명을 망설이고 있을 때, 장택상은 "초대 국무총리로는 정부 수립 초창기인 만큼 초당적이고 강직한 인물이라야 적합할 것이라고 하며 이범석을 추천했다고 한다.[2] 이범석은 이윤영에 대한 인준안이 거부된 상황에서 한민당과 정치적으로 다른 성향의 인물을 선택하는 과정에서 지명된 것이었다. 이승만은 족청을 휘하에 두고 있어 정치적으로 한민당에게 절대 뒤지지 않을 것 같은 이범석을 중용하여 이를 견제하고자 하였다.

이승만은 자신을 대통령으로 밀어준 한민당을 초대 내각에서 제외함으로써 그들을 권력에서 배제할 수 있었다. 의원내각제를 주장해 온 한민당이 이승만의 희망에 따라 대통령중심제로 권력구조를 수정했던 것은 이승만의 요구를 충족시켜 주고 대신 실권을 장악해 보려는 속셈이었다. 그러나 이승만으로서는 국민들 사이에서 '친일파 정당'으로 비판을 받고 있던 한민당과 지속적으로 제휴하는 것은 불편한 일이었다.[3]

이범석의 국무총리 취임에 대해 우려하는 목소리도 있었다. 이범석의 친구이며, 일제 시기에 서울청년회의 간부로 활동했던 이민우는 "철기가 국무총리로 지명되었을 때 그에게 사양하라고 했다고 한다. 정치 일선에 뛰어들면 청산리대첩의 장군으로서의 명예도 족청도 잃게 것이라고 간곡히 만류했다고 한다. 훗날 철기는 나에게 어색한 웃음을 지으며 그때의 충고를 듣지 않아 족청을 어이없이 깨버렸다며 아쉬워했다고 한다.[4]

이범석은 이승만과의 인간관계에 대해 시간이 오램은 물론, 그 깊이와 넓이도 깊고 넓었으며, 나로서는 애국자 이승만 박사와 일촌일각(一寸一刻)도 떨어지거나 잊힐 수 없는 피와 살의 관계로 엮여있다고 생각해 왔다고 하였다.[5] 이범석이 이승만과 인연을 맺게 된 것은 청산리전투 이후 구미위원회(歐美委員會)를 주도하고 있던 이승만이 임시정부를 통해 축하의 편지를 보내오면서부터였다고 한다. 편지에서 이승만은 청산리전투에서의 승리로 세계를 향해 자랑할 만한 밑천을 얻게 되었으며, 외교를 할 수 있는 좋은 선전 자료를 갖게 되었다고 격려했다고 한다.

또한 '청사(靑史)에 길이 빛날 대첩을 미주(美洲)의 동포들과 함께 충심으로 축하하는 바라고 했다고 한다. 겨울철에는 모의운동(募依運動)을 전개하여 독립군에게 입힐 옷을 보내왔는데 여러 천벌이었다고 하며, 이범석은 이승만이 보내준 옷은 혹한에 시달리는 우리에게 뜨거운 동족애를 실감하게 했으며, 그 어른의 정신과 물질 양면의 원조와 지도를 받는 시초가 되었다고 하였다.

이승만은 청산리전투 이후 만년필을 선물로 보내오기도 했는데 만주 일대를 떠돌면서도 이승만이 준 기념의 정표인 만년필을 오래도록 간직하고 있었다고 한다. 그 뒤 연락이 끊겼으나 다시 만주로 돌아온 후에는 상해를 통해 서신이 오갔으며, 1년에 몇 차례씩은 꼭 선물이 왔다고 한다. 서신왕래가 보다 많아지게 된 것은 광복군 창설

이후였다고 한다. 이범석은 환국할 즈음에도 이승만으로부터 빨리 귀국해 도와달라는 편지를 받았던 것으로 보인다. 그런데 이 시기는 이승만이 제안한 단독정부 수립에 대해 미국에서도 깊이 있게 검토되고 있던 때였다. 따라서 이승만은 철저한 우익이며, 타고난 무골(武骨)인 그를 귀국시켜 단독정부 수립 시 필요한 군대와 청년의 양성을 전망했을 것으로 여겨진다.[6]

정부수립 초기 이범석은 이승만의 도움으로 대외 관계의 폭을 넓혀 갔던 것으로 보인다.

> 그때 이 박사는 맥아더 장군을 비롯한 미국의 세계적인 명장을 차례로 내게 소개해 주었고 내 소개도 그들에게 하였다. 분에 넘치는 칭찬과 찬사 일색으로 그들에게 나를 소개하여 상호간에 교분이 두텁게 하는 배려를 한 것이다. 이 박사의 서신 교류는 내게 말할 수 없는 격려의 원천이 되었다. (중략) 환국해서도 이 박사는 내외 귀빈을 만날 때마다 나를 소개하였다. 무슨 자랑으로 삼고 있는 듯했다. 특이한 것은 이 박사는 어디까지나 心中으로 나를 사랑할 뿐 겉으로 나타낸 적은 없었다는 것이다.[7]

이범석은 이승만이 맥아더 등 미국 장성이나 내외 귀빈에게 자주 그를 소개해 주었고, 과분할 정도의 칭찬으로 그의 입지(立地)를 넓혀 주었다고 하였다. 그러나 이범석은 이승만이 특이하게도 심중(心中)으로만 나를 사랑할 뿐 겉으로는 나타낸 적이 없다고 하였다.

이범석의 초대 국무총리 지명이 언론에 의해 알려진 것은 1948년 7월 29일이었다. 이승만은 이를 부통령 이시영과 협의하였으며, 한국민주당의 김성수와 대동청년단의 지청천 등과 의논하는 형식을 취했으며, 이보다 앞서 이범석에게 지명 사실을 통지하였다.[8]

1948년 정부수립 전후하여 나를 부른 자리에서 "내가 해야 할 일, 나를
대신할 수 있는 중요한 일을 철기가 맡아줘야겠어"라는 말을 하였다. 7월
하순 어느 날 국무총리에 지명해 놓고서 이 박사가 나를 불렀다. 그때 수원
에서 청년단의 훈련을 실시하고 있던 나는 뜻밖에 놀라 청년단복 차림으로
상경하여 梨花莊에 달려갔다. 나를 보더니 이 박사는 "철기를 국무총리에
지명했어. 또 국방은 다른 적임자도 없고 하니 인준이 되면 국방도 겸해야
지…" 담담하게 말을 끝냈다. 그리고 책상 위에 손가락으로 能者多勞라고
쓰면서 "다른 사람보다는 좀 바빠야겠지"하는 것이었다. 이것이 이 박사로
부터 직접 받은 국무총리지명이었다.[9]

　　이범석은 국무총리와 국방부장관에 지명될 것이라고는 것을 전혀
예상하지 못하고 있었으나 총리로 지명된 사실이 알려진 다음 날인
30일 김성수의 계동(桂洞) 집을 방문하여 장시간 요담하였다.[10] 김성
수는 총리 지명에 동의해 주는 대신 내각에 8명 정도의 장관을 입각
시켜 줄 것으로 요구하였다. 이범석은 이 제안을 수용함으로서 국무
총리가 되는 발판을 확보하는 데는 성공했지만, 동시에 정치적 부담
도 앉게 되었다.

　　　그날 밤 인촌 선생과 자리를 나누는 자리였다. 그는 단도직입적으로 각
료 배석문제를 제의하면서 한민당계 전 국회의원이 장군의 총리 인준에 협
력하니 閣員 8席 정도… 處分에 맡기겠소. 나는 대정당의 인촌의 제안을
즉석에서 응낙해버렸다. (중략) 인촌이 천거한 사람 중 겨우 3사람인가가
入閣했을 뿐이다. 이로 인해 한민당은 약속을 이행하지 않았다 하여 나를
좋지 않게 평가하게 된 모양이고 나중에는 이 박사까지 敵對視하는 현상까
지 빚어내는 導火線이 되지 않았는가 한다. 국무총리이든 장관직이든 물러
날 때는 물러나야 했다.[11]

　　이범석은 김성수의 제안을 너무 쉽게 받아드렸고 약속을 지키지

못했으며, 이는 이승만과 자신, 그리고 한민당과 불편한 관계를 만드는 요인으로 작용했던 것으로 보인다. 이범석은 한민당 쪽에서 제안해 온 8명에 대해 기회가 있는 대로 대통령에게 입각을 제의했으나 이승만은 '대한민국 헌법은 나로 하여금 이 정부를 책임지게 한 거야'라는 말로 그의 제안을 거부하였다.

1948년 8월 2일 국무총리 승인 요청안은 제37차 국회 본회의에서 재석의원 197인 중 110표 대 84표로 가결되었다. 찬반 토론이 있었는데 족청계로 분류되는 강욱중(姜旭中) 의원의 찬성 연설을 하였다.[12] 이범석에 대한 제청안은 이윤영에 대한 부결 이후 상정되는 것이기 때문에 통과될 가능성이 높았다. 한민당의 경우 60여 명의 의원들이 의견 차이는 있었지만 김성수, 윤치영 등이 지지하고 있어 크게 문제되지 않았다. 7월 31일 윤치영, 이진수(李鎭洙), 정준(鄭濬) 등은 이승만을 방문하여 70명의 찬성의원 명부를 제시했으며, 20여 명으로 구성된 태백구락부 소속 의원들도 이범석을 지지하고 있었다.

반면에 무소속 구락부를 대표하는 윤재욱(尹在旭), 윤석구(尹錫龜), 홍순옥(洪淳玉), 김영기(金英基) 등은 같은 날 이화장을 방문하여 민심은 조소앙(趙素昻)에게 집중되어 있다는 의견을 피력하였다.[13] 국무총리 인준안이 통과되자 직후인 2시 30분 이범석은 경교장(京橋莊)을 방문하였으나 김구가 외출하여 면담하지 못했으며, 서면(書面)으로 방문의 뜻을 전하고 돌아왔다.[14]

이날 이범석은 국내 중요 언론사 기자들과 기자회견을 가졌다. 그는 자신의 취임에 대해 국내 정세를 잘 알기 때문에 흔쾌히 수락한 것이며, 만일 접수하지 않는다면, 민족 최고의 지도자인 대통령의 심경에 어그러질 뿐더러 현 국내 정세의 긴박한 요청에도 배치되는 것이라는 뜻을 밝혔다.

그러나 이범석은 국내 정치 전반에 대해 자신의 견해를 명확하게 밝히지 않았다. 남북통일에 대해서는 국무총리에 당선되리라는 것을 예상조차 해보지 못하였기 때문에 구체적인 방침에 대해 생각해 보지 못했다고 하며, 통일의 당위성을 강조하는 원론적인 발언에 그쳤다. 조각(組閣)에 대해서도 첫째, 헌법상 조각은 대통령에게 중점이 있으며, 둘째, 순서적으로 내가 국무총리에 임명된 후에야 발언권이 있기 때문이라고 하여 답변을 피했다. 조각과 관련해서는 국무총리로서 발언권 정도를 갖고 있는 것으로 인식하고 있었던 것으로 보인다.

'백미(白米) 소두(小斗) 한 말에 1,700원 하는 문제를 어떻게 해결할 것인가?'라는 질문에 대해서는 "구체적으로 말하기 어렵다. 그러나 국방 및 민생의 두 문제는 초대 내각에 있어 정책이 집중되어야 할 것이라고 생각한다"라고 하였다.[15]

초대 내각은 비교적 순조롭게 구성되었다. 외무 장택상(張澤相), 내무 윤치영(尹致暎), 재무 김도연(金度演), 법무 이인(李仁), 국방 이범석(겸임), 문교 안호상, 농림 조봉암, 상공 임영신(任永信), 사회 전진한(錢鎭漢), 교통 민희식, 체신 윤석구(尹錫龜), 무임소 국무위원 이청천 · 이윤영, 그리고 장관급은 아니지만 법제처장에는 유진오(俞鎭午) 등이 임명되었다.

8월 6일 대통령과 국무총리를 비롯한 각료 전원은 국회를 방문 조각 완료 보고 및 취임 인사를 하였다.[16] 대한민국 초대 정부의 내각 구성이 완료되자 8월 7일 미군정장관 딘(William Frishe Dean)은 이범석을 위시한 각 국무위원에게 축하 전문을 보내왔으며,[17] 대만의 하응흠(何應欽) 장군도 8월 9일 축전을 보내왔다.[18]

2. 이범석 내각의 시정(施政)과 '반공'

1) 이범석 내각의 시정과 한계

1948년 8월 28일 이범석은 정부수립과 동시에 국무총리로서 첫 번째 시정연설을 하였다.

> 동 시정방침의 윤곽을 엿보면 40년간 외세에 시달렸던 조국이 완전한 민족국가로서 향상하기를 期하며 그중에도 특히 시정의 중점은 국권회복과 산업경제부흥에 두고 있다. 이를 좀 더 세목으로 나누어 약술한다면 (1) 국권 회복에 있어서는 자율적 민족적 입장에서 완전무결한 주권의 확립을 期할 것이며, (2) 산업경제 부흥에 있어서는 신축성 있는 제도를 택하여 대기업의 국영을 도모할 것이며, (3) 국방문제에 있어서는 지난 24일 발표한 한미공동군사협정 범위 내에서 강력한 국군을 건설할 것이며, (4) 행정권 이양에 있어서는 재정·재산·행정기구·원조물자 등 각 부문에 있어 완전한 이양을 期할 것이며, (5) 남북통일문제는 동족상잔이나 무력으로서가 아니라 평화적 해결을 위주로 한다고 한다. 이상과 같이 시정의 중점은 우방 제국의 정의에 호소하여 완전한 주권 확립과 민생문제 해결을 위한 산업경제 부흥 등 두 가지에 치중할 것이라 하는데 동 연설 윤곽에서도 드러나는 바와 같이 현하 신생 대한의 당면과업을 적절히 파악한 것으로 앞으로 실제 면에 나타나는 성적 여하가 극히 주목된다.[19]

연설문은 기획처에서 준비하였으며, 약 7,000자에 달하는 장문으로 약 40분에 걸쳐 발표되었다. 이범석은 완전무결한 주권의 확립, 대기업의 국영화(國營化) 도모, 한미공동군사협정(韓美共同軍事協定) 범위 내에서의 강력한 국군(國軍)의 건설, 행정권의 완전한 이양, 남북통일문제는 동족상잔(同族相殘)이나 무력으로서가 아니라 평화적 해결을 위주로 한다는 등의 원칙을 천명하였다. 이에 대해 언론은 당면한 과업을 적절하게 파악한 것으로 앞으로 실제적인 면에 나타나는 성적 여하가 극히 주목된다고 하였다.

이후 이범석은 국무총리로서 자신이 밝힌 시정방침을 실천하고자 노력해 나갔다. 이에 1948년 12월 한미경제원조협정(韓美經濟援助協定)을 체결하고 ECA 원조를 받는 데 성공하였다.

> 대한민국 정부는 대한민국의 경제적 위기를 방지하며 국력 부흥을 촉진하고 국내 안정을 확보하기 위하여 미합중국 정부에 재정적 물질적 및 기술적 원조를 요청하였으므로, (중략) 미합중국 정부 및 대한민국 정부는 대한민국 정부의 독립과 안전 보장에 합치되는 조건에 의한 그 원조의 제공이 국제 연합 헌장의 근본목적과 1947년 11월 14일의 국제 연합 총회 결의의 근본목적을 달성함에 유효하고 미국 국민 및 한국 국민 간의 친선적 결합을 한층 강화할 것을 확신하므로 아래 서명인은 각자 정부가 그 목적으로 부여한 권한에 의하여 아래와 같이 협정함.[20]

정부는 협정을 통해 미국으로부터 적극적인 원조를 받을 수 있는 길을 열 수 있었다.[21] 그러나 다른 한편으로 보면, 설비와 물자, 노무, 기타 자금 등 경제의 거의 모든 분야에서 미국의 일상적인 감독과 통제를 받는 것이 불가피하게 되었다.[22] 한국 측 수석대표인 김도연 재무부장관과 미국 측은 수석대표 헬믹 소장은 사전의 비공식 회담을 통해 협정의 내용과 문안에 대해 협의했으며, 이범석 국무총리와 무쵸(John Joseph Muccio) 대사가 양국 정부를 대표해 서명하였다.[23]

이범석은 대미 군사원조의 원만한 진행을 위해서도 노력하였다. 1949년 9월 2일 직접 발표한 담화를 통해 미국 경제협조처 한국 국장

존슨의 노력에 고마움을 표하며, 무기원조와 산업경제 발전을 위한 1억 5,000만 불의 원조가 반드시 필요함을 역설하였다.[24]

　반면에 국무총리 이범석은 언론에 대해서는 별다른 법적 근거 없이 엄격한 통제를 가하였다. 『경향신문』의 편집국장을 지냈던 우승규에 따르면, '초대 이범석 내각의 해부'라는 연재 기사가 나간 지 사흘째 되던 1948년 8월 9일 갑자기 기사 게재가 중단되었는데 국무총리가 공보처에 중단을 지시한 것이었다고 한다.[25] 기사는 1948년 6월 7일~10일까지 게재된 후 중단되었는데, 이범석 내각과 국무총리로서의 그의 앞날에 대해 우려를 표하는 내용이 포함되어 있었기 때문이었다.

> "약체내각이니 또는 단명내각이니 하는 온갖 비방과 갖은 物議를 드르면서 難産된 李範奭內閣은 시방 빗발치는 듯한 口舌의 矢石을 받으면서 일보일보 전진하고 있다. 이제 겨우 걸음마를 시작하였는지라 아직 어 정도의 성장을 보기 전까지는 그 수명의 長短을 豫卜하기 어려운 일일 것이니와 대통령과 부통령사이에 벌써부터 □前産後를 통하여 釁隙이 벌어진 것은 李內閣의 不吉과 悲運의 兆候가 아닐 수 없다. (중략) 卽 先輩 柳東說 李靑天 등 두장군을 물리치고 총리겸 國防相의 榮位에 앉은 것은 致賀를 말지 않으나 或也 前記 柳 李 두 장군의 心底에 一派萬動的 投石을 했다면 장차 국방군 편성에 있어 전도순탄하다고만 예상할 수 없을 것이다.
>
> 　그리고 또 한편 이범석장군 앞에 民族靑年團이 있으면, 이청천장군에게 大同靑年團이 있고, 柳東說장군에게 國防警備隊가 아직도 있다는 것을 우리는 잊어서는 않된다. 물론 李將軍 元體脫俗하고 겸허한 평민적 성격을 가졌는지라 결코 柳 李 두선배와의 사이에 마루련 釁端을 일으키리라고는 생각되지 않으나 세 장군의 傘下에 포섭된 麾下들 사이에 毫末의 圭角이라도 생기면 이것이 小腫에서 大腫으로 중병에까지 이르지 않으리라

고 누가 보증할 것이냐? 이 같은 생각은 필자 한사람만의 杞憂뿐이 아니라 萬人共通의 疑懼로서 萬의 一이라도 우리는 그런일이 없기를 바라마지않는다.

　國防相으론 최적임자임을 讚揚한 것은 前述함과 같거나 앞으로 모든 初創的 行政面에 있어 어마나한 采配를 휘두를 것인가에 주목이 쏠리고 있는 것이다. 이 총리에게 深謀遠慮의 策略도 必要하거니와 和衷協諧의 넓은 襟幅과 아울러 眼明手快한 처사가 要請된다. 계속 민족청년단 단장에 국무총리에 또 국방상인 이범석장군 軍人船長으로 미숙한 沙工을 거느리고 怒濤荒波를 해치며 어떠한 거리까지 航海할 것인가? 우리는 얼마동안 크게 응시하려 한다.[26]

　이 내용에서 보면, 언론에서는 이범석 내각에 대해 '약체내각' 혹은 '단명내각'이 될 것이라고 예상하고 있었다. 이범석에게는 족청이 있고 지청천에게는 대동청년단이, 유동렬에게는 국방경비대가 있는 상황에서 이들 간에 알력이 생기면 상황이 심각해 질수도 있음을 염려하고 있었던 것이다.

　이 무렵 내각은 어수선한 분위기였다. 9월 22일 외무부장관 장택상이 돌연 사표를 제출했다가 대통령과 국무총리의 만류로 철회하였다. 24일에는 지청천 무임소장관과 윤치영 내무부장관의 사표 제출설이 나돌았으며, 이범석은 이 문제에 대해 언론을 통해 해명해야 했다.[27] 지청천은 실제로 사퇴하였다. 그는 처음에는 입각을 거부했다가 대통령의 권고와 이범석의 간곡한 요청으로 대국적 견지에서 입각했으며, 군정 이양이 순조롭게 완료되자 사퇴한 것이었다.[28] 언론에서는 그의 사퇴로 정부가 약체화되고 내각이 동요할 것이라는 전망을 내놓기도 했다.[29]

　이범석은 언론에 대해 강경한 태도를 취했는데 내각은 언론단속

7개항을 발표하여 미군정보다 엄격한 통제를 가하고 있었으며, 문제가 되자 국회에서 논의되기도 했으나 폐기되지는 않았다. 언론 단속 7개항은 대한민국의 국시(國是)나 국책을 위반하는 기사, 정부를 모략하는 기사, 북한 괴뢰 정권을 인정 내지 비호하는 기사, 허위 사실을 날조 또는 선동하는 기사 등에 대해 강력하게 단속하는 것을 골자로 하고 있었다.30)

1948년 9월 경찰은 『제일신문』과 『세계일보』 및 『조선중앙일보』의 직원을 공산당을 옹호한다는 이유로 검거하였다.31) 이에 대해 이범석은 대한민국 정부의 보호를 받으면서 국권을 파괴하고 민중을 오도하여 공산당의 대변인이라는 증거가 있는 신문사를 탄압한 것이라는 내용의 기자회견을 했다. 그는 정부가 언론에 대해 고압적인 탄압을 하고 있다고 말하기도 하지만, 이들이 국가 최고정책에서 이탈했기 때문에 탄압을 받은 것이며, 나는 민주주의 문화의 발전을 위해 언론인을 존경하며, 내 말이 부당하다고 생각하면 3신문의 기사를 재검토해 보면 알 것이라고 하였다.32)

이범석은 연극의 사회적 영향력과 중요성에 대해 강조하고 있는데 이는 국공내전(國共內戰)의 경험에서 기인한 것으로 여겨진다. 연극단체들과 가진 좌담회에서 연극이 신문이나 영화보다 시간과 장소를 가리지 않고 궁핍한 산촌에서도 대중들에게 감명을 주는 절대적인 역할을 할 수 있다고 하였다. 소비에트혁명이나 중국의 항일전쟁을 통해서 보면 연극인들이 얼마나 중요한 역할을 했는지 알 수 있다고 하며, 연극인들에게 국가지상, 민족지상의 이념을 확고히 하고 국책 수행에 절대 협력해 주기를 바란다고 당부하였다.33)

1948년 8월 25일 경찰 행정권 이양이 마무리 되자, 경찰관들에게 반성과 헌신을 주문하는 내용의 훈시를 하였다. 배석했던 내무부장관 윤치영도 경찰관들에게 요정을 출입하거나 술에 취해 다니는 것을 보면 즉시 파면이나 구금할 것이며, 뇌물을 받았을 경우 엄벌에 처하겠다고 강조하였다. 이에 대해 언론은 '폭탄적 엄명'이라고 하였다.[34]

친일파청산과 관련해서는 이승만의 친일파 중용정책과 궤를 같이 하고 있었다. 1948년 8월 20일에는 정부가 친일 부역의 과거를 문제 삼아 관리들을 단죄한다면 가뜩이나 인적 자원이 부족한 신생 대한민국의 약체성이 더욱 심화될 것이라는 견해를 밝히고 있었다.[35] 이범석은 항일투쟁 경력을 가진 자신과 이승만 대통령 같은 사람이야 말로 반공과 국가건설에 활용하기 위해 친일파를 용서할 자격이 있다는 논리로 친일파문제에 대응하고 있었다. 여기에 미국대사 무쵸역시 친일파 처벌법에 대해 행정권의 수립과 행사에 차질이 빚어질 수 있다는 우려를 표명하고 있었다.[36]

> 반민법 시행을 개시하자 각계에서는 물론 관계에서 심중한 관심을 가지고 있음에 대하여 李국무총리는 20일 관하 각 관공서에 다음과 같은 통첩을 내었다. "반민법은 근일에 이르러 발동을 보게 되었다. 그러나 지난번 대통령 각하의 설명으로 罪質에 치중하고 직위에는 拘礙치 않는다는 요지를 생각할 때 관공리는 필요 이상의 동요를 하지 말고 성실히 대한민국 발전에 이바지할 것이며 관하 직원을 지도하여 행정에 지장이 없도록 하기를 바란다."[37]

이범석은 반민법이 시행되자 1949년 1월 20일 각 관공서에 이승만 대통령이 죄질에 치중하고 지위에는 구애치 않을 것이라고 했으니 필요 이상으로 동요하지 말고 대한민국의 발전을 위해 성실하게 이

바지하기를 바란다는 통첩을 보냈다.

3월 15일에는 제주도 시찰을 마친 후 전남도지사실에서 가진 기자 회견에서, 정부 내 반민자 숙청 문제를 어떻게 보는가?라는 기자의 질문에 대해 "민족정기를 바로잡기 위해서는 필요한 일이지만, 정부에서는 그 범위와 시간적 완급을 가리고 있다고 답하였다. 이밖에 '남북협상론'에 대해서는 그들은 민주주의를 자칭하면서 공산주의에 조세(助勢)하는 자이며, 이러한 자신 없는 정객들의 죄악을 적발해야 한다고 주장하였다.[38]

이밖에 이범석은 국무총리로서 한반도의 군사적 안정과 전쟁 방지를 위해서는 주한 미군이 계속 주둔할 필요가 있다고 판단하고 있었다. 국회에 출석해 "미군의 철퇴(撤退)는 소련의 야욕(野慾)에 유리할 뿐 아니라, 만약 제3차 대전이 폭발하면 한국은 미·소 각축전(角逐戰)의 격전장이 될 수 있다는 논리로 의원들을 설득하였다. 이에 국회에서도 1948년 10월 24일 제109차 본회의에서 대한민국의 방비 태세가 정돈될 때까지 미군의 남한 주둔이 필요함을 인정한다는 내용의 결의안을 가결하였다.[39]

미국 정부 관리들도 남한에서의 미군 철수를 연기하고 한국의 안전을 보장해 주어야 한국이 정치적 안정과 경제발전의 기틀을 마련할 수 있을 것으로 보았다. 그리하여 미국은 NSC8의 결정에 따라 1948년 12월 31일까지 완료되기로 했던 주한 미군에 대한 철수계획을 1949년 6월까지 6개월간 연기하였다.[40]

이범석은 공산주의자들의 침략에 대비해 대만의 장개석 총통과 함께 미국이 참여하는 태평양동맹 체제의 구축을 내걸고 지역 안보의 새로운 틀을 만들고자 하였다. 한국과 대만은 공통적으로 공산주의

의 위협에 직면하고 있었고 여기에 장개석과 이범석의 돈독한 친분
관계도 일정하게 영향을 끼쳤던 것으로 보인다.

> 그 양반(장개석 – 필자) 좌우에 오래 있었고 너무 많은 사랑을 받았을
> 뿐더러 외교적인 모든 것을 초월해서 인간적인 면으로 통정한 사이였기 때
> 문이다. 간단하게 그 사랑을 말하자면, 장개석 총통 이하 대부분의 정부고
> 관들은 모두 아는 사람들이었고, 8년 항쟁(抗爭)이나 군관학교 시절의 동
> 지들이 많아 형식과 의례에 사로 집힌 외교관 생활은 아니었다. (중략) 부
> 족된 경비는 장총통으로부터 도움을 받았다. 장총통 부처는 내말이면 그저
> 고개를 끄덕이며 "好好, 好好…"(좋습니다. 그렇게 하지요)를 연발할 정도
> 였다.41)

이범석은 장개석과 자신은 인간적으로 '통정'한 사이이며, 대만의
정부 고관들을 대부분 군관학교 시절의 동기이거나 중일전쟁기의 전
우였다고 하였다. 따라서 대만정부와 이범석의 인간적 신뢰는 한국
정부의 대만 외교에 긍정적인 영향을 끼쳤던 것으로 보인다.42)

그러나 한국과 대만의 이 같은 움직임에 대해 1949년 8월 6일 미국
은 한국과 대만이 구상하는 '태평양동맹'에 참여하지 않을 것임을 밝
히자 더 이상 진전을 보지 못하였으며, 이른바 이승만과 장개석의 진
해회담도 태평양동맹이 국제공산주의의 저지에 크게 기여할 수 있을
것이라는 공동성명만을 남긴 채 끝났다.43)

2) 여순사건의 발발과 김구와의 갈등

1948년 10월 19일 여수·순천 반란사건(이하 여순사건)이 발발하자

이승만 정권은 적지 않게 당황했던 것으로 보인다. 1948년 10월 15일 육군은 여수에 주둔한 제14연대에 19일 오후 18시를 기해 1개 대대를 제주도로 출동시킬 것을 명령했으나 14연대 내의 좌익계 병사들은 이를 거부하고 반란군으로 돌변하였다. 반란군은 여수·순천을 비롯한 전남 동부 지역의 좌익세력과 결합하여 세력을 키웠으며, 상황은 내전적 양상으로 격화되었다. 반란의 주모자는 특무상사 지창수(池昌洙)였으며, 일제 시기부터 공산주의 운동을 해 온 이창수(李昌洙), 주원석(朱元錫), 김상렬(金相烈) 등이 합세하였다.[44] 반란군은 단독정부를 수립해 조국을 팔아먹으려는 이승만과 이범석 등을 처단하기 위해 봉기를 일으켰으며, 여수에 있는 모든 장병들은 제주도 인민들을 학살하려는 파병에 응하지 않겠다고 주장하였다.[45]

사건이 발발하자 여수지구에서만 관민 1,200명이 학살당했으며, 중경상 1,150명, 가옥 파괴 및 손실 1,538동, 이재민 9,800명이 발생하였다. 육군은 1949년 1월 10일 여순사건과 관련한 군사재판의 결과를 발표했는데 총 2,817명이 재판에 회부되어 410명이 사형, 568명이 종신형에 처해졌다.[46]

이범석은 사건이 발생하고 이틀이 지난 1948년 10월 21일에야 국무총리 겸 국방부장관으로서 사건의 경위를 설명하는 기자회견을 가졌다. 그는 폭동의 주모자는 10월 1일 혁명의용군사건(革命義勇軍事件)으로 최능진(崔能鎭)과 함께 구속되었다가 불구속으로 풀려난 여수 연대장 오동기(吳東起)이며, 천인공노할 공산도당의 패악은 물론 여기에 극우파가 가담하여 죄악적 행위를 조장시키고 사리(私利)를 위해 합한 것은 가증(可憎)한 일이라고 하였다.[47]

22일에는 반란군에게 귀순을 권고하는 전단(傳單) '반란군에게 고함'

에서도 제군들은 지금 일부 그릇된 공산주의자와 음모정치가의 모략적 이상물이 되어 실로 천인공노할 죄를 범하였다고 하였다.[48] 그리고 10월 25일 국무회의를 통해 여순 지역에 계엄령을 선포하였다.[49]

28일에는 『동아일보』가 이 사건에 대해 현 정부에 반대하는 좌익과 우익 분자의 합작품이라고 보도하였으며,[50] 수도경찰청장 김선태는 혁명의용군사건에 대한 수사 결과를 발표하여 이범석의 주장에 대해 정부 차원에서의 정당성을 확보해 주었다.

> 22일 金수도청장은 기자단과 회견하고 지난 19일 송청한 소위 혁명의용군사건 진상을 다음과 같이 발표하였다. "소위 혁명의용군사건은 그 주모자 崔能鎭·吳東起·徐世忠·金鎭燮 등이 남로당과 결탁하여 무력혁명으로 대한민국 정부를 전복하고 金日成일파와 합작하여 자기들 몇 사람이 숭배하는 政客을 수령으로 공산정부를 수립하려고 공모한 후 그 목적달성을 위하여 수단과 방법을 가리지 않고 쿠테타를 감행하려는 직전에 검거, 송청하였는데 말단 세포분자들이 금번 여수사건을 야기한 것은 유감천만으로 생각하는 바이다.
>
> 그 주모자 최능진은 5·10선거 당시 동대문 갑구에서 출마하려고 할 때부터 공산분자와 해외에서 무정부주의자로 암약하다가 귀환한 세 씨의사 서세충 기타 불평정객들과 결탁하여 우리 3천만 민족이 갈망하는 UN감시 하의 정부수립을 방해하려고 하다가 그 목적을 달성치 못하였고, 그 후 소위 남북협상도 공염불에 돌아가자 최후 수단으로 국방경비대를 이용하여 무력혁명을 감행하여서라도 소기의 목적을 달하기로 하고 김진섭의 동지인 安鍾玉 외 7, 8명을 국방경비대에 입대시키어 원주, 춘천 각 연대에 분산 배치케 하여 병사 중에서 동지를 규합케 한 결과 약 일천 명의 병사를 동지로 획득 가입케한 후 최능진이 제공한 거액의 현금을 군자금으로 하면서 종종 密會하여 혁명방법의 세칙을 토의. (중략) 파리 유엔총회 개회 중에 전기 각 연대 병사와 공산분자가 합류 봉기하여 소기의 정권야욕을 채우려고 만반의 준비를 다하고 호시탐탐하고 있던 차에 천망에 걸리어 주모자

전부와 중견간부급까지 검거 송청하였던 것인데, 말단병사는 군부에서 분산 배치 정도로 관대히 취급하게 하였던 것이 검거자 이외의 지도자가 선동하였는지 금번 여수사건을 야기한 것이다."[51]

위의 내용에서 보면, 혁명의용군사건의 주모자인 최능진(崔能鎭), 오동기(吳東起), 서세충(徐世忠) 등은 남로당과 결탁하여 무력 혁명으로 대한민국을 전복하려 하였다고 했으며, 김일성 일파와 합작해 자기들 몇 사람이 숭배하는 정객(政客)을 수령으로 공산정부를 수립하려고 쿠데타를 감행하려 했으나 거사 직전에 검거되었다고 하였다. 그리고 정부는 사건 관련자 중 말단 병사는 분산 배치 정도로 관대하게 취급했는데 여순사건은 검거자 이외의 인물들의 선동에 의해 발생한 것이라고 하였다.[52]

그러나 정부의 이 같은 발표와 달리 혁명의용군사건은 재판 과정에서 실체가 없는 조직임이 밝혀졌으며, 무력에 의한 공산혁명 혐의도 인정되지 않았다. 뿐만 아니라 여순사건의 극우파 정객으로 지목된 인물이 김구라고 알려지면서 사회적 파장이 커지기 시작하였다.[53] 김구는 '이해하기 곤란한 일'이며, 저들은 극우(極右)라는 용어에 대해 일반과는 다른 해석을 내리는 자신들의 사전(辭典)을 가지고 있는 것 같다고 반박하였다.

한국 정부 방면에서 반란 배후 인물로 지목하고 있는 韓國獨立黨委員長 金九氏는 지방여행으로부터 歸京하여 中央社特派員과 회견하고 아래와 같이 말하였다. 나는 極右分子가 今番 叛亂에 참여하였다는 말을 이해할 수 없다. 그들은 極右라는 用語에 관하여 다른 해석을 내리는 자신의 辭典을 가지고 있는 것으로 보인다. 나는 금번 叛亂을 우려하고 있다. 이 불행한 사건은 濟州道의 戰鬪와 더불어 民生에 중대한 영향을 끼치고 있다. 그리고 순진한 청년들을 流血事態로 ㅁㅁㅁ없는 죄를 범하였다. 현재까지의 당국발표에 의하면 叛徒들의 목적은 북한정권을 남한애 연장을 시키려는 것으로 보인다. 금번 반란의 反響에 관하여는 예측키 어렵다. 그러나 이는 韓國政勢에 대하여 중립적 입장에 있는 一部 유엔 회원국의 견해에 영향을 끼칠지도 모른다.[54]

김구가 여순사건과의 관련성을 정면으로 부정하고 여론도 정부의 주장에 대해 동조하지 않자, 공보처장 김형원은 여순사건은 전남 지역 좌익분자들의 조직적이고 계획적인 선동하여 일어난 반란사건이라고 쪽으로 입장을 번복하였다.[55]

그러나 이범석은 여전히 자신의 주장을 굽히지 않았다. 그는 1949년 10월 19일 여수사건 1주년을 맞아 발표한 담화문에서도 이 사건은 공산당의 악랄한 음모와 실의(失意)한 정객들의 집권욕이 배합되어 일어난 우리 민족 사상 공전절후(空前絕後)의 참변이라고 하였다. 그러면서 군경의 충용(忠勇)으로 불과 2주 내에 완전히 진압됨으로서 전 세계의 경악을 진정시켰으며, 대한민국의 실력과 민족적 애국심을 천하에 인식시키게 되었다고 하였다.[56]

또한 국방부는 여순사건에 대해 소련 제국주의의 태평양 진출 정책을 대행하려는 공산괴뢰 정권의 음모라고 하였다. 대통령 이승만도 "주동자는 물론, 남녀 아동까지라도 일일이 조사해 불순분자는 다 제거하고 반역적 사상이 만연되지 못하게 할 것이며, 앞으로 어떠한 법령이 발포되더라도 전 민중은 절대 복종해서 이런 비행이 없도록 방위해야 할 것"이라고 하였다.

이밖에 주한 특별대표부의 무쵸는 자신과 콜터 장군은 한국의 대통령과 국무총리 및 내무장관에게 오늘날 가장 필요한 것은 정부 내외의 공산주의자들이야 말로 진짜 적이라는 것을 끊임없이 상기시켜 주는 것임을 강조했다는 전문을 국무장관에게 보냈다.[57]

초대 국무총리 이범석은 분단체제가 굳어지고 있는 상황에서 남한을 강력한 반공국가로 만들고 한·미관계의 원만하게 이끌어야 한다고 생각을 갖고 있었던 것으로 보인다. 그러나 정적 혹은 주변 정치세력들에 대한 정권차원에서의 부당한 정치 공세나 갈등의 악화는 그에게 커다란 부담이 되고 있었던 것으로 보인다.

3. '단명(短命)' 국방부장관과 '연합국방'의 엇박자

1948년 8월 24일 한미군사협정이 체결되면서 군사권이 대한민국 정부로 이양되었다. 8월 31일 국방부는 통위부와 국방경비대로부터 그 기능을 이양받았으며,[58] 9월 1일 국방경비대는 육군으로, 해안경비대는 해군으로 편입하였다. 통위부는 임시정부에서 참모총장을 역임한 유동열이 부장이었고, 국방경비대 사령관은 광복군 출신 송호성이었다. 통위부는 미군정기에 남한 지역에 대한 국방과 경비를 담당했으며, 대한제국기의 통위영(統衛營)의 명칭을 잇는다는 의미에서 붙여진 이름이었다.[59]

8월 16일 오전 이범석은 국방부에서 취임식을 거행했으며, 오후에는 자택에서 미국 군사고문 로버츠 소장을 인견하는 등 업무를 시작하였다, 그는 기자회견을 통해 국방부장관의 역할은 대통령을 대리해 군정(軍政)·군령(軍令)을 관장하는 것이라고 전제한 뒤, 대한민국의 국가경제와 인구 비율 및 가상적 등 다양한 요소를 고려해 병력

을 보유할 것임을 밝혔다.[60]

9월 18일에는 여하한 개인이나 단체를 막론하고 군사훈원회나 군사 연(然)한 행동을 금하며, 각종 명목으로 일반에 금전적 피해를 주는 것을 엄금(嚴禁)한다는 담화문을 발표하여 향후 발생할 수 있는 군사적 혼란을 미연에 방지하고자 했다.[61]

정부의 국방정책은 자유진영의 각국 우방이 국제공산주의 세력의 공세에 대응해 미국 주도 하에 국방역량을 연합하여 침략을 막아낸다는 '연합국방(聯合國防)을 기조로 하고 있었으며, 육·해·공군의 건설을 위해 최대한 노력하는 동시에, 전쟁이 발발한다면 작전상 미국의 지원을 기대하는 것을 골자로 하고 있었다.

이범석은 국방부장관으로서 국군의 기초를 마련하는 일에 전력을 다했다. 1948년 11월 30일 국군조직법을 공포했으며, 12월 7일에는 국방부장관, 참모총장, 육군본부와 해군본부로 이어지는 직제와 지휘체계를 마련하였다. 9월에는 국방경비사관학교를 육군사관학교로, 1949년 1월에는 해방병학교를 해군사관학교로 변경하였으며, 10월에는 육군에서 공군을 독립시키고 육군항공사관학교를 공군사관학교로 변경함으로써 3군 체제를 확립하였다.[62] 이밖에 전군(全軍)에 국군 3대 선언문을 암송케 하여 정신무장을 강화했으며,[63] 정훈국을 국방부 직속으로 설치하였다.[64]

1948년 11월 11일에는 제7기 육군사관후보생 졸업식에 참석한 후 기자들에게 숙군(肅軍)과 징병제에 대한 견해를 밝혔다. 미군정기에 설치되었던 남조선국방경비대는 애초에 경찰의 보조 병력으로 설치되어 한계가 명확했다. 미군정기에 경력이나 정치적 성향을 따질 겨를 없이 간단한 신체검사와 면접시험만으로 선발하였기 때문에 경찰

의 체포를 피해 지원한 좌익분자가 섞여 있었으며, 따라서 숙군 작업
은 반드시 필요한 정치적 현안이었다.[65]

> 숙군 문제에 대하여(국방장관): 군은 사상, 의사, 행동, 명령계통 전부가
> 선명히 일치되어야 한다. 이에 위반되는 군의 존재라는 것은 절대로 불가
> 한 것이다. 과거에 있어서는 공산분자가 군에 잠입하여 단순한 청년군인을
> 유혹하여 이에 감염시켰던 것이다. 군 당국은 건전한 건군을 위하여 지금
> 까지 총 5, 6백 명이나 되는 불순분자를 芟除한 것이다. 이리하여 군의 질
> 은 나날이 향상되어가며 단결도 신속히 공고화하고 있다. 이 금후에도 숙
> 군이라기보다 인재 보충에 각별 유의하여 불순분자의 유입을 방지하며 과
> 거와 같이 추천인이 불책임한 일을 함이 없도록 주의하겠다.
> 징병제에 대하여(국방장관): 지금 곧 징병제를 실시함에는 적지 않은 곤
> 란이 있다. 즉 이에는 국가의 완전한 조직화 호구조사 경제문제 해결 등 여
> 러 가지 조건이 있는데 현상태로는 그 준비가 부족하다고 생각된다. 그리
> 하여 아직은 의용병제를 채택하련다.[66]

이범석은 500여 명으로 추산되는 좌익세력에 대한 숙군을 단행하
여 군 내부의 사상과 행동의 통일을 기하고 명령계통을 선명하게 하
고자 하였다. 징병제에 대해서는 호구조사, 경제 여건 등을 비추어
볼 때 준비가 부족한 상황임으로 의용병제도를 채택할 것이라는 입
장을 갖고 있었다.

초대 국방부장관으로서 그는 국군의 전투력 강화를 위해 노력하였
다. 1948년 11월 2일 미국 군사고문단에 현재 50,000명인 국군의 병력
에 추가로 50,000명을 증원할 필요가 있으며, 그에 필요한 무기와 장
비를 지원해 줄 것을 요청하였다. 조병옥(趙炳玉)이 대통령 특사로
미국에 파견돼 비행기와 잠수함 및 각종 함선의 지원을 요청하였

다.[67] 이에 조병옥은 애치슨 국무장관에게 한국은 현재 약 40만 명의 무장병력이 필요하다는 의사를 전달하였다고 한다. 그러나 미국은 한국의 급속한 국방력 강화에 우려를 표하고 있었으며, 국군에게 필요한 것은 소규모의 잘 훈련되고 화기(火器)를 잘 가춘 충성스러운 군대라는 입장을 견지하고 있었다.[68]

반면 북한의 군사력을 계속 증강되고 있었다. 북한이 1949년 8월부터 소련제 비행기를 수입해 약 20대~40대 정도의 항공전력을 보유하고 있었던 것에 반해, 남한은 20여 대의 훈련기만 있었을 뿐이고 그나마 14대가 운용되고 있었다. 공군에서는 애국기헌납운동을 전개해 모금한 약 3억 5천만 원으로 1950년 5월 14일 캐나다로부터 AT 6형 연습기 10대를 구입하기도 했으나 전력의 열세를 만회하기에는 역부족이었다.[69]

이범석은 국군의 병력을 꾸준히 늘려가고 있었다. 국군은 국방경비대로부터 지휘권을 넘겨받은 5개 여단 15개 연대의 장교와 사병 등을 합해 약 5만 정도의 병력을 확보하였다. 여기에 경찰 병력이 35,000명이 확보되어 있었다.[70] 이 같은 상황에서 이범석은 기갑연대의 전신인 육군특별부대와 수색단을 비롯한 6개 특수부대가 창설하였으며, 병력 규모도 10만 명으로 확대하였고 1948년 11월 20일에는 육군 호국군을 창설하여 예비 병력을 확보하였다.[71] 이범석의 비서실장이었던 강영훈은 국방부장관으로서의 그의 업적에 대해 다음과 같이 언급하였다.

> 중국대륙에 펼쳐진 국공관계에서 몸소 對共戰略을 수립 몸소 실천하여
> 온 철기장군의 국방부장관 취임은 국군초장기의 기초를 확립한다는 견지에

서 여간 다행한 일이 아니였다. 國土가 분단되고 민족이 좌우로 분열된 상황하에서 國防軍 양성의 기본과제는 민주국가의 국방의식 함양과 반공정신의 振作에 있음을 喝破한 士兵第一主義 구호는 철기장군의 대공전략 기본사상에서 도출된 것이었으며, 豫備軍力의 조직, 군사유경험자 대거 영입 등은 군사전략가로서의 결단의 소산이었다. 특히 여군창설 등은 남녀평등의 민주대한을 건설하려는 경륜가로서의 포부의 현실화 一端이라고 볼 수 있을 것이다. (중략) 국방장관으로서 그 분이 남긴 업적은 비록 시간적으로 제한된 기간이었다 할지라도 국군의 존재와 더불어 영원히 기억되고 추앙될 것임에 이의(異意)를 가진 사람은 아무도 없으리라 생각한다.[72]

그는 이범석의 중요한 업적으로, 사병제일주의 원칙, 예비 병력의 확보, 여군 창설, 군사 유경험자의 등용을 꼽았다. 사병제일주의는 공산주의와의 싸움은 사상전이고 심리전이기 때문에 사병들이 공산주의 사상에 포로가 되는 것을 막기 위함이었다고 하였다. 사병 복지에 대해서는 중국 국민당군의 일원으로 공산군과 대결하는 과정에서 사병들의 복지에 대한 배려가 중요하다는 것을 절감했으며, 이에 대한 배려가 있는 부대와 없는 부대의 사기가 얼마나 판이한가를 체험을 통해 경험했기 때문이라고 하였다.

여군 창설에 대해서는 군내 분위기는 숙소와 복장은 물론, 내무 생활면에서도 지휘관에게 불필요한 신경을 쓰게 한다는 이유로 반대 여론이 높았으나 이범석은 부인 김마리아와 함께 독립운동을 했던 경험과 미군에도 여군이 있는 상황을 들어 자신의 의지를 관철시켰다고 하였다.

여군이 창설된 후 초대 여군부장 김현숙(金賢淑)과 여군 간부들의 신고를 받았을 때, "동서고금을 막론하고 미인 앞에 비겁한 남자 없고 용감한 남자 앞에 예쁘게 보이기를 원치 않는 여자는 없다. 이제 여군이 창설되었으니 남자 군인은 더 용감하여 질 것이며, 여자 군인은 더욱 예뻐질 것이니 장관으로서 이 이상 더 기쁜 일이 어디 있겠는가"라고 했다고 한다.

이범석은 국방부장관에 취임하자마자 해외에 체류하고 있던 김홍일과 신성모의 귀국을 주선하였고 오광선, 안춘생, 이준식, 박영준, 권준(權晙) 등 노련하고 군사적 경험 있는 인사들을 영입함으로서 군의 위상과 조직의 역동성을 강화하고자 노력하였다.

1948년 12월에는 정훈국과 내북공작(對北工作)을 담당하는 제4국을 설치하여 국군의 작전능력을 획기적으로 향상시키고자 하였다. 그러나 이 계획은 미군과 갈등과 국내의 정치적 상황과 맞물리면서 갈등을 빚기도 하였다.

논쟁은 국방부 안에 정훈국과 제4국(對北工作機構)을 설치해야 한다, 필요 없다는 엇갈린 의견대립으로 심각했다. 이범석 장군은 군의 정신무장을 중시하는 한편, 적극적인 대북교란 전술의 필요성을 강조했다. 그는 철저한 반공사상으로 군인의 정신을 무장시켜야 할 의무를 누누이 설명했고, 북괴가 다수의 무장 '게릴라'부대를 남파하고 있는 실정에서 이에 대한 과감한 반격을 가해야 한다고 역설했다. (중략) "내가 말하는 것도 政訓將校라니까…" 그렇다면 국방장관의 명령으로 움직이는 방대한 정치장교단은 필요 없는 것입니다. 장군께서 제시한 정훈장교안은 군대에 정치장교단이라고 하는 특수부대를 창설하는 것으로 되어 있습니다. 다시 말하면 국방부장관에 直屬된 특수부대가 생기게 되는 것입니다. 이러한 제도는 대통령 각하께서 말씀하신 편제가 아니라고 생각합니다.

(중략) 이(이범석 – 필자)장군이 제의한 특수 공작국(제4국)의 임무는 공산 '게릴라'에 시달리던 우리들이 이에 대한 대책을 당연히 주장할 수 있는 성질의 것이었다. 공산 '게릴라'의 남파(루트)를 포착하고 그들을 38선 근처에서 격퇴하기 위해서는 적극적인 첩보활동과 탐색 공작이 필요했던 것이

다. 그럼에도 불구하고 미군사고문단 측에서는 끝내 반대하는 것이었다. 미 고문단들은 이러한 대북공작이 일종의 도발행위인 양 취급하려고 들었다. (중략) 따라서 러버츠 단장은 국방장관에게 정식으로 반대의견을 표명하는 동시에, 국방부 제4국에 대한 고문사단 측 지원을 전적으로 거부하는 것이었다. (중략) 이범석 국방장관은 회의가 매듭지어지기도 전에 벌떡 일어서며 一喝했다. "대한민국의 국방부장관은 나요! 당신네 미국 사람들이 지원을 못하겠다면 그건 당신네들 사정이야. 나는 내 생각대로 해보겠소!"73)

이범석은 정훈장교제도라는 명칭 하에 국방부장관 직속의 특설부대[정치장교단]를 창설하고자 했던 것으로 보인다. 그러나 그의 계획은 미군과 주변으로부터 독일의 히틀러나 공산주의 국가의 군대와 유사하다는 이유로 반대에 부딪쳤다. 정치장교단이 창설된다고 하더라도 국방부장관이 아니라, 각 군의 참모총장이 관할해야 한다는 의견도 있었다.

대북공작(對北工作)을 담당하는 제4국 설치에 대해서는 한국군의 행동은 어디까지나 38선 이남에 국한되어야 하며, 대북공작이나 정보 수집은 자칫하면 북한군에 대한 도발 행위로 간주되어 큰 문제가 될 수 있다는 이유로 벽에 부딪쳤다. 그런데 반대의 이면에는 군대 내에서 이범석의 영향력이 지나치게 확대되는 것을 경계하고자 했던 측면도 있었다. 실제로 정계 일각에서는 이범석의 쿠데타설이 그럴싸하게 떠돌고 있었고 정적(政敵)들은 이범석이 독자적으로 지휘할 수 있는 부대를 창설하는 것은 문제가 있다고 보고 있었다.74)

이에 대해 이범석은 "과도기적 혼미는 자치경험이 없는 새나라 일꾼의 순박한 애국심만으로 제승(制勝)하기에는 너무나 암담한 것이었다"라고 하였다.75) 여기에 1949년 6월 30일 완전 철군을 단행한 미군은 한국군의 활동을 국내의 질서 유지와 국경 방위 수준으로 제한하고 있었으며, 만약 국군이 북진한다면 군사 원조를 중단하겠다고 경고하고 있는 상황이었다.[76]

그런데 초대 국방부장관 이범석의 국군의 기초를 다지기 위한 노력은 1949년 3월 13일 족청의 해산과 청년단체의 통합 및 이범석에 대한 정권 내의 견제 심리 등으로 인해, 취임 약 7개월 만에 장관직에서 물러남으로써 중단되고 말았다. 그리고 이범석의 퇴진은 일면 한국전쟁의 위험과 개전 초기의 심각한 패진을 자초한 측면이 있었던 것으로 보인다.[77]

제8장

부산정치파동의 소용돌이와
만년(晚年) 정치 활동

1. 한국전쟁의 발발과 이승만의 계속되는 견제

1950년 6월 25일 북한의 도발로 한국전쟁이 발발하자 정부는 크게 당황하였으며, 이는 26일 무쵸 대사가 국무부에 보고하기 위해 작성한 메모에서도 드러나고 있다.

이승만 대통령은 오늘 밤(6월 26일 – 필자) 10시에 나에게 전화를 걸어 만나자고 요청해 왔다. 대사관에 있던 신성모 국무총리 서리가 대동하였는데, 전 국무총리 이범석은 내가 도착했을 때 대통령 관저에 머물고 있었다. 다음은 우리의 대화 내용 메모이다.
대통령은 상당히 긴장되어 있었다. 그의 얼굴에는 경련이 일고 있었으며, 그의 말은 반복적이고 연결이 잘 안됐다. 그는 의정부 전황에 대해 언급하였는데, 그 곳에서 서울을 향해 수많은 탱크가 진격 중이라는 사실과 한국군은 이를 막기에는 중과부적이라고 덧붙였다. 그는 국무총리 서리와 한국어와 영어로 이야기하였으며, 때때로 이범석과는 한국말로 대화하였

다. 그는 내각이 오늘 밤 대전으로의 이전을 결정하였다고 말하였다. 그는
이 결정이 개인적인 안위를 위해서가 아니라 정부가 지속되어야 하기 때문
이고, 만약 자신이 공산주의자에게 목숨을 잃는다면 나라에는 치명적인 타
격이 되기 때문이라고 주장하였다. (중략) 회의를 마치고 나오는데 이범석
은 짧은 영어로, 자신은 북한군이 처음에는 서울로의 진격을 속이고 동해
안에 게릴라 부대를 상륙시키는 전략을 구사했으나, 서울로의 진격이 의외
로 쉽다는 사실이 밝혀지자 이 부분에 대한 집중이 가속화된 것으로 보고
있다고 말하였다.[1]

전쟁이 발발했다는 소식을 접한 이승만은 무쵸 대사에게 전화를
걸어 만나줄 것을 요청했으며, 이승만을 만났을 때 그의 얼굴에는 경
련이 일어나고 있었고 연결되지 않는 말을 반복적으로 할 정도였다
고 한다.

이 자리에는 신성모 국무총리 서리와 이범석도 함께 있었다. 이승
만은 수많은 탱크가 서울을 향해 진격 중인데 국군이 이를 막기에는
중과부적이라고 하였다. 그는 개인적인 안위를 위해서가 아니라 한
국 정부가 지속되어야 하고 자신이 공산주의자들에게 목숨을 잃는다
면 나라의 운명에 치명타가 되기 때문에 내각이 오늘밤 대전으로 이
전할 것이라고 했다고 한다.

회의가 끝나고 나오면서는 이범석이 무쵸에게 북한군은 서울로의
진격을 속이고 동해안에 게릴라부대를 상륙시키는 전략을 구사했으
나 서울로의 진격이 의외로 쉽다는 사실이 밝혀지자 군사력 집중이
가속화되고 있다는 설명을 덧붙였다고 한다.

27일 밤에는 비상국무회의가 개최되었으며, 이윤영의 권유로 대전
으로의 정부 이전이 최종 결정되었고 이범석은 '우리(정부-필자)가

한강을 건널 시 한강교를 폭파해야 한다'고 제안했다고 한다.[2] 당시 이범석은 "남침하는 인민군의 전차부대를 일시나마 저지하여 시간을 벌기 위해서는 불에 약한 탱크의 약점을 이용해 적의 남침로에 기름이 든 드럼통을 길게 쌓아 불을 지르면 전차의 진입을 적어도 수일간은 지연시킬 수 있을 것이라고 제안했다고 한다. 이범석은 이 작전을 통해 시간을 벌면 아군은 다시 전열(戰列)을 가다듬어 반격의 기회를 잡을 수 있을 것이라 생각했다고 한다. 그러나 제안은 경쟁자들에 의해 받아드려지지 않았다고 한다.[3]

한편 미군이 한국전쟁에 신속하게 개입하고 전황이 유리하게 돌아가자 이범석은 군사전문가로서 국민들을 안심시키는 후방 활동을 전개하였다. 1950년 7월 11일 경상남도지사 응접실에서 가진 기자 간담회에서 이번 전쟁은 북한군이 일으킨 전격전(電擊戰)인데 전격전은 파죽지세(破竹之勢)가 저지당하면 패전은 결정적이라고 강조하였다.

그는 전쟁의 상황은 벌써 지구전에 들어갔으며, 국군은 개전 초기에는 피동적이었으나 현재는 주동적으로 적을 저지하게 되었다. 연합군의 원조는 매일같이 증가하는 반면, 적의 보급로는 공군의 기총사격으로 절단(切斷)되고 있다. 만약 3차 대전이 없다면 전 세계의 9할 이상의 힘과 1할의 전쟁임으로 이미 승리는 결정적이니 필승의 신념을 가지고 적극적인 투쟁해야 할 것이라고 강조하였다.[4] 전황(戰況)에 대한 이범석의 분석은 설득력을 갖고 있었고 그의 정치적 권위를 다시 한 번 높여주고 있었다.

9월 1일 이범석은 김도연을 위원장으로 하여 각부 장관 및 김성수, 장택상, 신익희 등 68명으로 구성된 전시선전대책위원회의 위원으로 임명되었다.[5] 또한 정부에서는 9월에 개최되는 UN총회에 대비해 국토통일촉진대회를 개최하기로 하고 13일 오후 시청회의실에서 위원회를 개최했는데 이때에도 이범석은 김도연, 김성수, 배은희, 신익희 등과 함께 대표위원으로 선출되었다.[6] 부산역전 광장에서 개최된 대회에서는 대한민국이 UN총회에서 승인받은 한반도의 유일한 합법정부임을 강조하고 UN군은 한국 국경까지 전격 돌진하여 완전 통일을 실현할 것을 삼천만의 이름으로 요청한다는 내용의 결의문을 채택하였다.[7]

10월 27일에는 정부의 환도(還都) 및 평양탈환 경축 UN군·국군 환영국민대회가 개최되었는데 이때도 이범석은 준비위원장으로 대회 준비 업무를 총괄하였다. 오전 10시 30분부터 서울운동장에서 거행된 대회에서 이범석은 개회사를 통해 우리의 승리는 비단 우리 민족만의 기쁨이 아니오, 민주주의와 세계 평화를 사랑하는 모든 나라의 기쁨이며, 찬란한 승리를 가져오게 한 UN군과 국군에 대해 마음으로부터 감사하며, 목전에 다가온 통일을 위해 다시 한 번 뭉쳐 싸울 것을 결심하자는 취지의 연설을 하였다.[8]

그런데 이범석의 정치적 권위가 강화되어 가고 있던 1950년 12월 8일 이승만은 이범석을 전격적으로 주중(駐中) 대사로 임명해 대만(臺灣)으로 보내 그를 국내 정치에서 배제시켰다.[9]

이 전화(戰禍, 한국전쟁 – 필자)에 시달리고 준비가 없었던 대한민국은 패퇴를 거듭해야 했다. (중략) 겨우 명맹을 유지하며 지푸라기라도 잡으려는 必死의 노력이 기울여져야 했다. 그래서 이 박사는 나더라 중국에 가라고 했다. (중략) 중국공산당과의 대항에서 어느 정도 여유를 갖게된 장 총통에게 무언가 협력해 줄 것을 제안하는 뜻에서였다. 여기에는 물론 이 박사의 높은 국제정치적 안목이 깔려있었다. 내가 중국대사로 간 것은 (중략)

1951년 1월이었다. (중략) 그러나 대만으로 떠날 때엔 "반년이나 길어야 8개월 있겠습니다"라고 먼저 말을 해두었다. 내가 본래 버릇이 없다시피하고 내 마음속에 생각하고 있는 것은 그대로 터어 놓는 줄 아는 이 박사는 내 말에 묵묵부답이셨다. 그때 나는 벌써 앞날을 전망하고 대만에 가서 별 특별한 일이 전개가 않되면 길게(오래) 있을 필요가 없다는 생각을 가지고 있었다. 그래서 8개월 동안 머물러 있게 되었다.[10]

이범석은 자신이 중국 대사에 임명된 것에 대해 이승만의 높은 국제 정치적 안목이 깔려있는 것이라고 하였다. 그러나 이범석은 대만으로 떠날 때 이미 이승만에게 반년 혹은 길어야 8개월 있겠다는 말을 해두고 떠날 정도로 대사 임명이 특별한 의미가 없는 것임을 알고 있었다. 실제로 이범석의 수중 대사 임명은 국민 여론을 외면한 이승만과 친위 세력의 정략적 결정이었다. 그는 쫓겨나다시피 주중 대사로 떠난 것으로 보이는데 부인이 끼고 있던 반지와 애견(愛犬)을 팔아 겨우 여비를 마련했다고 한다. 이에 대해 김정례는 독립전쟁의 영웅이며 건국의 은인(恩人)에 대한 지나친 홀대였다고 하였다.[11] 이범석은 12월 22일 대만에 도착하여 업무를 시작하였다.[12]

대만에 도착한 이범석은 국내로 돌아가고자 했으며, 이승만에게 여러 차례 편지를 보냈고 외무부장관 서리 조정환에게도 이 같은 사실을 알렸다. 그는 대만의 기후가 불순하고 부인의 몸이 좋지 않아 국내에서 치료하게 했으면 좋겠다는 핑계로 김마리아를 먼저 귀국시켰다.

그런데 이범석의 주중 대사 임명이 단순히 이승만의 강권에 의해서만 이루진 것은 아닌 것으로 보인다. 주중 대사가 되어 대만으로 떠날 때 이범석은 "특별한 일이 전개가 안 되면" 오래 있을 필요가 없다고 했는데 이는 한국전쟁과 관련해 태평양동맹 결성의 재가동과 관련이 있었던 것으로 보인다.

이범석이 주중 대사로 임명된 다음날 장개석은 미국 기자와의 인터뷰에서 유엔군의 해군 및 공군과 더불어 대만의 육군이 대륙을 공격한다면 북평[北平: 북경의 다른 명칭]의 가짜 정권은 동요할 것이고 한국의 전세는 근본적으로 달라질 것이라고 주장하였다.[13] 1951년 1월 초에는 총통부 전략고문위원회 주임 하응흠(何應欽)이 도쿄로 파견되어 장개석과 맥아더 사이에 연락이 있었던 것으로 보도되었다.[14] 그는 1월 19일 도쿄에서 한국, 중국(대만), 일본, 필리핀 등 4개국의 통합군을 맥아더 휘하에 창설할 것을 주장하였다.[15] 한국전쟁 발발 이전 논의되었던 태평양동맹이 일본을 포함하는 상호방위군이라는 형태로 다시 제안되었던 것이다.[16] 맥아더 역시 장개석의 군대가 대륙을 공격하게 해야 한다고 주장하였다. 그러나 이러한 움직임은 전면전을 바라지 않던 미국 정부에 의해 받아드리지 않고 있었다.[17]

그런데 대만에 체류하고 있던 이범석은 장개석이 중국국민당의 개조를 통해 정권의 기반을 공고히 해 가는 과정을 목도할 수 있었다. 1950년부터 장개석 정부와 대만의 국회격인 입법원은 갈등을 겪고 있었다. 입법의원 40%를 차지하며 국민당의 중심계파였던 CC계가 정부, 즉 행정원이 권한을 강화하는 법안을 제출하자 그 통과를 저지하는 사건을 일으켰다.[18] 이에 격노한 장개석은 CC계를 제거하고 대신 삼민주의청년단을 중심으로 당을 개조하여 자신의 권력을 공고히 하는데 성공하였다. 장개석의 이러한 모습은 이범석에게 정치적 재기를 위한 새로운 구상을 가능하게 하는 측면이 있었던 것으로 보인다.[19]

국내로 들어온 부인 김마리아는 대통령이 이범석의 거취에 대해 아무런 언질을 주지 않자 이승만에게 "국가 유사시에 무엇 때문에 철기를 조용히 둡니까? 그분이 8개월 만에 돌아온다고 했으며, 더 있으라고 해도 결코 듣지 않는 분입니다"라고 하며, 강하게 항의하였다고 한다. 이에 이승만은 "다른 여자에게서는 도저히 찾아볼 수 없는 지독함이 있군"이라고 했다고 한다. 이후 김마리아는 이승만을 만난 이야기를 남편에게 해주기 위해 다시 대만으로 왔으며, 이때 이범석은 부인으로부터 국내에서 새로운 정당을 창당하려는 움직임이 있다는 이야기를 들었다고 한다.[20]

1951년 8월 4일 이범석은 이승만의 소환 명령에 따라 귀국할 수 있었다.[21] 8월 10일에는 국회에 출석해 어려움에 빠졌던 대만의 국민정부가 인류의 공적(公敵)인 공산당을 소멸하지 않으면 안 되겠다는 단호한 결의를 갖고 개조를 착수했으며, 그 결과 뿌리가 대단히 깊은 두 개의 파벌이 소멸되었고 장개석 총통이 복직하게 되었다고 보고하였다.[22] 14일에는 국무회의에 출석해 대만은 정치, 경제, 사회적으로 쇄신 안정되고 있다고 발언하였다.[23]

그런데 이승만은 이범석의 정치적 영향력에 대해 여전히 경계하고 있었던 것으로 보인다. 족청은 전투조직으로서도 활동 가능한 조직이었고 언제든 마음만 먹는다면 정권을 위기 상황으로 몰리게 할 수도 있었기 때문이었다.[24] 뿐만 아니라 이범석은 다양한 세력에 의해 자의든 타의든 쿠데타 음모론의 중심에 서있었으며, 세간(世間)에서는 "이 나라에 대통령이 둘이다. 실제적인 대통령은 이범석이고 의례적인 대통령은 이 박사다"라는 풍설이 있을 정도였다고 한다.[25]

이범석이 수도사단을 창설했을 때, 그가 쿠데타를 염두에 두고 군대의 배치를 완료했다고 경무대에 보고한 사람도 있었으며, 이범석도 이 사실을 알고 있었다고 한다.[26] 미국의 경우도 4·19혁명이 발발하고 정국이 혼란한 상황에서 이범석의 쿠데타 가능성에 대해 우려하고 있었다. 미국은 이범석 등 이승만의 측근에 의한 쿠데타 가능성에 대해 염두에 두고 있었으며, 국내에서 활동하고 있던 미국 외교관들은 그와 같은 사태가 벌어질 경우 미국이 어떻게 할 것인지에 대한 현실적 고민을 지체 없이 시작해야만 한다고 언급하기도 했을 정도였다.[27]

2. 원외(院外) 자유당 창당과 부통령 선거

1) 부산정치파동의 격랑과 정치적 책임

1950년 5·30 총선으로 구성된 국회는 이승만과 한민당의 후신인 민국당에게 충격적인 것이었다. 이승만은 신정동지회를 중심으로 70명 정도의 우호적인 세력을 확보했지만, 1951년 초에 발발한 국민방위군사건과 거창양민학살사건 등 계속되는 실정(失政)으로 위기에 봉착하고 있었다. 특히 거창사건이 외신(外信)을 타고 국제적으로 알려지자 신성모를 옹호하던 이승만의 입장이 바뀌게 되었다.[28] 여기에 1951년 5월 이승만 정권의 실정을 비판하며 사임한 이시영 부통령의 후임으로 김성수가 선출되자 위기감은 더욱 고조되었다. 이에 이승만은 거대 여당의 창당과 대통령 직선제를 통한 정권의 연장을 도모하였다. 1951년 8월 15일 광복절 기념사에서 이승만은 노동자와 농민을 토대로 하는 정당을 만들 때가 되었다고 강조하였으며,[29] 기념사가 발표되자 신당조직을 위한 움직임이 본격화 되었다.

거대 신당의 창당은 원외(院外)와 원내(院內)에서 동시에 추진되었다. 원외 신당은 이범석의 족청과 국민회계열에 의해 주도되었으며, 이승만을 지지하는 정당을 조직한다는 원칙에 따리 충실하게 진행되었다.

> 그때만 해도 나는 혈기가 왕성해서 그 일만이 내가 할 수 있는 것이라고 생각했고 자유당을 조직하게 되었던 것이다. 사실 나는 이 박사와 성당(자유당)의 창당에 대해 사전에 논의한 바는 없다. 중국(대만)에서 돌아와 나중에 알고 보니 이 대통령의 의사와 나의 생각이 일치하고 있었다. 내가 돌아온 다음에 한동안 이 박사는 자유당을 조직하겠다는 말씀을 하진 않았다. 얼마 되지 않아서 노인(이 박사)이 담화(8·15기념)를 발표하였다. "정당을 조직할 작정이다. 나는 과거에 조직활동을 많이 해 본 사람이다. 정치에 취미도 없고 염증을 느끼고 있지만, 사실 정당조직의 원리나 원칙 같은 것은 지금 정치일선에서 움직이고 있는 우리나라 정치인들보다 외국에서 정치학 박사를 받아온 사람들 보다 못지않게 내가 해박한 지식을 갖고 있을 것이다. 그래서 나는 자유당을 조직하려 한다"[30]

국내로 돌아온 이범석은 이승만과 자유당 창당에 대해 논의하지는 않았지만, 뜻을 같이하고 있었으며, 족청의 건립을 통해 조직운동을 해본 자신이 자유당 창당의 적임자라고 생각하였다. 그런데 달리 생각해 보면, 이 시기 이범석은 신당 조직 운동을 족청계가 주도하여 당권(黨權)을 장악하게 되면 연로(年老)한 이승만의 후계를 이을 수 있을 것이라고 생각을 것으로 여겨지기도 한다. 그리고 이승만으로서는 신당을 급조하는 데는 족청계의 방대한 조직력과 응집력이 절대적으로 필요하다고 판단했을 것이며, 결국 이범석에게 신당 조직의 주도권을 일시적이나마 내주었던 것으로 보인다.[31] 우여곡절 속에서 신당 준비가 진행되었는데 1951년 11월 8일 밤늦게까지 연석회의가 열려 11월 10일에는 결당준비위원회를 구성할 것과 준비위원으로는 원내 93명, 원외 108명으로 할 것에 합의하고 "원내외(院內外)는 무조건으로 뭉친다"는 성명서를 발표하였다.

11월 13일에는 발기위원 190명 중 149명이 참석한 가운데 원내외가 합동한 신당발기준비위원회가 구성되었다. 이날 모임에서는 임시의장으로 원내 이종욱, 원외 정현모를 각각 선출하고 임원 선출을 위한 전형위원으로 원내에서는 우문, 이재형, 오성환, 이상철, 엄상섭을, 원외에서는 유화청, 이활, 채규항, 황호현, 조용기를 선출하였다. 그 뒤 신당발기준비위원회에서는 상임위원의 부서 배정을 발표하였다.[32]

그러나 원내 신당의 추진은 이승만의 의도대로 되지 않는 분위기였다. 원내의 신당 추진은 신정동지회와 공화구락부가 통합해 만든 공화민정회를 중심으로 이루어졌다. 그런데 신당 창당의 주도권을 쥐고 있던 공화구락부는 이승만 지지 정당을 만들 생각이 없었으며, 대통령제보다는 내각제를 선호하고 있었다. 이러한 사정 때문에 양측은 타협을 모색할 수밖에 없었으나 합의에 이르지 못한 채 12월 23일 두 개의 신당이 창당되었다.

원외자유당은 부산 동아극장에서 발기인대회와 발당대회를 열어 이미 선출되어 있던 당수에 이어 부당수로 이범석을 만장일치로 추대하였다.[33] 12월 25일에는 임시 부서를 발표했는데[34] 부위원장 양우정은 이범석의 측근이며, 역략부 책임위원인 목성표(睦聖杓)는 족청 전국위원 출신으로 이범석이 국무총리로 재직했을 때 비서실장을 지낸 인물이었다. 부책임위원인 김용완(金龍完)은 족청 중앙훈련소로 1기생으로[35] 경남도단부 재정부장을 지낸 바 있다.[36] 즉 연락부는 족청계가 장악하였다. 또한 부녀부 부책임위원 장옥분(張玉芬)도 족청 출신이었다.[37] 원외자유당 내에서 족청계는 아직 중심세력이라고 할 수 있을 정도는 아니었지만, 그 세력은 점차 확장되어 갔다.[38]

미 대사관의 라이트너(E. Allan Lightner Jr.) 참사관도 8월 25일에 국무부로 보낸 전문에서 8월 17일의 신당 모임에 대해 언급하면서 이범석이 지도적인 역할을 하고 있는 것으로 전해지고 있다고 하였다.[39] 이범석은 1951년 9월 국내에서 할 일이 많다며 주중 대사를 사임했으며,[40] 어떤 형태로 든 원외 신당 창당 과정에 개입했을 것으로 보인다.

그런데 당명을 자유당으로 정한 것은 원내 측이었고, 원외의 당명은 처음에는 통일노농당이었다. 노농을 넣은 이유는 지주 자본가의 정당인 민국당과 달리 노동자 농민을 중심으로 하겠다는 것이었고, 통일을 넣은 이유는 통일 없는 휴전은 반대한다는 뜻이었다. 그런데 막상 통일노농당이라고 하자 세간의 비판이 쏟아졌다. 통일노농당이 스탈린의 당이나 히틀러의 당을 연상시킨다는 비판이 제기되었던 것이다. 이에 원외 신당은 원내 신당이 먼저 정했던 자유당이라는 명칭을 사용하면서 자신들의 결정이 민주적 절차에 의해 이루어진 것임을 주장하였다.[41]

한편 이승만은 거대 여당을 조직하겠다는 자신의 구상이 벽에 부딪히자 10월 중순부터 대통령 직선제와 양원제를 내용으로 하는 헌법 개정을 추진하였다. 그런데 개헌안에 양원제를 넣은 것은 국회의원들이 개혁을 반대하고 기득권 유지에만 힘쓴다고 공격하기 위해서였다. 1952년 1월 18일 국회는 정부가 제출한 개헌안이 표결에 부쳐졌으나 결과는 재적 175명 중 163명 참석, 가 19표, 부 143표, 기권 1표로 부결되었다. 이승만으로서는 절망적 패배였으며, 정상적인 방법으로는 다음번 대통령 선거에서 승리할 수 없다는 것이 명확해진 셈이었다.[42]

이 같은 상황에서 원외자유당에서는 2월 중순의 전당대회까지 50만 당원 확보를 목표로 본격적인 지방 조직 작업에 착수하였다.[43] 그리고 1월 16일에는 이범석이 부당수의 자격으로 원외자유당 위원들과 간담회를 갖고 당 운영과 당세 발전에 대해 이야기를 나누었으며,[44] 12월 23일경부터는 약 20일간의 일정으로 지방 유세를 진행하였다.

> "원외자유당 이범석 씨는 12월 23일경부터 약 20일간의 여정으로 地方行脚途程에 오르리 한다. 그 목적은 오는 2월 10일까지 同黨에서 각 道黨部 및 郡黨部의 결성을 끝낼 목표를 세우고 현재 중앙당부 조직부원이고 현지에 出派되어 활동을 독려하는데 있다고 한다. 그리고 동당에서 벌써 제주도 당부를 위시하여 함안, 창원, 구례, 밀양, 군당부 결성을 완료하였다고 발표하였으며, 他郡黨部의 조직활동도 착착 진보되고 있다고 한다.[45]

이범석의 노력으로 정권의 취약 지구라고 할 수 있는 제주도 당부를 비롯해 함안, 창원, 구례, 밀양 등에 군당부(郡黨部) 설치를 완료하였으며, 다른 지역에서의 조직 활동도 성과가 있었다. 이범석은 1월 25일 부산 출발 → 26일 서울 좌담회 → 27일 서울 강연회 → 28일 서울 출발 → 29일 인천 강연회, 하오 출발 → 30일 수원 강연회 → 31일 대전 도착 → 2월 1일 대전 보선지구 시찰 → 2일 대전 출발, 이리

도착→3일 이리 강연회→4일 이리 출발→5일 전주 강연회→6일 전주 출발, 광주 도착→7일 광주 강연회→8일 광주 출발, 목포 도착→9일 목포 강연회→10일 광주 출발, 부산 도착의 일정으로 창당 작업에 박차를 가하고 있었다.

이범석은 강연을 하며 전국을 순회하여 1주일에 1만 6천 킬로의 거리를 달렸고, 하루에 평균 3번의 강연을 하는 등 강행군을 거쳐 자유당 창당의 기초를 만들었다고 회고하였다.[46] 또한 원내 세력과의 대결이 가시화되면서 족청계의 위상도 높아져갔으며,[47] 1952년 3월 20일 원외자유당은 부산에서 제1차 전국대회를 개최하고 당수 이승만, 부당수 이범석을 만장일치로 추대하였다.

自由黨(院外) 第一次全國大會는 全國民의 關心을 集中시키는 가운데 20 上午 ○○ 50분부터 釜山東亞劇場에서 800餘名 地方代議員 參席下 擧行되었다 이날 大會에서는 昨年 12월에 擧行된 동당의 發起 및 發黨 兩大會에서 滿場一致 熱的인 支持로 推戴한 黨首 李承晩博士 副黨首 李範奭氏를 再次 全幅的으로 支持 表明하는 決議가 있었다 그리고 中央 臨時 小委員會 委員中에서 顯模 梁又正 蔡奎恒氏를 뽑아 臨時執行 副議 長團을 構成하여 會順을 進行하였는데 이날 再次 首推戴를 받은 現大統 領 李承晩博士는 下午會議에서 이大統領 自身이 出席하여 激勵辭를 하 였다.[48]

위의 내용에서 보는 바와 같이 원외 자유당의 전국대회에는 이승만이 직접 참석하여 격려사를 했으며, 재차 당수로 추대되었다. 이날 당원 총수는 265만 1,258명으로 보고되었는데[49] 과장된 면이 있기는 했지만, 일방적으로 허황된 숫자는 아니었을 것으로 보인다. 전북 이리에서는 관공리들이 대통령이 당수이니 입당을 해야 한다고 강요한 사례가 있었으며, 전남에서는 면장이 위원장이 되고 경찰지서에서 지역 주민에게 입당 원서를 주며 입당하라고 강요한 사례 등이 있었다.[50] 이밖에 원외자유당 결성을 위한 경비가 정부 예산에서 나가기도 했으며, 당원이 되고 당을 위해 노력하는 사람에게는 임시토지수득세를 대폭 감면해주는 등 당원 모집에 관권의 개입이 있었다.[51]

이어 21일에 개최된 중앙집행위원회에서 상무집행위원 65명, 정치위원 30명, 감찰위원 15명을 선출하였다.[52] 그런데 이 가운데 뒷날 국회 앞에서의 데모를 주도했던 김창민(金昌珉), 김현대, 이달우 등은 상무집행위원으로 선출되었으며, 족청계의 대대적인 진출이 있었다. 상무집행위원 가운데 족청계로 볼 수 있는 인물로는 원상남(元尙南), 안준상(安駿相), 박욱언, 황호현(黃虎鉉), 김근찬(金根燦), 백홍기(白弘基), 목성표(睦聖杓), 김용완, 이달우, 조일문, 이광림, 김동욱, 승명천, 김정예(金正禮), 장옥분(張玉芬), 박원득, 조용구, 김현대, 이성민, 홍범희(洪範熹), 김제능(金濟能) 등이 있었다. 정치위원의 경우도 김철, 김쾌식(金快植), 안호상, 서영훈(徐英勳), 박욱언 등의 족청계로 분류될 수 있었다. 즉 여러 정치단체들의 연합으로 이루어진 원외자유당 가운데 단독 세력으로는 족청계가 최대 계파가 되었던 것이다.[53]

한편 이승만의 강력한 반대에도 불구하고 내각책임제 개헌안이 1952년 4월 17일 국회의원 123명의 명의로 국회에 제출되었으며, 이 숫자는 국회의원 제적 인원 2/3가 넘는 개헌안 통과가 가능한 숫자였다.[54]

그런데 이승만이 국회에 제출한 개헌안이 부결된 직후 부산 시내 각지에는 국회의원의 소환을 주장하는 벽보가 나붙기 시작하였다. 원외자유당과 국민회는 출처를 알 수 없다고 부인했지만, 실상은 원외

자유당과 국민회, 대한청년단 등 친이승만 세력과 관련된 것임이 분명했다. 이승만 정부는 이를 '민의(民意)'라고 주장하였다.

5월 14일 이승만은 국회에 대통령 직선제와 양원제를 내용으로 하는 개헌안을 다시 제출했으며,[55] 원외자유당을 비롯한 18개 사회단체들은 국회 측의 개헌안에 대해 개헌안반대전국정당투쟁위원회를 조직하였다. 의원내각제를 주장하는 국회와 대통령 직선제를 관철시키려는 정부와의 대립이 전면전의 양상을 띠기 시작한 것이었다.

여기에 더해 이승만은 1952년 4월 25일 시·읍·면의회의원 선거를 실시하였으며,[56] 5월 10일에는 서울·경기·강원을 제외한 지역에서 도의원 선거가 실시되었다. 지방자치 선거 결과는 원외자유당과 국민회, 대한청년단 등 친이승만 세력의 압도적 승리로 끝났으며, 이제 이승만은 지방의회와 원외자유당이라는 두개의 대 국회 압박 수단을 확보하게 된 것이었다. 뿐만 아니라 이승만은 1952년 4월 20일에는 장택상을 국무총리로, 5월 24일에는 이범석을 내무부장관에 임명함으로써 개헌을 위한 투쟁력을 한층 더 강화하였다.[57] 이밖에 영남지구 계엄사령관으로 임명된 원용덕 역시 이범석이 수양딸로 삼은 이재형의 딸과 그의 장남이 결혼한 상황이었기 때문에 이범석과는 사돈지간이나 다름없는 가까운 관계였다.[58]

그런데 이범석으로서는 내무부장관을 맡아달라는 이승만의 요청을 충분히 거부할 수 있는 상황이었다. 이범석의 측근들은 이승만이 지금까지 취해 온 여러 가지 처사를 미루어 봤을 때 그와 함께 정치를 하면, 결국 유종(有終)의 미를 거둘 수 없을 것이라고 하고 있었다. 여기에 정부수립 후 최초로 국무총리를 역임한 이범석에 대한 예우라는 측면에서 보더라도 그를 내무부장관에 임명하는 것은 이만

저만한 모욕이 아닐 수 없었기 때문이었다.[59] 그러나 이범석은 내무부 장관직을 수락하였으며, 이와 관련해 다음과 같은 증언을 남기고 있다.

① 하루는 백두진(白斗鎭) 씨가 나를 찾아왔다. (중략) 나라꼴이 말이 아닙니다. 지금 이렇게 된 것을 잘 보고 계시지 않습니까? 국회 정객들의 움직임을 묵과할 수 없지 않습니까. 게다가 사실인지 모르지만 경찰 정보에 의하면 좌익들에게 많이 침식된 것 같다고 합니다. (중략) 또한 노인의 생각도 그러했고 내가 볼 적에도 그랬다. '이 시국에 전쟁을 승리로 이끌자면 안에 있는 것을 배합해야 하는데 제일 중요한 게 내무행정이며, 내무부에 철기장군님 아니면 안 되겠다. 철기장군이 지금 나서주지 않는다면 자기도 어떻게 할지 모르겠다'며 그렇게까지 말하는 것이었다. 또한 노인이 믿고 전하라고 하셨다고 한다.[60]

② 나라가 위기에 놓여있을 때 자리의 높고 낮음을 따져 나라의 부름을 외면한다는 것은 국가에 대한 불충이 아니고 무엇인가 이승만 박사께서 섭섭하게 한다하더라도 내가 나서서 나라를 위기에서 구할 수만 있다면 나는 어떠한 수모도 기꺼이 감수할 수 있다. 지금은 전쟁으로 인해 국토는 폐허가 되고 남북이 대치상태에 놓여있는 전시상황에서 아직은 누가 뭐라 해도 대정치가요 애국지도자인 이승만 박사를 중심으로 굳게 뭉쳐 통일을 성취해야 한다.[61]

이범석은 이승만의 대통령제 개헌에 대한 국회의원들의 반대에 대해 묵과할 수 없는 행위이며, 전쟁 중인 상황에서 국회가 좌익에 의해 침식되는 경향이 있는 것이라고 인식하고 있었던 것으로 보인다. 그리고 스스로는 전시 상황 하의 '구국(救國)'이라는 생각에서 내무부 장관직을 수용했던 것으로 여겨진다.

실제로 자유당의 창당은 결과적으로 이승만 개인에게는 장기집권을 위한 결정적인 계기가 된 것이었으며, 이범석에게는 그의 명성과 함께 모든 것을 바꾸는 모험이었다.[62]

이러한 와중에 4월 25일 내각 책임제개헌파였던 서민호(徐珉濠)의원이 서창선(徐昌善)이라는 현역 대위를 사살한 사건이 벌어져 정치적 쟁점으로 비화하였다.[63] 사건이 발생하자 국회에서는 서민호 의원의 행위가 정당방위였으며, 그에 대한 구속은 정치적 책략이라는 판단 하에 5월 14일 석방 결의안을 가결하였으며, 5월 19일 서민호 의원이 석방되었다. 국회 내무위원회에서는 조순(趙淳), 류홍(柳鴻), 이석기(李錫基), 김정기(金正基), 최주일(崔丰日) 등 5인의 위원을 순천시에 파견하여 사건의 진상을 조사하기도 했다.[64]

그러자 이번에는 부산 시내가 백골단, 땃벌떼 등 각종 정체불명 단체들의 관제 데모로 극도의 혼란을 야기하였다. 이들은 "살인 국회의원 석방한 국회는 해산하라." 등의 구호를 외치며 정부와 국회 및 대법원청사를 포위, 습격하는 등의 불법을 자행하였다.[65] 그리고 이 같은 상황에서 5월 26일 계엄령이 선포되자 서민호 의원은 곧바로 구속되었다. 국회의 서민호 의원에 대한 가석방 결의안 가결은 결과적으로 정부가 비상계엄령을 선포할 수 있는 빌미가 되었던 것이다.

족청은 백골단과 땃벌떼 등이 불법적인 활동은 자신들과는 관련이 없다고 주장하고는 있었지만,[66] 이범석이 내무부장관이었고 이승만 정부가 제안한 개헌안을 통과시키기 위한 족청의 활동을 고려했을 때, 적어도 책임에서 완전히 자유로울 수는 없었다.

그런데 공교롭게도 장군께서 자유당의 부당수와 내무부장관으로 국토수복을 위해 총력전을 펼치고 있을 무렵 세칭 5·26정치파동이 일어났다. 대통령 직선제를 들고 나온 여당인 원외 자유당과 내각책임제 개헌을 관철하려는 압도적 수의 원내 세력인 야당이 격돌하게 되었는데 철기 장군은 내무부장관으로서 전시 하 평온과 질서를 유지할 어려운 입장에 놓이게 되었다. 당시 政情은 혼미를 거듭하고 있는 가운데 야당의원들의 원외집단행동을 자제시켜야 할 책임을 지고 있던 장군은 자연히 야당으로부터 비난의 표적이 되어 가고 있을즘…(중략)[67]

위의 내용은 부산정치파동에 대한 김정례의 회고인데 정치적 상황은 혼미를 거듭하고 있는 가운데 장군은 자연히 야당으로부터 비난의 표적이 되어가고 있었다'라고 하여 이범석이 부산정치파동의 책임에서 벗어날 수 없음을 완곡하게 표현하였다.

실제로 이범석은 이승만의 재집권을 위해 극단적인 방법도 마다하지 않을 생각이었다. 6월 3일 이승만이 국무회의에서 국회해산을 하지 않고 개헌안을 통과시킬 아이디어를 물었을 때 이범석은 모든 국회의원을 체포해서 감옥에 넣는 것이라고 했다고 한다. 그러나 이 제안은 장택상에 의해 거부되었으며, 이때 장택상이 꺼낸 것이 '발췌개헌안'이었다.[68]

분위기가 험악해지는 가운데, 이승만은 1952년 5월 25일을 기해 임시수도 부산을 포함한 경상남도와 전라남북도 일부 지역에 비상계엄을 선포하고 영남지구계엄사령관에 원용덕(元容德) 소장을 임명하였다. 명분은 공비토벌이었지만, 이승만은 장기 집권을 위한 정치적 행보를 본격화했던 것이다.

그런데 이날 계엄이 선포된 것은 미국대사 무쵸가 미국 방문을 위해 자리를 비웠기 때문이기도 했다. 이승만은 무쵸가 자신의 재임을 방해하고 있다고 생각하고 있었으며, 장면이 차기 대통령이 되기를 바라고 있다고 보았다. 국회에서는 선우종원 등이 장면을 대통령으로 추대하기 위해 1952년 봄 국회의원 146명의 도장을 받은 상태였으며, 이승만도 이러한 국회의 움직임을 알고 있었다. 이승만과 미국의 관계는 불편한 상황이 되어가고 있었다.

이범석은 부산정치파동 직후에 내가 백두진을 크게 혼낸 적이 있다고 회고하였다. 그는 백두진이 한 파티에서 주한 미국 대리 대사 라이트너가 정부의 반대당을 노골적으로 지지하는 것에 대해 옳다고 하며, 이 박사와 대한민국 정부에 대해 입에 담지 못할 욕설을 해기 때문에 때린 것이라고 하였다. 그런데 이범석의 이 같은 회고는 부산 정치파동에 대한 국내외의 여론이 이승만과 이범석에게 상당한 부담으로 작용하고 있음을 보여주는 것이라고 할 것이다.[69]

5월 26일 새벽 헌병들은 원내 자유당의 장헌주, 이석기, 민국당의 양병일, 민우회의 장홍염 의원을 체포 연행했다. 그리고 그날 아침 국회의원을 태운 버스를 헌병대로 견인해 국회의원 45명을 구금 취조하였다. 이들은 대부분 이튿날 풀려났지만 임흥순, 이용설, 서범석, 김의준 의원은 구속 수감되었다. 회기 중 국회의원에 대한 체포는 불법이었지만 법은 지켜지지 않았다.

5월 27일 공보처는 구속된 의원들이 국제공산당의 비밀정치공작에 관련되었다고 발표했으며, 이에 대응하여 국회는 5월 28일 96 대 3으로 비상계엄 해제결의안을 통과시켰다. 유엔한국통일부흥위원단(UNCURK)도 계엄령 해제와 국회의원 석방을 요구하는 성명서를 발표했다. 5월 29일에는 부통령 김성수가 비상계엄과 국회의원의 체포에 대해 "국헌을 전복하고 주권을 찬탈하는 반란적 쿠데타"라고 규정

하고 부통령직을 사임하였다.[70)

국내외에서 수많은 비난을 받으면서도 이승만이 국회에 대한 압력을 완화시키지 않은 것은 무엇보다도 시간이 촉박했기 때문이었다. 대통령의 임기가 7월 19일 또는 23일에 만료되기 때문에 그 30일 전인 6월 19일이나 23일까지는 선거해야 되는 상황이었다. 6월 중순이 최대 고비였다.[71)

국회에 대한 압박은 계속되고 있었다. 6월 11일에는 부산 시내 동아극장에서 '국회 해산 선포 전국 지방의회 대표자대회'가 1,322명의 각지 대표들이 참석한 가운데 개최되었다.[72) 이승만이 6월 3일의 임시국무회의에서 국회해산을 요구하며 부산으로 들어오는 사람들을 막지 말라고 지시했기 때문에 이들은 계엄지구에서도 마음대로 집회를 열 수 있었다.[73) 대회를 마친 다음 이들은 국회의사당 앞까지 행진하고 국회의원들이 면담 요청을 거부하자 국회 앞에서 '반역의원 성토대회'를 열었다.

이 자리에 나온 이범석은 "국민의 애국적인 힘찬 소리는 극소수의 간악한 도배(徒輩)들의 혀 꼬부라진 영어 몇 마디로 해(害)를 입어 전 세계에서 우리 한국을 돕고 있는 우방 각국의 언론기관에서까지 우리를 곡해하는 보도를 하고 있다는 사실을 볼 때 참으로 한심한 일이다. 우리는 이들 극소수의 못된 자들에게 상당히 오랜 기간을 유린당하여 왔다. 그러나 정의는 꼭 필승할 것을 나는 마음 놓고 단언할 수 있다"고 하였다.[74)

6월 2일 이승만은 국무총리 장택상에게 24시간 이내에 직선제 개헌안이 통과되지 않으면 국회를 해산하겠다는 최후통첩을 보내라고 지시했다. 이에 미국 대통령 트루먼은 만약 국회 해산 등 돌이킬 수 없는 조치가 이루어질 경우 미국은 대한(對韓) 정책을 제고하겠는 경고 서한으로 맞섰다. 미국은 이승만이 헌법체계를 무시하고, 민주주의의 상징이라고 할 수 있는 국회를 무력화시켰으며, 전쟁 중임에도 불구하고 자신의 사욕을 위해 군대를 동원한 것에 대해 엄중하게 경고하였다.

상황을 좌시할 수 없었던 미국의 합동참모본부에서는 국무부와의 협의를 거쳐 7월 5일까지 정치적 타협이 실패할 경우 이승만 제거를 골자로 하는 비상계획을 수립하기도 했으나 실행되지는 않았다. 미국은 이승만이 미국과 우방국의 참전 명분에 먹칠을 할 수 있다고 우려했지만, 다른 한편으로 이승만만큼 한국을 반공의 보루로 지켜줄 만한 확고한 리더십이 존재하지 않는다고 판단하고 있었다.[75)]

1952년 6월 21일 국회에 상정된 발췌개헌안은 정부가 제출한 대통령 직선제와 상·하 양원제를 골자로 하고 있었다. 그리고 국회가 제안한 개헌안 중 국무총리의 요청에 의한 국무위원의 면직과 임명, 국무위원에 대한 국회의 불신임결의권 등을 덧붙인 절충안을 제출하였다. 그러나 이것은 기세가 꺾인 야당에게 어느 정도의 명분을 주자는 것에 불과하였다.

이제 발췌개헌안 추진을 위해서는 개헌결의에 필요한 의원 정족수만이 문제로 남게 되었다. 이에 정부는 피신 중인 국회의원에게 신분보장을 책임지겠다는 등의 조건으로 등원을 호소하였고 구속 중이던 10명의 의원을 석방하는 등 발췌개헌안의 통과를 서둘렀다. 결국 국회는 미국의 독립기념일인 7월 4일 밤 출석 인원 166명 가운데 찬성 163명, 기권 3명으로 발췌개헌안을 통과시켰으며, 부산정치파동은 이승만과 이범석의 승리로 마무리되었다.

이범석은 당시에 대한 회고를 통해 부산정치파동에 대해 반복적으로 그 불가피성을 강조하였다.

① 역사적으로 본다면 국내에서는 그것이 처음 있는 일이니까 지극히 불행한 노릇이고 또 우리나라 헌법사상에 그것이 오점(汚點)이라면 오점이 될 수 있는게고 결코 빛나는 건 아닌 것이다. 그렇지만 그 내막을 들여다 볼 적에 왜 그것이 그렇게까지 되었겠는가? 그때 국회의 내막을 똑똑히 안다면 그것은 불가피했다고 생각한다. 국제공산당사건 당시 국회의원 중에서 피검된 사람과 미처 피검되지 못한 사람에 대한 명단이 알려져 있는데 내무부장관이 나로선 오직 경찰정보에 의거해서 처리할 수밖에 없었다.76)

② 부산정치파동은 6·25항전 수행이라는 매우 중요한 시기에 일어났고 정확하게 국민들에게 알려야 하지 않느냐는 생각에 나도 동감한다. 사람도 그렇지만 역사도 적어도 1백년은 지나야 그 역사의 올바른 권위가 수립되는 법인 것이다. (중략) 예를 들면 지금이라도 그때 피해대상이 민주당 정권이니까 (중략) 장면 박사니 조병옥 씨니 이런 친구들이 쪽하고 나왔다면 부산정치파동의 내용을 들추워 100% 이 박사 이하로 그때 자유당소속 의원들은 전부다 매장을 당해야 올을 것이다. (중략) 정치파동이라 하면, 개헌을 목적으로 하여 정치파동이 생겼다고 이런 이야기들을 하곤 한다. 정치파동은 밑에서부터 일어난 것이지 위에서 줄을 끈게 아니었다.77)

③ 내무부장관을 할 때 솔직히 말해서 변명하는 것은 아니지만, 그때 아마 치안국에서 일을 저지른 모양인데 나는 정치적 책임을 회피하고 싶지는 않다. 내무부 산하의 치안국에서 저질러진 일이니까 당연히 내무부장관이 책임을 져야겠지만 결과적으로 김일성 집단이 부산까지 내려오는데 지금 여야가 싸움을 해서 어떻게 하겠는가 우선 나라를 살리고 나서야 그들과 싸움을 할 수 있고 그들을 몰아내야 하지 않겠냐는 그런 뜻에서 치안국 사람들이 일을 벌인 것으로 이해했다. "후에 역사가 나를 어떻게 비판하든 국가와 민족을 위해서 했다"78)

위의 내용 ①~③의 내용을 종합해 보면 이범석은 "부산정치파동은 6·25전쟁의 수행이라는 매우 중요한 시기에 일어났고 국회 내부의 내막과 국제공산당사건의 영향 등이 있었으며, 변명하는 것은 아니지만 치안국에서 일을 저지른 것인데 책임을 회피하고 싶지 않다고도 하였다.

부산정치파동 과정에서 일어난 일련의 사건들은 대부분 족청과 내무부가 관여하였으며, 이는 이범석의 승인 없이는 불가능한 것이었다. 또한 당시 그의 언동 역시 부산정치파동을 적극적으로 옹호하는 입장에 서 있었다. 그가 치안국에서 벌어진 일을 몰랐다는 것은 설득이 없으며, 전쟁 중이라고 해도 부산정치파동이 정당화될 수는 없었다. 이범석은 부산정치파동과 관련해 반공주의적 관점에서 국가와 민족 위해서 한 행동이었음을 강조하였으나 역설적으로 그의 회고는 그 자신도 부산정치파동의 책임이 있음을 인식하고 있었음을 보여주는 것이라고 할 것이다.

2) 부통령 선거 낙선과 야당 정치인으로의 만년(晩年)

발췌개헌안이 통과되자 이승만은 1952년 8월 5일을 정·부통령 선거일로 공포하였으며, 7월 22일 내무부장관직을 사퇴한 이범석은 부통령에 입후보 할 것임을 밝혔다.[79] 사람들은 이범석이 이승만의 러닝메이트로 부통령에 당선될 것이라고 생각하였다. 이범석도 부통령에 출마한 것에 대해 "위로는 위대한 지도자로 하여금 유종의 미를 거두도록 보필하고 밑으로는 국민이 총단결하여 훌륭한 국가 건설에 기여하는 데 있다"고 하였다.[80] 78세의 이승만이 4년간의 다음 임기를 마치기 전에 죽을지도 모른다고 여기는 사람이 많았기 때문에 대중의 관심은 부통령 선거에 쏠려있었으며, 부통령이 될 사람도 정해져 있다고 생각하고 있었다.

이범석은 이승만의 대 국회 전략을 솔선해서 실천했으며, 개헌안안 통과시킨 공로자였다. 그 공로를 생각해 이승만이 자신의 선거운동을 지지해줄 것이라고 믿고 있었다. 그러나 이승만의 생각과 태도는 달랐으며, 미국 역시 이범석에 대해 부정적이었다.

미국은 부산정치파동의 주동자인 이범석에 대해 극도로 경계하고 있었다. 6월 1일에 라이트너를 만난 해군총참모장 손원일(孫元一)은 부산정치파동의 주도자는 이범석이며, 계엄사령관 원용덕은 이승만이 아니라 이범석의 명령으로 움직이고 있다고 하였다.[81] 라이트너는 6월 5일에 미국 국무부 위험한 것은 이승만 본인뿐만 아니라 그를 둘러싸고 있으면서 그의 명령을 수행하는 소집단, 특히 이범석이라고 보고하였다.[82] 무쵸 역시 이승만의 태도가 완화되지 못하게 막고 있는 것이 이범석의 영향력이라는 말을 듣고 있었다.[83]

6월 12일 무쵸는 이승만이 국방부장관을 경질시켜 이범석이나 양우정을 임명할 생각을 하고 있다는 정보를 접한 후 "이범석 그룹"의 제거가 가장 긴급한 문제라고 생각했다고 한다.[84] 무쵸는 이범석에 대해 상상력이라곤 없고 그저 그런 지성을 갖춘 사람이면서도 큰 야망을 가진 인물이라고 혹평했으며, "반미는 아니지만 민주적인 사고나 제도를 이해하지 못 하고 있다"고 지적하고 있었다.[85]

특히 6월 중순 미국 국무부 내에서는 이승만의 멈출 줄 모르는 행동으로 인해 유엔군으로 참전한 국가들이나 미국인들 사이에서 그 희생에 대한 회의가 생길 수 있으며, 공산주의자들에게 공격의 재료

로 제공될 수 있다는 우려의 목소리가 높아져 갔다.[86]

사태 수습을 위한 움직임이 본격화되기 시작하였다. 우선 무쵸는 이승만의 건강 악화 등으로 사태가 급변하면 이범석이 권력을 장악할 가능성이 있다고 클라크 유엔군 사령관에게 경고를 보냈다.[87] 그리고 6월 18일에는 이승만을 만난 자리에서 이범석이 상당히 문제가 되고 있다고 언급하였다.[88]

영국의 국방부장관 알렉산더(Wiliam Alexander)와 외무장관 로이드(Selwyn Lloyd)도 한국을 방문해 이승만과 회담을 가진 후 미국으로 건너갔다. 이들은 6월 23일 미국 국무부와의 협의에서 양국은 한국에는 이승만을 대신할 만한 사람이 없으며, 문제를 해결하기 위해 이승만 주변의 인물을 제거할 필요가 있다는 쪽으로 가닥을 잡았다.[89] 이어 6월 28일 경무대를 방문한 이기붕의 부인 박마리아는 프란체스카에게 문제가 심각해지기 전에 이범석을 해임시켜야 한다고 조언했다고 한다.[90]

개헌을 성공시킨 원외자유당의 당면 문제는 정·부통령 선거였다. 7월 15일 서울에서는 제2대 대통령 추대 서울특별시 애국단체 대표자대회가 노총, 한청, 대한부인회, 의용소방대, 동(洞)연합회, 원외자유당의 대표들이 참여한 가운데 개최되었다. 이 자리에서 대통령 후보로는 이승만이 만장일치로 추대되었고, 부통령 후보는 무기명 비밀투표를 실시한 결과 이범석이 추대되었다.[91]

그러나 7월 16일 이승만은 자신이 자유당의 당수 취임을 승낙한 적이 없기 때문에 자유당과 무관하다는 입장을 밝혔다.[92] 이승만은 개헌안 통과 직후부터 입후보자가 되기를 원하지 않는다는 담화를 발표했었다.[93] 게다가 이 성명은 원외자유당에서 지명한다면 부통령

후보로 출마하겠다고 하며, "내가 입후보하느냐 않느냐는 것은 금후(今後)에 그분의 뜻을 받드느냐 않느냐를 먼저 생각하여야 할 것"이라고 하여 이승만의 뜻에 따르겠다는 입장을 천명하던 이범석과 족청계 인물들에게 타격일 수밖에 없었다.[94]

같은 날 이승만은 자신을 찾아온 원외자유당의 양우정과 이활(李活)에게 "나는 원외자유당의 당수 취임을 승인한 일도 없고 또 부당수가 누구인지도 모를 뿐 아니라, 자유당과는 아무 관계가 없으므로 전당대회에 참석할 필요도 없다"고 하였다.[95] 7월 26일에는 진해(鎮海)에서 "나는 어떤 특정 인물을 러닝메이트로 지명한 일이 없다"고도 했는데 이것은 이범석에 대한 부정적인 입장을 공식화한 것이었다.[96]

한편 이범석이 내무부 장관을 사임하고 부통령 선거 출마를 선언하자 그에 대한 본격적인 공세가 시작되었다. 7월 23일에 한청 서울 시단부 및 시내 9개 구단부는 긴급회의를 열어 부통령 후보는 이승만이 지지하는 사람을 추대해야 하며, 이범석을 부통령 후보로 추대했던 중앙상무집행위원회 및 전국도단 대표자대회의 결의에 반대한다는 입장을 표명하였다.[97]

7월 23일 전국애국단체협의회에서는 '이승만박사재선추진위원회'를 구성했는데 사무국장은 이활이었으며, 이밖에 박영출, 선우기성, 유화청, 황신덕, 유시완(柳時完) 등이 원외지구당 인물이었음에도 불구하고 이들은 당과는 별개의 조직을 만들었던 것이다.[98]

이에 반해 족청계의 안호상은 7월 22일 인천(仁川) 시내 동방극장에서 시국강연회를 개최하고 앞으로 거행될 대통령 선거에서 이범석 장군을 부통령으로 선거치 않으면 안되는 이유를 연설하여 감동을 주었다고 한다.[99] 7월 29일에는 대한노총에서 노총위원장 전진한을 제외한 나머지 세력이 이범석 지지를 선언하였다.[100]

경상남도 경찰국장 이었던 박병배(朴炳培)는 부산정치파동의 모든 책임을 철기가 뒤집어쓰고 있다는 것을 상기시키며, 8명의 부통령후보가 모두 이범석을 공격할 것이 분명한 상황에서 낙선할 가능성이 높다고 충고하였다고 한다. 선거 직전 이승만을 찾아가 이범석을 천거했던 안호상은 이승만이 탐탁히 여기지 않자 "각하 동고(同苦)는 할 수 있어도 동락(同樂)은 할 수 없다는 말씀이시죠"라는 말을 남기고 직무실을 나왔다고 한다. 자유당에서는 부통령 후보로는 이범석을 포함해 이갑성(李甲成), 이윤영, 백성욱(白性郁), 한태영 등 9명이 출마하였다.[101]

7월 28일 하오 이범석의 포스터와 함께 붙어 있던 이승만 대통령의 사진과 대통령 추대문이 경찰에 의해 철거되었다. 이승만은 "나의 입후보 사진이 여러 군데에 붙어 있다는 소리를 들었는데 이런 일은 많은 돈이 드는 것을 생각해 내무부에 지시한 것이니 이로 인한 오해와 유감이 없기를 바란다"고 하였다. 그러나 자유당 중앙당부 중앙선거대책위원회에서는 이에 대해 부당하다는 담화문을 발표하였다.[102] 내무부장관 김선태는 이승만 대통령이 국민회에서 작성한 포스터만 승낙했다면서 앞으로도 다른 입후보자와 같이 붙이지 말라고 지시했기 때문에 사진을 철거하게 된 것이라고 설명하였다.[103]

제헌의원이며 충청남도지사였던 진헌식(陳憲植)은 장택상 국무총리가 지방장관회의를 주재하면서 원외자유당에서 이범석 후보를 공천했으나 이승만과 정부는 함태영을 밀기로 했으니 협조하라고 지시했다고 한다.[104] 선거를 며칠 앞두고는 이승만의 벽보 위에 함태영의

벽보가 덧붙여졌는데, 이는 마치 함태영이 자유당의 공인 후보로 이
승만의 러닝메이트인 것 같은 인상을 주었다.105)

이 같은 상황에서 제2대·3대 정·부통령 선거는 총유권자 825만
9,428명 중 대통령 선거에는 727만 5,883명, 부통령 선거에는 727만
882명이 각각 참가(투표율 88%)하여 대통령에 자유당의 이승만이
523만 8,769표로 약 80%의 절대 다수표로 당선되었고, 부통령에는 무
소속의 함태영이 294만 3,813표로 당선되었다.

> "이번 부통령 경선에 협조하여주신 당 내외 동지 및 애국동포 여러분에
> 게 지극히 부끄럽고 미안하다. 그동안 여러분의 물심양면의 협조와 高炎
> 중에 갖은 모략과 온갖 박해를 제어하면서 나를 당선케 하려고 노력하던
> 고귀한 희생에 더욱 감사하여 마지않는다. 나는 다난한 생의 역정을 통하
> 여 오직 국가주권과 민족복리만을 위해서 나 자신 아무런 부끄러움 없이
> 내려온 것이며 앞으로 또한 그럴 것이다. 이번의 선거가 공정 자유로이 되
> 었는지 못되었는지에 대하여는 언급하려고 하지 않는다.106)

부통령 선거 이후 이범석은 선거 기간 중 자신에 대해 온갖 모략과
중상이 있었으며, 이번 선거가 공정하고 자유롭게 진행되었는지 못
되었는지에 대해서는 언급하지 않겠다고 하였다. 이승만은 "함태영
목사가 퍽 양심적이지…"라는 말이 있어 이 말이 당선에 주효했던 모
양이더라고 하며, 자신과 이범석의 낙선과는 관련이 없는 것처럼 말
하기도 했다고 한다.107)

한편 선거 이후 족청계는 자유당 내에서의 입지를 강화하는 쪽으
로 새로운 활로를 모색하며, 반격을 시도하였다. 양우정이 경영하던
연합신문은 9월 하순경 장택상 총리가 유엔총회에 참석했다가 돌아

오는 길에 일본에서 친일파의 거두인 박춘금(朴春琴)을 통해 일제 시기에 경성부윤(京城府尹)을 지냈던 고시진(古市進)이란 일본인을 소개받은 일을 보도하였다. 연합신문은 장택상이 과거의 인연을 토대로 그가 밀입국하자 남몰래 면접을 하여 나라의 체면을 손상시켰다고 대서특필하였다. 이 사건으로 장택상은 이승만의 노여움을 사게 되었고 국무총리에서 실각하였다.[108]

1953년 5월 대전에서 전당대회를 소집한 족청계는 자유당의 요직과 지방조직을 장악하는 쪽으로 당을 재편하여 실권을 장악하고자 했다. 이승만은 더 이상 족청계를 파트너로 대우할 의사가 없었으나 한국전쟁이 휴전국면으로 치닫자 휴전반대운동을 벌일 필요가 있었고 대중동원 능력이 탁월했던 족청이 다시 한 번 기회를 잡은 것이었다.

대전전당대회 이후 족청계는 당권을 장악한 것으로 보이며, 이는 1953년 5월 미국과 유럽 등 구미 각국을 순회 시찰할 것이라고 발표한 후 가진 이범석의 기자회견을 통해서 보면 그 일면이 나타나고 있다.[109]

약 6개월 예정으로 6월 초에 渡美하여 구라파 각국을 순회 여행하리라고 전해지는 이범석 씨는 24일 부산시 보수동 자택에서 기자단과 회견하고 주로 자유당 활동을 비롯한 당면 문제에 관하여 다음과 같은 問答을 하였다.

문: 자유당 내에 족청이니 비족청이니 하는 파쟁이 있다는데?
답: 모든 것은 黨憲대로 運替해 나가야 한다. 파쟁은 당을 약화시킬 뿐이다.
문: 肅黨問題는 어떻게 생각하는가?
답: 조직의 기강을 세우는 것이 필요하다.
문: 韓靑, 국민회, 부인회 등 半官半民團體가 산하단체가 되었기 때문에 일부에서 官制政黨이라는 오해를 받기가 쉬운데

답: 산하단체가 아니라 실지로 편의상 연락을 용이하게 하기 위하여 그 런 단체에서 신임을 받고 있는 사람을 중앙위원으로 선출했을 따름 이다.

문: 농민 노동자를 위한 당이니 만큼 농민조합과 노동단체의 헌금으로 당이 운영되어야 하는데 만일 관료자본이나 政商輩의 자금이 개입 되면 농민 노동자를 위한 정책을 실현하기 곤란하지 않은가

답: 자유당은 반공선구자 이 대통령을 총재로 모시고 자주 독립국가를 건설하는데 그 사명이 있다. 애국애족하는 신념으로 대중에 기반을 두고 민주정당으로 발전되어야만 된다. 돈의 출처를 云謂할 필요는 없다.

문: 제주회담이라 하여 조봉암 씨와 회담한다는 말이 있던데

답: 절대로 사실무근이다. 부질없는 모략이다.

문: 대전 전당대회의 성과를 어떻게 보는가

답: 일부 반대분자의 책동을 방지함에 큰 성과가 있다고 생각한다.[110]

이범석은 자유당 내의 족청계와 비족청계의 파쟁에 대해서는 당헌 대로 운영해 나가면 되는 것이라고 한 뒤, '파쟁은 당을 약화시킬 뿐' 이라고 하여 여유를 보이고 있었다. 대전전당대회의 성과를 묻는 질 문에 대해서도 일부 반대분자의 책동을 방지하는 것에 있어 큰 성과 가 있었다고 하고 있었다.

그런데 이범석은 외유와 관련한 기자회견 말미에 내무장관 시절을 언급하며, 국회만이 특권을 가진 것이 아니므로 그렇게 해야만 대한 민국의 건전한 존속을 꾀할 수 있었다고 부언(附言)하였다. 이범석은 여전히 부산정치파동의 정치적 부담감에서 자유로울 수 없었던 것으 로 보인다.[111]

이범석은 미국으로 출발하기 전 서울로 올라와 시공관(市公館)에 머물며, 자유당 당원들에게 시국강연을 했으며,[112] 6월 12일 부산 수

영비행장에서 서북항공편으로 일본을 거쳐 미국으로 출발하였다.[113]

족청이 당권을 장악하자 이번에도 이승만은 당 조직의 개편을 선언하고 당권을 통제하기 시작했다. 우선 이승만은 별다른 이유 없이 이범석을 미국 등 해외로 외유(外遊)를 보냈다. 이범석도 자신의 이번 외유에 대해 아무 사명(使命)도 받은 것이 없고 순전히 자연인의 입장에서 선진 민주국가를 4~5개월에 걸쳐 시찰할 예정"이라고 하였다.[114] 다만 이범석의 입장에서 보면 이 여행을 통해 미국과의 관계 개선을 도모하여 정치적 기반을 다져보려 했을 지도 모른다. 그러나 그 사이 이승만은 자유당 내에서 족청계를 축출하였다.[115]

이승만은 창당을 주도했던 한청(韓靑), 국민회(國民會), 노총(勞總), 농민회(農民會), 부인회(婦人會)에서 12명의 대표를 차출해 중앙위원을 임명하고 이들로 하여금 당무집행에 관한 최고의결권을 갖게 함으로써 친위체제를 구축하였다. 이후 개편된 자유당 중앙당부에서는 '파당(派黨)을 부식(扶植)해 온 세력'이라는 명분으로 12월 9일 이범석, 안호상, 양우정, 이재형, 진헌식, 원상남, 윤재욱, 신태악의 제명을 발표했으며,[116] 10일 이승만은 이를 승인하였다.[117]

그런데 12월 9일은 공교롭게도 이범석이 귀국하는 날이었으며,[118] 이날 오전 10시 30분경 서울에 도착한 이범석은 자택에서 제명소식을 들었고 12월 11일 기자회견을 통해 제명에 대한 자신의 입장을 피력하였다.

李範奭氏는 11일 자유당에서 씨를 제명처분한데 대하여 그것은 있을 수 없는 奇蹟이라고 冷笑하고 6개월간이나 해외에 있던 평당원을 反黨行爲者로 규정한다는 것은 이해할 수 없는 일이라고 言明하였다. 10일 입경한 씨는 11일 기자회견을 통하여 前記와 같이 언명하고 이어서 정당에서 除名云이란 것은 당원이 당정신, 당정책에 위반되는 실제행동을 취했을 때 있는 것이 아니냐?고 反問하였다.

그러나 씨는 자기의 제명이 자유당의 진정한 발전을 위해 꼭 필요한 것이라면 제명 이상의 것이라고 無關하다고 말하면서 그것은 내 정치생활에 아무런 영향을 주지 않을 것이라고 부연하였다. 씨는 해외여행에서 가장 깊은 인상으로서 老大統領의 정치지도 역량이 얼마나 위대한 가를 절실하게 느낀 것임을 지적하고 정국안정을 기하여 국제협력을 얻어 失地回復에 전력을 다해야 한다고 역설하였다.[119]

이범석은 기자회견을 통해 자유당의 진정한 발전을 위해서라면 제명 이상의 것도 무관하다고 했으며, 이번 여행을 통해 이승만 대통령의 정치적 역량이 얼마나 위대한지를 절실하게 느꼈다고 하여 제명에 대한 저항이라기보다는 오히려 이승만에 대한 충성을 재확인하는 듯한 느낌을 주었다. 12일 오전 10시에는 귀국 인사를 위해 경무대를 방문하였다.[120]

그러나 이범석의 완곡한 기자회견이 있었음에도 불구하고 자유당의 공세는 계속되었다. 1954년 1월 29일 자유당은 제2차로 김정식, 연병호, 박제환, 김정두, 태완선, 김인선, 김제능, 김준희, 서장주, 윤재근, 여운홍, 우문, 박세동, 이석기, 엄병학 등 15명을 제명할 것임을 발표하였다.[121] 2월 2일에는 실제로 연병호, 김준희, 김정두, 여운홍, 박제환, 우문, 김제능, 이석기 등 8명을 제명하였다.[122] 이 중 백두진, 양정우, 안호상 등은 비리와 간첩 혐의 등으로 숙청되었다.[123] 이범석이 제거된 후 그 자리를 대신한 것은 이기붕을 중심으로 한 전직 관료 출신이었다.[124]

족청계의 몰락 후에도 이범석은 계속해서 정치적 재기를 시도하였다. 1954년 5월 20일에 치러지는 제3대 국회의원 선거에서는 이범석이 장택상과 대결하리라는 기사가 보도되기도 했으나 이때 이범석은 출마를 부인하였으며, 출마하지 않았다.[125]

이후 이범석은 신태악, 윤재욱, 여운홍 및 장택상 계열과 함께 신당을 창당하였다. 신당은 자유당의 이기붕 세력을 거세할 심산으로 극비리에 진행되었으며, 여당으로 편입할 것인지 여부는 이승만의 의사 타진 여하에 따라 결정하기로 하였다. 11월 17일 신당조직 문제 및 차기 부통령 문제 등과 관련하여 경무대에서 이승만 대통령과 면담하고 나온 이범석은 장택상과 함께 신당 창당운동을 급속도로 진행시켰다.[126]

李範奭氏가 景武臺를 다녀 온 後 그 會談內容을 嚴秘에 부치고 一切 外部에 發表 하지 않고 있으나 側近者를 通하여 多角度로 打診한 바에 依하면 全然 必要하지 않으면 만났을리가 있었겠느냐고 前提하고서 李大統領을 支持하는 態度를 再闡明하고 現 自由黨으로는 當面한 課題를 打開할 수 없다는 見地에서 新黨을 만들어 보겠다고 事前 諒解를 求한 것 같이 暗示 하고 있는데 李大統領으로부터 明確한 言質을 받지는 한 것같이 보여지고있다 그런데 自由黨 主流派와 李起鵬氏 側近들은 李範奭氏의 政界 再登場은 있을수 없다고 自信있는 語調로 一笑에 부치고 있다 이러한 平行된 見解를 볼수 있는 版局에 野黨側 人士들은 自由黨을 非難하면서도 四年前 五二六政治波動의 事例를 들면서 오히려 權謀術數를 그다지 부리지 않고 穩健하다는 評을 듣고 있는 李起鵬氏 努力의 維持를 希望하고 있는 것은 注目되고 있다.[127]

이범석은 이기붕 중심의 자유당체제로는 당면한 문제를 해결할 수 없다는 논리로 이승만을 설득하려했으나, 명확한 지지를 획득하지는 못했던 것으로 보인다.[128] 이기붕도 이범석의 정계 재등장은 없을 것임을 장담하였으며, 야당에서도 부산정치파동에 책임 있는 이범석 혹은 그 세력과의 연대를 꺼리고 있었던 것으로 보인다.

이에 신당은 명확한 입지를 얻지 못한 채 민정당(民政黨)이라는 이름으로 1956년 1월 6일 이범석, 장택상, 배은희(裵恩希) 지도위원이 각각 95명씩 추천하는 285명으로 민정당발기촉진위원회를 구성하여 창당작업에 착수하였다. 그런데 이때도 인선 과정에서 족청계 과오파(過誤派)로 지목된 인사들에 대해서는 평당원으로서 발기인이 되는 것은 허용되었지만, 준비위원으로는 추천하지 않기로 하였다.[129]

당은 1956년 3월 30일 서울시 공관에서 대의원 1,745명 중 1,352명이 참석하여 발기인대회를 개최하고 당명을 공화당으로 하여 정식으로 창당되었다. 최고위원에 이범석, 배은희, 장택상 등 3인이 선출되었고 정치의 쇄신과 경제의 균형, 사회의 복리와 문화의 향상, 국토의 통일과 외교의 강화 등의 정강을 채택하였다.[130] 그러나 공화당은 중앙위원회의 구성 문제와 부통령 후보자의 지명 문제 등으로 갈등이 촉발되면서 이범석을 중심으로 한 족청계와 장택상과 배은희를 중심으로 한 비족청계로 분화되었으며, 결국 정당 등록도 하지 못한 채 2개의 공화당이 존립하게 되었다.[131]

혼선이 계속되는 가운데 이범석은 1956년 5월 15일에 실시된 제4대 부통령 선거에 입후보했으나 낙선하였다. 이범석 자신도 출마는 하였으나 크게 기대를 하지 않았다고 회고하였다.[132] 이기붕 세력이 이승만의 비호 하에 확장되자 그는 국운을 염려하며, 이기붕에게 기우는 표를 분산시킬 생각이었다고 하였다.

이와 관련해 이범석은 "나는 당초에 경선을 생각하지도 않았다. 그렇기 때문에 아무런 준비가 없었다. 공화당은 늦게 발족되어 지방조직은 고사하고 본부 부서의 정돈도 채 하지 못하던 중에 등록 일자가 임박하여 당에서 나의 부통령 출마를 결정하였던 것이었다. 당의 일부에서는 이론(異論)이 있고 당의 등록이 방해되어 입후보 등록 마감까지 당 자체의 등록이 불가능하게 되었음으로 결국 나는 무소속으로 등록하였다"라고 하였다.133)

> 鐵騎 李範奭氏는 마감일에 당도하여 究竟 無所屬으로서 부통령후보 등록을 하였다. 그러나 共和黨內 세칭 族靑派의 지지를 받고있는 것은 두말할 것도 없는 것이다. 철기는 흔히 將軍이라는 稱號를 받고있으며 또 그럴만한 칭호를 받을만한 武人이다. 저 청산리싸움의 승전 얘기는 많은 국민이 들어서아는 일이거니와 그는 해방 직전까지 군인으로서 중국대륙에서 馳驅하였다. 해방 후 국내에 들어와서 곧 民族靑年團을 결성하여 많은 청년들을 규합하였고 건국이 되자 氏는 초대 국무총리 겸 국무장관으로 발탁되어 정치계의 花形이 되었었다.
>
> 그러나 花無十日紅이란 말과 같이 氏의 총리생활로 오래가지는 못하였다. 그가 심혈을 경주한 청년지도로 청년단체의 통합과 해산으로 말미암아 이亦持續되지 못하였다. 그러나 民族靑年團 時代에 氏와 협력하고 씨의 지도를 받은 인사는 서로 단결이 굳어서인지 그들을 족청파라 하게끔 되었다. 一時 自由黨 內에서 하늘을 날으는 새도 떨어뜨릴 듯한 勢力을 잡았던 族靑系列은 그만 이총재의 諭示에 依하여 凋落의 길을 밟지않을 수 없었다.
>
> 昨冬부터 철기는 滄浪 張澤相氏 및 裴恩希氏와 합작하여 신당 결성을 준비하여 지난 3월 30일엔 共和黨 發黨大會를 열었다. 처음에는 이럭저럭 잘 타협이 되었으나 정·부통령 입후보문제로 철기는 창랑과 의견이 合致되지 안하여 공화당은 완전히 양분된 상태에 있다. 中央委員會의 철기 지명이 합법적이니 비합법적이니 하여 의견이 분열된 관계로 철기는 공화당 지명으로 등록치 못하고 개인으로서 등록하게 되었던 것이다. 씨는 공화당 발당에 있어서도 이승만박사의 노선을 절대지지 한다고 언명한 바 있거니

와 입후보에 際하여도 大統領候補로는 李博士를 支持할 것을 재천명하였다. 그러므로 씨에게 정견을 묻는다는 것은 의미없는 일일지도 모른다. (중략) 그리고 철기는 「불변의 지조와 신념으로 나는 李博士를 崇拜하고 있으므로 초비상시기에 臨해서 그분을 보필치 않을 수 없다」고 이 박사 지지에 아무 變함이 없음을 강조한다. 이러한 信條를 가졌기 때문에 氏는 李博士를 爲하여 저 政治波動 당시에 內務部長官으로서 得意의 活躍을 하였을 것이리라(하략).[134]

위의 내용은 『조선일보』가 부통령 선거에 입후보한 이범석에 대해 보도한 기사이다. 이를 통해서 보면, 이범석은 청산리싸움의 무인(武人)에서 이승만 대통령에 의해 발탁되어 정치인이 되었으며, 족청계를 형성하여 한때 나는 새도 떨어뜨릴 만한 세력을 잡았으나 다시 이승만의 유시(諭示)에 의해 조락의 길을 걷게 되었다고 하였다.

그러나 이 같은 상황에도 불구하고 그는 불변의 지조와 신념으로 이승만 대통령을 지지하고 있으며, 그의 이 같은 이승만에 대한 변함 없는 충성이 부산정치파동에서 내무부장관으로 활동하는 배경이 되었던 것으로 파악하고 있다. 이승만에 대한 이범석의 우직한 충성을 부산정치파동과 연결하여 설명하고 있었던 것이다.

두 번째로 부통령 선거에서 낙선한 이범석은 이후 간간히 독립운동계를 중심으로 한 활동으로 언론에 모습을 드러내었다. 1957년 4월 17일에는 고 이시영 선생 4주기 추도식에 참석하여 개회사를 했으며,[135] 1958년 3월 5일에는 김좌진 장군의 부인 오숙근(吳淑根) 여사가 별세하자 장례위원이 되었다.[136] 1958년 9월에는 신규식 선생 서거 37주기를 맞아 발족하는 기념사업회 발기회의 회장이 되기도 하였다.[137]

1960년 4·19혁명이 발발하자 이범석은 다시 정치 무대로 돌아 올 수 있었으며, 자유연맹 소속으로 충청남도에서 출마해 7월 29일 참의원에 당선되었다. 출마 당시의 중요 공약은 감군정책(減軍政策) 반대였다. 출마 과정에서는 학생과 시민사회단체에서 그가 부산정치파동 주역이며, 이승만의 측근이라는 점을 들어 출마 포기를 요구하는 성명을 발표하기도 했다.[138] 그러나 1961년 5월 5·16군사쿠데타로 국회가 해산되자 국회의원직을 사퇴하였다.

이후 그의 정치적 행보는 자연스럽게 야당의 정치 원로로서의 역할을 하게 되었던 것으로 보인다. 1963년 8월 1일에는 서울 시민회관에서 개최된 국민의 당 창당 반기인 대회에 참석하여 최고위원에 피선되었다.[139] 1963년 3월 16일에는 민정이양(民政移讓)을 약속했던 박정희가 군정연장을 선언하자 3월 19일 결성된 전국군정연장반대투쟁위원회의 의장단의 일원으로 박정희와 면담하는 등 군정연장에 반대하였다.

이범석은 박정희가 "사냥에서 다치셨다지요"라고 문안하자 그에 말엔 대답도 안하고 "마지막으로 부탁하는 것입니다. 나라를 위해 결심해 주시오!" 라고 한 후 스스로 감정이 격해져 눈물을 짓고 흐느끼기까지 했다고 한다. 순간 얼굴이 약간 흥기된 박정희는 아무 말도 없이 뒤로 돌아 거실로 사라졌고 다른 정치지도자들은 아무 말 없이 엘리베이터를 타고 아래층으로 내려갔다"고 한다.[140] 이후 박정희는 대통령에 당선되자 이범석을 대통령 고문(顧問)으로 추대했지만, 독립군의 상징인 그로서는 일본군 출신인 박정희와 손을 잡을 수는 없었다고 한다.[141]

1965년 7월 22일 하와이에서 서거한 이승만의 시신이 김포공항에 도착하자 이범석은 오전 8시경 공항에서 시신을 맞이했으며, 국장(國葬)을 강력하게 요구하였다.[142] 그러나 정부는 국민장(國民葬)을 추진하고자 했으며, 4·19 관련 단체에서는 국장도 국민장도 안 된다며 대규모 집회를 열었다.

이처럼 이범석의 이승만에 대한 존경심은 이해가 되지 않는 측면이 있었다. 때문에 "철기 장군의 이승만 박사에 대한 일관된 존경심은 이후에도 변함이 없었기 때문에 어떤 사람은 군왕(君王)에 대한 경외심(敬畏心)이라고 비꼬기까지 했으나 장군은 이에 대해 조금도 언짢아하시지 않았다"는 증언이 있기도 하였다.[143] 안호상은 이범석의 이승만에 대한 존경심에 대해 다음과 같이 회고하였다.

> 장군님은 사석에서도 이 박사 잘못을 말 않했다. 하고 싶은 많으나 하지 않은 것이다. 지도자의 허물을 까뒤집어 놓고 헐뜯으면 결과는 나라 전체를 보아 손실이 크게 된다는 생각에서였다. 이 박사가 돌아가시고 나서 이 박사 사진을 끝까지 걸어 놓은 것은 장군밖에 없다. (중략) 배은희, 장택상 씨와 장군 세 분이서 공화당을 만드실 때 부통령으로 나가려고 했다. 그때 우리들은 대통령으로 나가시길 바랬다. 그래서 막 따겼다. '장군님 이젠 미련이고 의리고 다 버리시고 대통령 나가셔야 합니다'라며 강요했다. 그런데 이 어른이 화가 나셨다. "이게 무슨 소리야? 그렇다면 이 박사가 나를 멀리했다고 해서, 배신했다 해서, 이 박사를 배신해? 그럼 내가 묻겠다. 너희들은 내가 너희들을 멀리하고 배신했다고 해서 너희들은 나를 배신하겠느냐?" 그와 똑같이 하시는데 더 이상 말씀드릴 수가 없었다.[144]

이범석은 이승만에게 자신이 배신당했음을 충분히 알고 있었으나,[145] 끝까지 이승만에 대한 신의 혹은 의리를 지키려고 했던 것으로 보인다.

1966년 9월 이범석은 서울 용산의 효창공원에서 열린 한일협상 반대집회에 참석하였으며, 1966년 12월 24일에는 야당통합과 대통령후보 단일화 추진을 위한 위원회가 설치되자 고문으로 위촉되기도 하였다.146)

이밖에 국토통일원의 최고 고문이자 국가 원로로도 활동했으며, 1971년 8월 10일에는 KBS TV의 '내일을 위하여'에 출연하여 여류 시인 김남조(金南祚)와 함께 해방의 감격을 회고하고 덕담을 나누는 시간을 갖기도 하였다.147)

12월에는 자서전인 『우둥불』을 탈고하고 언론과 인터뷰를 가졌다. 2년 전 부인이 먼저 세상을 떠났고 집을 대방동으로 옮겼으며 미국에 가있던 아들 부부가 돌아와 손자(孫子)와 같이 즐기는 생활이 유일한 즐거움이라고 하였다. "이제 내겐 남은 것이 하나도 없어요. 정말이야"라는 말과 함께 출판비도 어떤 아는 분이 돕는다는 뜻에서 빌려 준 것이라고 하였다.148)

이후 이범석은 장개석 정부의 초청으로 대만을 방문하기 위하여 여장을 꾸리던 중 갑작스런 심근경색으로 명동의 성모병원으로 옮겨졌으나 1972년 5월 11일 오전 5시 45분 서거하였다. 그의 사망 소식이 알려지자 언론에서는 "큰 별이 사라지다"라는 제목 하에 애도 기사를 게재하였다.

> 위대한 민족적 혁명가요 애국지사인 鐵驥 李範奭將軍이 돌연 逝去하셨다. 이 悲報는 지금 전국 방방곡곡에 퍼져 많은 국민들을 슬픔 속에 잠기게 하고 있다. 그를 평소부터 친히 알아온 사람들의 서러움은 말할바 없고, 그와 개인적 面識이 없는 사람들도 모두 숙연한 마음으로 그의 별세를 애도하고 있다. 일찌기 10대 소년의 몸을 민족적 독립과 救国을 위한 혁명

운동에 던져 그 후 30년 동안 만주와 시베리아와 중국대륙을 주름잡으면서 전개했던 그의 혁명투쟁은 하나의 응대한 서사시였고 그의 多難했던 항일의 생애는 우리의 민족적 고뇌를 그대로 투영한 가장 비장한 드라마였다. 청산리대첩에서 광복군 지휘에 이르기까지 그의 긴 청년시대는 백절불굴의 의지와 혁명적 정열과 생사의 달관으로 일관된 영웅적 시대였으며 이 시대를 우리는 가히 항일민족독립운동의 절정기였다고 말해도 고인의 겸허했던 德에 상처를 주는 일은 없으리라. 해방 후 조국의 해방과 더불어 그는 대한민국의 초대 국무총리라는 중책을 맡았고, 이어 장관 대사 국회의원 정당지도자로서의 요직들을 역임했다. 무릇 모든 정치가(의 공통된 운명대로 그가 현실정치의 지도자로서 어떤 시기의 어떤 상황에서 択했던 주관적 행동이 한때 세간에서 논의된 일이 없지 않았으나 그의 큰 공적은 사소한 잡음을 덮고도 남음이 있었다. 그의 강인한 의지와 순수한 신념은 언제나 그의 행동의 바탕이었고 이권, 탐욕, 교활, 음모 등의 세속적 惡德은 한번도 그의 마음을 사로잡지는 못했다.

이제 이 민족의 거인은 심장의 고동을 멈추었다. 그리고 그의 靈은 이미 우리와 유명을 달리하고 있다. 우리가 그의 서거를 못내 애달퍼하는 심정은 한나라의 총리 장관, 정당지도자로서의 그의 지난날의 顯職 때문은 아니다. 수많은 국민들이 평소 그를 존경하고, 사랑하고, 깊은 흠모의 情을 가졌고, 지금은 모두 고개 숙여 슬픈 마음으로 그를 그지없이 추모하는 所以는 그의 찬란한 독립투쟁의 공적 때문이다. 인간에 있어서 가장 어려운 일은 무엇무엇을 들어도 결국 민족적 대의를 위하여 자기를 돌보지않는 일이요, 그것도 무기를 들고 敵陣에서 직접 싸우는 일이다. 세월이 흐름에 따라 그러한 헌신적 애국투사들은 한분 한분 우리 곁을떠나 갔다. 그리고 철기장군은 불과 몇분 밖에 남지않은 그러한 혁명가들 중의 한분이었다. 이제 그를 잃은 우리의 마음은 민족정신의 큰 지주를 잃었다는 공허감과 불안감에 휩쓸린다. 戰陣에서 독립군을 호령하던 높은 기개와 의지가 혁명적 정열과 문예의 정서와 인간적 낭만과 더불어 잘 배합되었던 그의 원숙한 인품은 사람들로 하여금 그를 단순히 장군으로 부르기를 내심 주저케 했던 것이다. 그리고 그의 末年에 더욱 드러난 그의 깨끗한 몸가짐, 소탈했던 인생관, 성실하고 겸손했던 생활태도는 국민들의 示範이 되기에 충분했다. 그러므로 한 위대한 민족적 지도자를 잃었다는 우리들의 국민적 애도는 순

수한 인간 철기를 잃었다는 인정상의 아쉬움과 겹쳐 남아있는 사람들의 적
막감을 더욱 자아낼 것이다. 지금 이 瞬間은 우리 모두 경건한 자세로 가
슴 속에 애도의 촛불을 피우고, 독립운동의 사표 철기 이범석장군의 넋을
위로해서 마땅한 시간이다.149)

위의 내용에서 보면 이범석의 갑작스러운 서거는 사람들에게 적지
않은 충격을 주었다. 그리고 그의 정치적 행보에 대해서는 세간에 논
의가 있을 수 있으나 그의 죽음을 애도하고 그를 존경하는 것은 그가
높은 현직(顯職)에 있었기 때문이 아니라, 민족적 대의를 위해 자신
을 희생했으며, 찬란한 독립운동의 공적을 쌓은 인물이기 때문이라
고 하고 있다.

또한 그는 이권과 탐욕, 교활함과 음모가 없는 깨끗한 몸가짐과 소
탈한 인생관을 가진 인물이었기 때문이라고 하였다. 그가 왕성한 정
치활동과 현직(顯職)에 비해, 개인적으로는 소박한 삶을 살았음을 평
가하고 있었다. 장례는 국민장으로 거행되었으며, 7월 17일 오후 2시
45분 국립묘지 애국선열 묘역에 부인과 함께 안장되었다.150)

맺음말 ▮▮▮▮▮▮▮▮▮▮▮▮▮▮▮▮▮▮▮▮▮▮▮▮▮▮▮▮▮▮▮

이범석은 1915년 16세의 나이에 만주로 망명하여 일제 시기에는 항일무장투쟁에 참가하여 빛나는 승리를 거둔 인물이다. 신흥무관학교의 교관과 북로군정서의 연성대장으로 활동하였으며, 청산리대첩을 지휘하여 대승을 거두었다. 아울러 한국광복군 창설과 OSS와의 합작을 추진하여 자력에 의한 독립의 길을 열고자 노력하였다. 그의 노력이 성공했다면 해방 이후 한국사 현대사의 전개는 전혀 달라졌을 지도 모른다. 이처럼 그는 일제 시기 한국립운동사에 한 획을 그은 인물이었으며, 독립군을 양성하는 데도 큰 공이 있었다.

그러나 청산리 대첩에 대한 이범석의 기억과 기록은 전투 상황을 명확하게 파악한다는 차원에서 면밀한 검토가 필요한 것으로 보인다. 이범석이 소련과 중국군에서 전개했던 항일투쟁의 내용과 부인과 함께 전개했던 고려혁명군 결사단에서의 항일무장투쟁에 대해서도 향후 새로운 연구가 보완되어야 할 것이다.

또한 이범석이 일제 시기 항일무장투쟁 과정에서 경험한 자유시참변, 합동민족군에서의 소련 적군의 배신, 한인 공산주의자 청년에 의한 김좌진의 암살, 톰스크 수용소에서의 경험, 부인 김마리아의 불행한 가족사는 그를 반공주의자가 되게 하기에 충분했을 것으로 여겨진다.

해방 이후에는 많은 독립운동가들이 그렇듯이 그도 정치인으로서 활동하였다. 정치가로서의 이범석은 독립운동가로서의 이범석과는 다를 수밖에 없었을 것이다. 해방 직후의 복잡한 정치 상황과 민주주의라는 새로운 정치 이념은 이전에 그가 경험해 본 적이 없는 낯선 것이라고 할 수 있었다. 또한 그가 원하는 새로운 국가상을 관철시키려면 먼저 정국의 주도권을 잡아야 했기 때문에 그의 정치적 행보는 언제나 어려움에 처할 가능성이 높았다.

환국 초기 그는 대한민국 임시정부에서 활동한 임정계 인물이었다. 그러나 대부분의 임정계 인물들이 해방 이후 김구 주도의 한국독립당에 참여했던 것과는 다르게 조선민족청년단을 창단하여 독자적 세력을 구축하였다. 족청의 구성 인물들은 한독당 계열의 인물이 주류가 아니었으며, 이범석은 오히려 김구와 거리를 두거나 불편한 관계를 형성했던 것으로 보인다. 반면에 족청은 미군정의 지원을 받아가며, 그 세를 떨쳤다.

김구가 미군정의 지지를 받지 못하고 뜻을 펴지 못했던 것에 비해 이범석은 미군정기에 성공적으로 국내에 안착하였다. 이런 사실들을 고려했을 때, 그에게 정치 참여 의도가 없었다거나, 정치를 잘 몰랐다는 평가는 검토의 여지가 있어 보인다. 족청의 성격은 좌·우의 대립 관계로만 보면 이해하기 어려울 만큼 폭이 넓었던 것으로 보인다.

이범석의 국가관 혹은 민족관에 대해서는 다음과 같은 측면이 고려될 수 있을 것이다. 첫째는 대종교 입교이다. 대종교는 단군을 중심으로 한 민족종교였다. 대종교는 독립운동가들 사이에 널리 퍼져 있었고, 그 역시 독립운동 시작과 더불어 대종교를 받아들였다.

두 번째는 주변 인물과의 관계를 고려할 필요가 있는데 이범석은 안호상을 만나 적어도 국가지상주의 혹은 민족지상주의에 대해 보다 확고한 생각을 갖게 되었을 것으로 여겨진다. 나치즘의 영향에 대해서도 부정할 수 없는 면이 있어 보이기는 하지만, 나치즘의 문제점을 명확하게 인식하고 있었다는 점은 반드시 고려되어야 할 것으로 생각된다. 이범석과 안호상은 해방 정국과 제1공화국을 거치면서 정치적 행보를 같이 했으며, 아울러 일민주의를 주창하고 보급하는 데에도 함께하였다.

끝으로 중국국민당 중앙훈련단에서의 경험 역시 족청의 교육법으로서 중요한 역할을 하였다. 족청에서 강조한 민족지상, 국가지상의 표어는 중국국민당에서 강조하던 그것과 거의 흡사하며, 교육 방법도 유사했다는 점에서 이범석은 미군정이 원했던 교육을 실시한 것이 아니라, 중국국민당의 교육제도와 이념을 차용했다고 보는 것이 타당한 것으로 여겨진다.

이범석에게 있어서 모든 사상들은 분란의 씨앗일 뿐이었으며, 공산주의는 물론이고, 자본주의와 민주주의에 대해서도 긍정적이지 않았다. 그에게 중요했던 것은 미군정이 의도한 민주주의가 아니었던 것으로 보이며, 민족과 그 민족으로 구성된 국가와 민족 그 자체였다. 그가 족청을 조직한 것도 장차 조국 대한민국과 민족을 위해 희생할 수 있는 청년을 양성하기 위해서였다.

족청을 조직한 데는 현실적인 이유도 있었을 것이다. 그는 이승만이나 김구와 같은 지명도를 갖고 있지 않았다. 따라서 정치 전면에 나서기보다 군인으로서의 경험을 살려 청년운동단체를 만들어 기반을 다지는 것이 더 나은 방법일 수 있었다. 결과적으로 그의 선택은 옳았으며, 그는 족청을 기반으로 초대 국무총리가 될 수 있었고, 그가 원하는 나라를 구현할 기회를 얻었다.

연로한 이승만을 대신해 정국의 주도권을 획득하겠다는 나름의 전망과 민주주의에 대한 이해 부족은 그에게 무리한 선택을 하도록 했던 것으로 보인다. 이범석은 이승만을 대신하여 부산정치파동에 앞장섰으며, 이승만을 도와 자유당을 창당했다. 이것은 곧 부메랑이 되어 그에게 고스란히 돌아왔다. 그의 행적은 미국과 이승만의 경계를 샀으며, 그 결과 이승만은 이범석을 정치적으로 완전히 제거할 수 있었다. 이후 이범석은 정치적 재기를 모색했지만, 끝내 성공하지 못하였다.

그는 평생을 군인으로 살았다. 청산리전투에서 독립운동가로 활동할 때도 해방 이후 정치인으로서 지낼 때도 그는 군인이었으며, 청렴하고 소박하게 살았다. 그러나 해방 이후의 복잡한 정치적 상황을 매끄럽게 풀기에는 나름의 한계가 있었으며, 그런 의미에서 이범석은 한국 근현대사의 전개 과정에서 그 명암을 동시에 보여주는 특별한 위치를 점하는 인물이었다고 할 것이다.

1900년(1세)

10월 20일(음)   서울 龍洞에서 태어나다.

1903년(4세)

대청마루에 뛰어다니며 놀다가 미끄러져 마루
밑에서 화롯불에 끓이고 있던 간장 솥에 빠져
전신에 화상을 입다.

1906년(7세)

5월 3일　　　　　延安 李氏 심장병으로 사망하다(故鄕은 京畿道
　　　　　　　　龍仁郡 陽智).

1907년(8세)

6월(음)　　　　　繼母 金氏 金海가 오다(故鄕은 江原道 江陵).
7월 24일　　　　丁未7조약이 체결되다.
8월 1일　　　　 대한제국 군대가 강제로 해산당하다.
　　　　　　　　박승환 제1연대 대대장 자결.
　　　　　　　　화상 입은 이범석을 극진히 보살펴 주던 家奴였
　　　　　　　　던 鄭太奎가 교전 중 부상으로 戰死하다.
　　　　　　　　헤이그에 밀사가 파견된다.

1908년(9세)

이 시기 海公 申翼熙가 자주 집에 드나들다. 해
공은 외국어학교 학생으로, 나의 가정교사 격이
던 외삼촌 李兌承와 동창으로 놀러오곤 하다.

1909년(10세)

9월 1일   일본군 南韓大討伐作戰을 시작하다.

私立長薰學校에 입학하다. 周時經과 金仁湜 선생에게 國文과 音樂을 배우다.

1910년(11세)

8월 28일   韓日合倂되다.

1911년(12세)

10월   家親이 강원도 伊川郡守로 부임하다.

伊川普通學校 2학년에 편입하다.

辛亥革命이 일어나다.

1912년(13세)

2월   孫文, 革命政府 대통령을 사직하고 袁世凱가 대총통이 되다.

7월   중국 上海에서 독립운동단체 同濟社가 조직되다.

| 10월 | 西間島 한인의 자치기관으로 通化縣 合泥河에 扶民團이 조직되다. |

1913년(14세)

| 3월 | 이천공립보통학교를 수석 졸업(4년제)하다.
경성제일고등보통학교 甲班에 무시험 추천으로 입학하다. |

1914년(15세)

| 6월 | 28일 제1차 세계대전이 일어나다. |
| 9월 | 주시경이 서거하다. |

1915년(16세)

| 여름 | 경성제일고보(3학년 2학기) 재학 중 마포 쪽 한강에서 呂運亨을 만나 중국으로의 망명 기회에 관한 이야기를 듣다. |
| 가을 | 충남 천안군 출신의 김 씨와 결혼, 서울 관철동 117번지에서 살림집 마련하다. |

11월 19일	저녁 11시 20분에 남대문역에서 의주행 기차를 타고 망명길에 오르다.
11월 20일	압록강 철교를 건너 만주 奉天에 도착하다.
11월 20일	봉천 西塔의 高麗旅館으로 여운형을 찾아가다.
11월 25일	여운형이 소개해 준 중국인을 따라 上海에 도착하다.
12월	상해에서 妹兄 신석우를 만나다.
	상해에서 신규식, 조성환, 신채호 등을 만나다.
	신규식과 손문 사이의 서한 전달 등의 심부름을 하며, 우연한 기회에 손문을 만나다

1916년 (17세)

초	杭州體育學校에 입학해 이후 6개월간 다니다. 이용, 채영, 한운룡, 이보민 등과 교유하다.
가을	裵達武, 金鼎, 金世晙, 崔震 등과 같이 배편으로 雲南에 도착하다.
가을	운남육군강무학교에 입학하다. 李國根이라는 가명을 사용하다.
11월	일본 육군 조선에 주둔할 2개 사단의 편성에 착수하다(제19사단 · 제20사단)

1917년 (18세)

러시아혁명이 일어나다.

1919년(20세)

1월 18일	제1차 세계대전 종결을 위한 파리 강화회의가 개최되다.
3월 1일	3 · 1운동이 일어나다.
3월	운남육군강무학교 제12기 기병과를 졸업하다. 號를 鐵騎로 하다.
	곤명에서 乾海子 騎兵聯隊에 배속되어 見習士官으로 복무하다.
4월 초	국내에서 3 · 1운동이 일어났다는 소식을 알게 되다.
4월 초	상해임시정부로 돌아가기 위해 당계오에게 사직원을 제출하여 허락을 받다.
5월	신석우 상해에서 체포되어 국내로 압송되다.
5월	서간도에서 교포의 자치기관 韓族會가 설립되다.
5월	중순 상해에 도착하여 신규식, 이동녕, 안창호, 노백린 선생 등을 만나다.
8월	대한정의단 산하의 독립군 무장단체 대한군정서가 조직되다.

8월	만주지역에서 항일무장투쟁을 결심하고 최진과 함께 상해를 떠나 만주로 가다.
10월	이시영의 소개로 신흥무관학교의 교관으로 취임하다.
10월	서로군정서에서 결사대대장으로 생도의 군사훈련을 담당하다.
11월	신흥무관학교 敎成隊의 대장으로 임명되다.

1920년(21세)

1월	서로군정서의 국내진공작전 계획이 무기 구입의 어려움과 군자금 부족 등으로 무산되다.
2월	29일 국내 진공작전이 무산된 실망감으로 서로군정서 藥藏에 있던 30g이 넘는 아편가루를 중국술에 타 마시고 음독자살 기도하다.
4월	서로군정서를 떠나 길림성 왕청현에서 창설된 북로군정서 교관으로 부임하다.
6월	7일 홍범도 연합부대 봉오동전투에서 승리하다.
6월	북로군정서, 블라디보스토크에서 철수하는 체코군과 교섭하여 무기를 구입하다.
7월	24일 만주군벌 張作林이 일본군의 만주침략을 방지하고자 맹부덕을 사령관으로 임명, 독립군과 협상에 나서다.

8월	일본, 間島不逞鮮人剿討化計畫을 확정하다.
8월	신규식이 杭州 西湖에 있는 高麗寺에서 순국하다.
9월 6일	북로군정서, 맹부덕과의 교섭에서 10일 이내에 다른 곳으로 이동할 것을 결정하다.
9월 9일	북로군정서 사관연성소, 제1회 졸업식 거행하다.
9월 17~18일	북로군정서 서대파 십리평의 근거지에서 백두산을 향해 이동을 시작하다.
10월 2일	琿春事件이 발생하다.
10월 12~13일	북로군정서군, 청산리에 도착하다.
10월	일본, 조선주둔 제19사단과 제20사단을 주력으로 간도를 침공하다.
10월 21일	북로군정서군, 백운평전투에서 승리하다. 홍범도연합부대, 완루구전투에서 승리하다.
10월 22일	북로군정서군, 천수평전투에서 승리하다. 북로군정서군과 홍범도연합부대, 어랑촌전투에서 협력하여 대승을 거두다.
10월 23일	북로군정서군, 맹개골전투와 萬麒溝전투에서 승리하다.
10월 24일	북로군정서군, 쉬구전투와 天寶山전투에서 승리하다.
10월 25일~10월 26일	홍범도연합부대, 천보산전투와 古洞河전투에서 승리하다.

10월 28일	북로군정서군, 소부대로 분산하여 안도현 황구 령촌에 도착하다.
10월 29일	청산리전투에 참가한 독립군단 密山에서 재집 결하는 것에 합의하다.
11월	팔과 다리에 凍傷이 걸려 20일간 治癒하다.
12월	독립군 부대가 密山縣에 집결하다.
12월	밀산에 모인 독립군단, 소련대표의 제의에 따라 露領로 들어가기로 결정하다.
12월	이승만, 미국에서 상해로 들어와 대한민국 임시 정 대통령에 취임하나.

1921년 (22세)

1월	북로군정서군, 소련 영토인 이만시로 들어가다.
3월	이만시에 모인 독립군단, 대한의용군총사령부를 결성하다.
6월	서일, 김좌진, 나중소 등 자유시를 탈출하다.
6월	이만에서 5명의 동지와 함께 우수리강을 헤엄쳐 소련 영토에서 탈출하다.
6월	興凱湖 연안의 快當別로 李相卨 선생 등 선배들 을 찾아가다.
6월 28일	소련 영토에 들어간 독립군단 자유시참변을 당 하다.

8월 28일	대한독립단 총재 서일, 쾌당별에서 자결하다.
	가을 소비에트대표 카라한과 일본 駐北京公使 芳澤謙吉이 캄차카 어업협정의 개정을 명목으로 소련 영내이 있는 한국독립군 단체의 무장해제에 합의하다.

1922년(23세)

10월 가을	身病을 얻어 쾌당별 맞은편 러시아령 일루까로 치료하러 가다.
12월	소련, 자국 영내의 독립군에 대한 무장해제를 강요하다.

1923년(24세)

5월	盧隱 金奎植 등이 시베리아에서 高麗革命軍을 조직하다.
	고려혁명군, 소련 적군과 합작을 결정하고 合同 民族軍으로 통합하다.
6월	고려혁명군 騎兵聯隊長이 되다.
	합동민족군의 일원으로 스파스카야전투에 참가 하였으며, 右大腿를 스치는 총상을 입다.

1924년(25세)

5월	통의부 의용군, 국경을 시찰 중이던 齋藤總督을 압록강에서 습격하다.
8월 2일	義誠團 단장 片康烈 하얼빈에서 日警에게 체포되다.

1925년(26세)

1월	합동민족군 수분지구사령관으로 무장해제를 요구하는 赤軍과 전투 중 기관총 銃傷을 당하다.
1월~2월	寧安縣 寧古塔에서 부상을 치료 중에 어머니가 찾아오셔서 1,700원을 주고 가시다.
3월	만주 군벌 張宗昌의 막료로 직업군인 생활을 하다.
3월 15일	김혁, 김좌진 등 영안현에서 新民府를 조직하다.
6월 11일	三矢協定이 체결되다.
7월	김좌진 장군으로부터 영고탑으로 오라는 전보를 받다.
8월	梧石 金學素의 주례와 曹成煥·김좌진을 증인으로 김마리아와 결혼하다.
9월	고려혁명군결사단을 조직하다.
	尹衡權이라는 가명을 사용하다.

1926년(27세)

6월 10일	국내에서 6·10만세운동이 발발하다.
7월	장개석, 北伐을 개시하다.

1927년(28세)

1월	김좌진의 요청으로 북만지역 마적의 소집을 위해 노력하다.
4월	중동철도 동부지선 葦河縣 葦塘溝에 들어가 6~7천 명의 마적을 결집시키다.
5월	장학량의 親衛大隊를 마적이 격파하다. 장학량 정권에 의해 지명수배령과 함께 거액의 현상금이 붙다. 김마리아, 고려혁명군결사단원들이 사용할 무기 구입 등의 일을 담당하다.

1928년(29세)

12월	고려혁명군결사단이 자연 해체되다.

1929년(30세)

9월 4일   장작림이 일본 관동군에 의해 皇姑屯驛에서 폭
사당하다(皇姑屯事件).
外蒙古에 들어가 수렵 생활을 시작하다. 이 시
기 金光斗라는 가명을 사용하다.

1930년(31세)

1월   김좌진이 암살당했다는 소식을 듣고 太來齋에
祭文을 써 보내다.

1931년(32세)

8월 18일   만주사변이 발발하다.

10월   蘇炳文 장군의 연락을 받고 입대하여 비서 겸
고급참모로 활동하다.
일본군과의 항전을 위해 장갑열차를 고안 제작
하여 戰果를 올리다.
馬岾山 장군의 작전참모가 되다.

1932년(33세)

4월 29일	상해 홍구공원에서 윤봉길 의사의 의거가 성공을 거두다. 임시정부 杭州로 이동하다. 시베리아 톰스크 수용소에 억류되다. 金耀斗라는 가명을 사용하다.

1933년(34세)

4월	톰스크 수용소에서 석방되어 중국국민당 정부의 배려로 유럽을 시찰하다.
5월	金九, 蔣介石과 면담하고 낙양군관학교에 한인 훈련반을 설치하기로 합의하다.

1934년(35세)

2월	중국육군중앙군관학교 낙양분교 한인특별반이 설치되다.
10월	낙양군관학교 한인별설반의 대대장으로 부임하다. 王雲山이라는 가명을 사용하다.

1935년(36세)

4월 9일	중국의 낙양군관학교에서 훈련을 마친 한인 학생 62명이 졸업하다. 일제의 항의로 한인특별반이 폐지되다. 임시정부 항주에서 鎭江으로 이동하다.

1936년(37세)

1월 12일	西安事變이 발발하다.
12월	楊虎城 휘하에서 기병연대장으로 활동하다.

1937년(38세)

6월	중국군 제3로군 소장 한복거 휘하의 고급참모로 복무하다. 王慕白이라는 가명을 사용하다.
7월 7일	중일전쟁이 발발하다.

1938년(39세)

4월	제3로군 제55군의 주임 참모로 활동하며 魯北, 台兒莊, 隴海線 전투에 참전하다.

1939년(40세)

6월	중국국민당 중앙훈련단 당정간부훈련반 제3기로 입교하여 중국국민당 최고간부훈련기관에서 교육을 받다.
9월	독일의 폴란드 침공으로 제2차 세계대전이 발발하다.

1940년(41세)

6월	대한민국 임시정부 한국광복군 창설의 실무를 담당하다.
9월 17일	한국광복군 광복군 참모장에 임명되다.
9월	임시정부 綦江에서 重慶으로 이동하다.
11월	한국광복군 총사령부 西安으로 이전하다. 아들 仁鍾이 태어나다.

1941년(42세)

11월 15일	중국군사위원회 광복군에게 한국광복군 9개 행동준승을 통보하다.
11월	대한민국 건국강령이 발표되다.

11월	『韓國의 憤怒』西安光復社에서 光復叢書 1권으로 발행되다.
12월 10일	대한민국 임시정부 대일선전포고를 발표하다.

1942년(43세)

9월	광복군 제2지대장에 임명되다.

1943년(44세)

	한국광복군 인도·미얀마전선[印緬戰線]에 전구공작대를 파견하다.

1944년(45세)

9월 24일	한중문화협회에서 조소앙과 함께 외교문제에 관한 강연을 하다.
10월	중국진구 OSS 비밀첩보과 책임자에게 광복군과 OSS의 합작을 제의하였다.

1월	써전트와 한국계 미군인 정운수를 서안의 제2지 대 본부로 초청하다.
4월 3일	써전트가 중경의 임시정부 청사를 방문해 한미 간의 군사합작을 승인하다.
8월 10일	임시정부, 국민당으로부터 일제가 무조건 항복 할 것이라는 사실을 통지받다.
8월 13일	광복군 國內挺進軍 총사령관에 임명되다.
8월 18일	11시 56분 국내정진군 미군 수송기로 여의도 비 행장에 도착하다.
8월 19일	4시 20분경 국내정진군, 일본군의 입국 거부로 여의도 비행장을 떠나다.
8월 28일	국내정진군 서안으로 귀환하다.
9월 9일	미국 극동군사령부 남한에 대한 軍政을 선포 하다.
9월 9일	이범석, OSS의 헬리월 중령에게 소련에 대응하 는 미국의 역할이 중요함을 강조하는 서신을 보 내다.
9월 16일	한국민주당이 결성되다.
11월 19일	전국의 12개 군사단체가 통합해 전국군사준비위 원회를 결성하고 이범석을 고문으로 추대하다.
11월 23일	김구와 김규식 등 임시정부 요인 15명이 제1진 으로 환국하다.

| 12월 1일 | 임시의정원 의장 홍진 등 임시정부 요인이 제2진으로 환국하다. |
| 12월 28일 | 모스크바 삼상회의, 신탁통치안을 발표하다. |

1946년(47세)

4월 20일	『한국의 분노: 청산리 혈전 실기』가 光昌閣에서 金光洲의 번역으로 출간되다
5월 16일	500여 명의 광복군을 이끌고 중경을 떠나 환국 길에 오르다.
6월 3일	인천항을 통해 환국하다.
6월 18일	건군협진회, 동대문 낙산장 조성환의 자택에서 이범석의 귀국 환영회를 개최하다.
6월 19일	조선상공회의소, 광복군의 생활 보호를 위해 2백만 원의 기금을 모으기로 하다.
7월 12일	국방경비대의 고문이 되다.
10월 4일	'이범석 장군의 밤'이라는 라디오 프로그램에 출연해 특별강연을 하다.
10월 9일	조선민족청년단을 창단하다.
12월 2일	조선민족청년단 제1기 간부 훈련생 입소식이 서울 천도교교당에서 거행되다.

1월 16일	김좌진 장군 서거 17주기 추도행사가 서울국제극장에서 이범석, 김구, 조소앙, 김상덕, 함상훈 등이 각계 인사가 참여한 가운데 성대히 거행되다.
2월 23일	강원도 춘천 국민회가 춘천교회당에서 개최한 강연회에서 강연하다.
3월 25일	조선민족청년단 제2회 전국위원회에서 단장 이범석의 중임과 이사 선임을 가결되다.
7월 19일	몽양 여운형이 암살되다.
9월 18일	한반도 문제, 유엔에 정식으로 제의되다.
9월 21일	지청천을 단장으로 하고 이승만을 총재로 한 대한청년단이 결성되다.
9월 25일	족청 여자청년훈련생 입소식(제7기)이 수원 청년훈련소에서 개최되다.
10월 9일	조선민족청년단 창립 제1주년 기념식이 서울운동장에서 성황리에 개최되다.
12월 12일	족청 단장 이범석과 대동청년단 단장 지청천은 파벌심 청산을 강조하는 '전국청년에게 고함'이라는 성명서를 발표하고 양측의 충돌이나 갈등을 예방하기로 하다.

2월 26일	유엔한국위원단의 보고를 받은 유엔 총회에서 남한만의 총선거안이 통과되다.
4월 19일	김구, 남북협상을 위해 평양을 방문하다.
5월 10일	제헌의회 선거가 실시되다.
7월 11일	중구 일신초등학교 대강당에서 족청 서울시단부가 주최한 시국강연회에서 강연하다.
7월 29일	국무총리 내정설이 언론을 통해 알려지다.
7월 30일	한민당위원장 김성수의 계동 자택을 방문하여 국무총리임명동의안 통과에 대한 협조를 요청하다.
8월 2일	상오 10시 25분 제37차 국회본회의에서 국무총리 이범석 승인 요청안 표결이 110 대 84로 가결되다.
8월 2일	경교장을 방문하여 김구와 면담하고자 했으나 김구의 외출로 성사되지 못하다.
8월 3일	국무총리 이범석 제38차 국회 본회의에 임석하여 취임 연설을 하다.
8월 5일	내각 관료 전원이 국회를 방문, 조각 완료를 보고하고 취임 인사하다.
8월 7일	딘 군정장관 이범석을 위시한 각 국무위원에게 축하 전문을 보내다.
8월 15일	대한민국 정부가 수립되다.

8월 16일	국방부장관에 취임하다. 로버츠 소장을 인견하고 현안에 대해 논의하다.
8월 24일	한미군사협정이 체결되고 미군정의 군사권과 행정권이 대한민국 정부에 이양되다.
8월 24일	국무총리로서 윤치영 내무부장관과 함께 경찰의 반성 헌신을 촉구하는 훈시하다.
8월 28일	시정연설에서 완전한 주권의 확립, 산업의 부흥을 강조하다.
8월 28일	조선민족청년단, 우이동 중앙훈련소에서 임시확대전국위원회를 개최하고 명칭을 대한민족청년단으로 변경하다.
9월 9일	북한에 조선민주주의 인민공화국이 수립되다.
9월 24일	김동성 공보처장과 함께『제일신문』, 『세계일보』, 『조선중앙일보』의 직원 체포와 관련해 기자회견을 하다.
10월 19일	여수·순천반란사건이 발발하다.
10월 21일	여순·순천반란사건에 대해 공산주의자와 극우의 정객들과 결탁임을 언급하다.
10월 16일	공보처에서 청산리전첩 기념강연회를 개최하다.
10월 19일~11월 26일	소설가 박계주『조선일보』에 '청산리싸움'을 연재하다.
10월 22일	국무총리와 국방부장관 명의로 여수·순천반란사건의 가담자에 대해 투항할 것을 권유하는 삐라를 항공기를 이용해 뿌리다.

11월 20일	한미경제원조협정 체결을 승인하다.
11월	논설집,『민족과 청년』을 간행하다.
12월 17일	이승만 대통령, 라디오 방송을 통해 족청이 대한청년단에 합류하지 않는 것에 대해 비판하다.
12월 19일	大韓靑年團 결성대회가 개최되었으며, 국무총리 이범석은 군중들의 거부로 축사를 끝내지 못하다.
12월 31일	송년사를 발표하고 이승만 대통령 정치적 경륜에 대해 존경을 표하다.

1949년(50세)

1월 5일	이승만 대통령, 조선민족청년단의 해체를 지시하는 담화를 발표하다.
1월 8일	대한민족청년단 총무부장 강인봉, 이승만 대통령을 방문하여 청년단체의 원만한 통합을 다짐하는 건의문 제출하다.
1월 20일	족청, 전국 이사 및 道단장 연석회의에서 해산을 선언을 발표하다.
3월 10일	제주도지구사태 시찰차 제주비행장에 도착하여 시내 각 방면의 시설을 시찰하다.
3월 20일	국방부장관을 사임하다.
5월 19일	육탄 10용사를 치하하는 담화를 발표하다.

6월 26일	백범 김구 서거하다.
9월 19일	여순사건 1주년 담화 발표하다.

1950년(51세)

4월 3일	국무총리직에 대한 사의를 표명하다.
6월 25일	한국전쟁이 발발하다.
6월 26일	밤 10시 경무대에서 이승만, 신성모, 무쵸 등과 한국전쟁의 대책에 대해 논의하다.
6월 27일	밤에 비상국무회의, 대전 철수를 결정하다. 이범석 한강다리 폭파를 제안하다.
7월 11일	기자담화 개최하여 북한군 電擊戰이 실패할 것임을 예견하다.
9월 1일	전시선전대책위원회 위원으로 임명되다.
9월 13일	국토통일촉진대회 준비위원회 대표위원으로 임명되다.
9월 15일	인천상륙작전이 실시되다.
10월 19일	중공군이 참전하다.
10월 27일	정부 환도 및 평양 탈환 경축, UN군과 국군 환영국민대회 준비위원장이 되다.
12월 8일	이범석, 주중대사에 임명되다. 27일 대만에 도착하다.
12월 16일	흥남철수작전이 시작되다.

1951년(52세)

8월 4일	주중국 대사 자격으로 귀국하다.
8월 10일	국회에 출석해서 장개석의 국민당 개조 상황에 대해 설명하다.
8월 14일	국무회의에 출석해 대만 정부가 쇄신을 통해 안정되고 있다는 취지의 발언을 하다.
9월 19일	주중 대사를 사직하다.
12월 23일	이승만 대통령 주도로 2개의 자유당이 창당되다.
12월 25일	원외자유당 임시 부서를 발표하다.

1952년(53세)

1월 16일	원외자유당 소위원회원들과 당 운영과 당세 발전을 위한 간담회를 개최하다.
1월 18일	국회에서 대통령 직선제와 국회의원 양원제를 골자로 하는 개헌안이 재적 175명 중 163명 참석, 가 19표, 부 143표, 기권 1표로 부결되다.
1월 23일	약 20일의 일정으로 원외자유당의 조직 강화를 위한 지방 유세를 진행하다.
3월 20일	원외자유당 전당대의원대회를 개최, 당수에 이승만, 부당수에 이범석을 만장일치로 추대하다.

4월 25일	서민호 의원 사건이 발생하다.
5월 24일	내무부장관에 임명되었으며, 하오 1시 정각 등청하여 내무부장관 취임식 거행하다.
5월 26일	부산정치파동이 시작되다.
6월 13일	국회 앞에서 개최된 '반역의원 성토대회' 자리에서 격려 발언을 하다.
7월 4일	발췌개헌안이 국회를 통과하다. 미국은 7월 5일까지 정치적 타협이 이루어지지 않을 경우에 대비한 비상계획을 수립하다.
7월 22일	내무부장관직을 사퇴하다.
8월 5일	제3대 부통령 선거에서 무소속의 함태영 당선되다.
8월 10일	낙선의 변을 발표하다. 선거 기간 중에 온갖 모략과 박해가 있었으며, 이번 선거가 공정 자유로이 되었는지 못되었는지에 대해서는 언급하려 하지 않겠다고 하다.

1953년(54세)

6월 12일	부산 수영비행장에서 서북항공편으로 구미 각국 시찰을 위한 外遊를 떠나다.
12월 9일	반당행위를 이유로 자유당에서 제명되다.
12월 11일	자유당의 제명에 대해 반박 기자회견을 하다.

1954년(55세)

2월 2일   자유당, 제2차로 족청계 국회의원 8명을 제명하다.

1956년(57세)

1월 16일   민정당 창당 과정에 지도위원으로 참여하여 95명의 발기추진위원을 추천하다.

3월 30일   민정당이 공화당으로 당명을 변경하여 창당하다.

5월 15일   제4대 대한민국 부통령 선거에 무소속으로 입후보하여 낙선하다.

1956년(57세)

1월 6일   민정당 발기촉진위원회의 지도위원이 되다.

3월 30일   민정당의 당명을 공화당으로 변경하여 창당되다.

4월 17일   이시영 서거 4주기 추도식에서 개회사를 하다.

5월 5일   해공 신익희 서거하다.

5월 15일   제4대 부통령 선거에서 낙선하다.

1958년(59세)

3월 5일	김좌진 장군의 부인 오숙근 여사가 별세하자 장례위원이 되다.
9월	신규식 선생 기념사업회 발기인회 회장에 선임되다.

1960년(61세)

4월 19일	4·19민주혁명 일어나다.
7월 29일	제5대 참의원 선거에 자유연맹 소속으로 충청남도에서 출마하여 당선되다.

1961년(62세)

5월 16일	5·16군사정변이 일어나다.

1963년(64세)

2월 21일	박정희 민주공화당을 창당하다.
3월 19일	윤보선·김도연·장택상·김준연과 함께 박정희를 면담하고 군정연장 선언에 항의하다.

| 6월 12일 | 민우당 창당 발기회에 고문으로 참여하다. |
| 8월 1일 | 시민회관에서 개최된 국민의 당 창당 발기인 대회에서 최고위원에 피선되다. |

1964년(65세)

| 5월과 6월 | 잡지『사상계』,「청산리의 항전(상·하)」을 연재하다. |

1965년(66세)

| 7월 9일 | 이승만 하와이에서 서거하다. |
| 7월 22일 | 이승만의 시신이 김포공항에 도착하자 시신을 영접하였으며, 國葬을 요구하다. |

1966년(67세)

| 12월 24일 | 야당 통합과 대통령 후보 단일화 추진을 위한 위원회가 설치되자 고문으로 위촉되다. |

197O년(71세)

2월 1일	부인 김마리아 숙환으로 별세하다.

1971년(72세)

8월 10일	KBS TV의 『내일을 위하여』에 출연하여 여류 시인 金南祚와 대담을 나누다.
12월 7일	회고록 『우둥불』을 발간하다.

1972년(73세)

1월 1일	경향신문 조철웅 기자와 마지막 인터뷰를 하다.
5월 10일	중화민국 중화학술원에서 명예 철학박사 학위를 받다.
5월 11일	오전 5시 40분 서울 성모병원에서 별세하다.
5월 17일	오후 2시 45분 국립묘지 애국선열 묘역에 부인 옆에 안장되다.

1986년

철기 이범석 장군 생가터에 이범석장군유허비가 건립되다(천안시 목천읍 서리 123번지).

1988년

3월 14일 독립기념관에서 어록비 제막식이 거행되다.

1991년

1월 12일 이범석기념사업회에서 『自傳: 우둥불 後篇』을 발간하다.

1995년

8월 1월 세종로 정부종합청사 국무회의실에 이범석 장군의 흉상이 건립되다.

2007년

중국 관영 CCTV, 중국항일투쟁 명장에 철기 이범석 장군을 선정하여 중국 전역에 방영하다.

2015년

5월 11일   철기 이범석 장군 제43주기 추모제가 서울국립현충원에서 거행되다.

2016년

5월 11일   철기이범석장군기념사업회, 『우둥불』 증복간을 간행하다.

5월 11일   철기 이범석 장군 제44주기 추모제가 서울국립현충원에서 거행되다.

11월 8일   해군, 1,800톤급 잠수함 이범석함을 진수하다.

2017년

5월 11일   철기 이범석 장군 제45주기 추모제가 서울국립현충원에서 거행되다.

2018년

3월 1일   육군사관학교에 독립전쟁의 영웅 이범석, 이회
          영, 홍범도, 지청천, 김좌진의 흉상이 건립되다.

2019년

5월 10일   철기 이범석 상군 제47수기 추모제가 서울국립
          현충원에서 거행되다.

2020년

5월 11일   철기 이범석 장군 제48주기 추모제가 서울국립
          현충원에서 거행되다.

머리말

1) 「金九 등을 불러 격려해주기를 청하는 簽呈(1941. 7. 3)」, 국사편찬위원회 편, 『대한민국임시정부자료집: 한국광복군 1』 10, 2006(http://db.history.go.kr/id/ij_010_0020_00380). 이 내용은 중국국민당 정부 내에서 중경 임시정부의 창구 역할을 했던 주가화(朱家驊)가 장개석(蔣介石)에게 보낸 보고문의 일부이다. 한편 이 보고서에서 소련의 혁명군과 합작한 이범석이 혼춘현 방면의 지대를 지휘했었다는 내용과 고려혁명군결사단을 조선혁명군결사단 등은 약간의 혼선인 것으로 보인다.

2) 鮮于基聖, 『한국청년운동사』, 錦文社, 1976; 오유석, 「미군정하의 우익청년단체에 대한 연구: 1945~1948」, 이화여자대학교 대학원 사회학과 석사학위논문, 1988; 류상영, 「해방 이후 좌우익청년단체의 조직과 활동」, 『해방전후사의 인식』 4, 한길사, 1989; 이경남, 『분단시대의 청년운동』 下, 삼성문화개발, 1989; 건국청년운동협의회, 『대한민국 건국청년운동사』, 건국청년운동협의회, 1989; 안상정, 「민족청년단의 조직과정과 활동」, 성균관대학교 대학원 정치외교학과 석사학위논문, 1991; 이진경, 「조선민족청년단연구」, 성균관대학교 대학원 사학과 석사학위논문, 1994; 임종명, 「조선민족청년단 연구: 미군정의 '향후 한국의 주도세력 양성정책'을 중심으로」, 고려대학교 대학원 사학과 석사학위논문, 1994; 박영실, 「李範奭 硏究」, 한국정신문화연구원 한국학대학원 정치학전공 석사학위논문, 2003; 후지이 다케시, 「족청·족청계의 이념과 활동」, 성균관대대학원 사학과 박사학위논문, 2010.

3) 박영실, 『이범석 연구』, 한국정신문화연구원 한국학대학원 정치학과 석사학위논문, 2002; 이진경, 『조선민족청년단연구』, 성균관대학교 대학원 사학과 석사학위논문, 1994.

4) 후지이 다케시, 앞의 논문, 2010; 서중석, 『이승만의 정치이데올로기』, 역사비평사, 2005; 마크 게인, 도서출판 까치 편집부 역, 『해방과 미군정』, 도서출판 까치, 1986; Joyce and Gabriel Kolko, *The Limits of power: the world and United States foreign policy 1945~1954*, New York: Harper & Row, 1972; Bruce Cumings, *The Origins of The Korean War, Volum Ⅱ The Roaring of the Cataract 1947~1950*, N.J.: Princeton University Press, 1990; Yuksabipyungsa, 2002의 연구 참조. 후지이 다케시는 파시스트라고 명시하지는 않지만, "파시즘적 민족주의"라는 용어로 사실상 이범석을 파시스트라고 평가한다.

5) 김명섭, 「6·25전쟁의 세계사적 의미: 코리아의 '반제반공주의'를 중심으로」, 6·25전쟁60주년기념사업위원회, 6·25전쟁 60주년 국제학술 심포지엄, 2010; Myongsob Kim, 「The Significance of the War in Korea(1950~53): Focusing on Korean 'Anti-Imperial Anti-Communism」, 2010; 이진경, 「조선민족청년단연구」, 성균관대학교 대학원 사학과 석사학위논문, 1994.

6) 송우혜, 「유명인사 회고록 왜곡 심하다, 이범석의 우둥불」, 『역사비평』 15, 역사비평사, 1991, 394~403쪽.

7) 鐵驥李範奭將軍紀念事業會 編, 『鐵驥李範奭自傳(우둥불 後編)』, 외길사, 1991; 李範奭, 『우둥불』, 思想社, 1971; 李範奭, 『韓國的憤怒: 靑山里血戰實記』 光復出版社, 1941; 李範奭, 『한국의 분노』, 光昌閣, 1947; 李範奭, 『톰스크의 하늘아래서』, 新現實社, 1972; 李範奭, 『방랑의 정열』, 정음사, 1974; 鐵驥李範奭紀念事業會 編, 『鐵驥李範奭 評傳』, 三育出版社, 1992.

제1장

1) 이범석, 『우둥불(情懷錄)』, 삼육출판사, 1978, 126쪽.

2) 위의 책, 85쪽.

3) 이연목의 자는 伯春, 호는 笑笑. 1821년(순조 21) 정시문과에 병과로 급제하고, 그 뒤 持平·이조참의·이조참판·한성판윤을 역임하였다. 헌종 9년 1843년에 冬至兼謝恩正使로서 청나라에 다녀왔다. 이어 대사헌·호조판서를 거쳐 1847년 광주유수(廣州留守)로 있을 때, 전날 대사헌으로서 조병현(趙秉鉉)의 탐학과 전권을 휘두르는 것에 대해 탄핵한 소장(疏章)에 과격한 문구가 들어 있었던 것이 문제가 되어 전라도 임자도(荏子島)에 유배되었다가 이듬해에 풀려났다. 그 뒤 전라감사·형조판서 등을 역임하고 기로소(耆老所)에 들어갔다. 국사편찬위원회, 『신편한국사』 32, 2002. 12 참조. 『朝鮮王朝實錄』 純宗

3年 8月 25日(陽曆) 六品李文夏·金在夏, 前參奉尹弘燮·尹正燮, 農商工部祕書官張斗鉉, 六品趙聲九·李重穆, 陞正三品.

4) 이범석, 『철기 이범석 자전』, 외길사, 1991, 35쪽.

5) 국사편찬위원회 한국사데이터베이스에 탑재되어 있는 직원록에서 李文夏를 검색해 보면 1908년 농상공부 본청, 상공국 상무과의 技師로 재직하였으며, 1911년 지방관서 강원도 이천군 郡守로 재직한 것이 확인되고 있다. 李文夏라는 이름의 이천군수는 1919년까지 보이며, 1920년과 1921년에는 양양군수로도 같은 이름이 보인다.

6) 이범석, 앞의 책, 1991, 41쪽.

7) 위의 책, 26쪽.

8) 이범석, 앞의 책, 1978, 15쪽.

9) 허우 이제, 장지용 역, 『원세개』, 지호, 1993, 95쪽.

10) 이범석, 앞의 책, 1991, 34쪽.

11) 全州李氏廣平大君派宗會, 『全州李氏廣平 大君派世譜』(卷之六), 回想社, 1997, 168쪽.

12) 정진석, 『인물한국언론사』, 나남출판, 1995.

13) 이범석은 『우둥불』 제4장 '情懷錄'의 '思母錄'을 통해 새어머니에 대한 고마움을 감동적으로 기술하고 있다. 이범석, 앞의 책, 1986, 125~138쪽.

14) 위의 책, 86쪽.

15) 이범석, 앞의 책, 1991, 32~33쪽.

16) 이범석, 앞의 책, 1978, 138~140쪽.

17) 김재원, 「철기 이범석의 반공민족주의 형성에 관한 연구: 일제시기를 중심으로」, 연세대학교 정치학과 석사학위논문, 2012에서 정태규의 죽음을 1905년 을사늑약 체결 이후 의병투쟁 과정에서 죽은 것으로 설명하고 있는데 검토의 여지가 있는 것으로 생각된다. 본 논문의 주장은 다음과 같다. "이범석은 자신의 회고록에서 박승환 대대장의 죽음을 언급하며, 정태규의 죽음을 말하고 있는데, 정태규는 박승환의 자결 이전에 의병활동으로 사망했을 가능성이 더 높은 것으로 보인다. 박승환은 을사늑약 직후에 자결한 것이 아니라 1907년 7월 24일에 맺어진 '정미 7조약(한일신협약, 제3차 한일협약)'으로 인해 군대가 해산되는 것에 비통함을 느끼고 자결한 인물이다. 이범석은 정태규가 자신이 6살(1905년) 때 사망했다고 회고하고 있기 때문에 박승환을 따라서 의병에 참여했다면 이범석의 나이와 정태규의 사망 연도가 맞지 않는다. 필자의 의견으로는 정태규는 이범석이 6살이었던 1905년 을사늑약이 있었던 해에 사망했을 것으로 생각되며, 후에 이범석이 박승환의 자결 사건을 을사늑약 직후로 착각하여 역사적 사건과 자신의 과거 이야기를 엮어 술회하다 발생한 오류로 추정된다. 필자가 정태규의 죽음 연도는 1905년으로 보는 이유는 정태규의 죽음과 이범석의 한문 공부 시작의 시점이 이범석이 6살인 해로 같으며, 이런 개인사적 기억이 본인의 회고에서 더 정확할 것으로 해석되기 때문이다.

주(註) 263

18) 이범석, 앞의 책, 1991, 33~34쪽.

19) 위의 책, 33~34쪽.

20) 위의 책, 33~34쪽.

21) 이범석, 앞의 책, 1978, 474쪽.

22) 이유선, 『한국양악백년사』, 음악춘추사, 1985. 이후 김인식은 尙洞靑年學院 중학부에서 서양음악을 지도하면서, 進明·五星·儆新·培材 등 여러 사립학교에서 서양 음악을 지도하였다. 1910년에는 우리나라 최초의 음악교육기관이었던 調陽俱樂部가 발족되자 이곳의 교사로서 활약하게 되었는데 이때 그의 가르침을 받은 사람 중에는 洪蘭坡 등이 포함되어 있다. 우리나라 최초의 합창단인 京城合唱團을 결성하기도 했으며, 이 밖에 많은 찬송가 가사를 우리말로 번역하였고 슈베르트의 「아베마리아」·「세레나데」, 헨델의 「할렐루야」 등 성가와 합창곡들을 번역하였다. 또한 우리나라 전통음악의 채보에도 공헌하였는데 「영산회상」·「여민락」 등을 서양식 5선보로 채보하였다. 작품으로는 學徒歌·漂母歌·漸進歌·國旗歌 등이 있다.

23) 김병문, 「주시경의 근대적 언어 인식에 관한 연구」, 연세대학교 대학원 국어국문학과 박사학위논문, 2011, 91쪽.

24) 새어머니에게는 소생이 없었으며, 아들이 독립군이 되자 아버지는 가문의 대를 잇기 위한 것이라는 명분으로 못 이기는 척 새어머니가 천거한 처자와 가정을 꾸렸다고 한다. 새어머니는 이범석을 위해 10년을 작정으로 100일 기도를 드리던 8년째 되던 해에 사망했다고 한다. 이범석, 앞의 책, 1978, 141쪽.

25) 이범석, 앞의 책, 1991, 43쪽.

26) 京畿百年史編纂委員會, 『京畿百年史』, 2000, 87~88쪽.

27) 이강훈은 본관은 전주이고, 호는 靑雷로 1903년 6월 13일 지금의 강원도 철원군 김화읍에서 태어났다. 1919년 3·1운동 직후 상해로 건너가 대한민국 임시정부 국무총리 李東輝의 비서로 일했다. 1921년 간도사범학교에 입학하여 1924년 졸업하였다. 1925년부터 新民府 활동하였으며, 1926년부터는 신창학교 등 신민부 산하 여러 학교에서 후진 양성에 힘썼다. 1929년에는 한족총연합회에 가담하여 북만민립중학기성회 집행위원으로 민립중학 설립에 관여하였다. 1933년 3월 남화한인청년연맹의 행동 단체인 黑色恐怖團을 조직하여 白貞基 등와 함께 주중 일본공사 아리요시 아키라有吉明를 암살하려다가 검거되었다. 일본으로 압송되어 1933년 11월 나가사키 지방재판소에서 징역 15년형을 언도받고 복역하였다. 1945년 8월 15일 광복을 맞아 출옥한 뒤에는 재일 한국거류민단 부단장을 지냈다. 1960년 귀국하여 한국사회당 총무위원으로 활동하다가 1961년 5·16군사정변 때 체포되어 3년간 투옥되었다. 1969년 독립운동사편찬위원회 위원으로 임명되어 활동하였고, 1988년 대한민국광복회 회장을 역임하였다. 2003년 11월 12일 사망하였다. 한국향토문화전자대전(https://terms.naver.com/entry.naver?docId=6083888&cid=67394&categoryId=67455).

28) 김준엽, 『장정 2: 나의 광복군 시절 下』, 나남출판, 2003, 210쪽.

제2장

1) 呂運弘, 『夢陽 呂運亨』, 青廈閣, 1967, 23~24쪽; 이범석, 『우둥불(情懷錄)』, 삼육출판사, 1978, 140쪽.

2) 이범석, 『철기 이범석 자전』, 외길사, 1991, 68~70쪽.

3) 이범석, 앞의 책, 1978, 140쪽.

4) 박성수, 『독립운동의 아버지 나철』, 북캠프, 2003, 93~94쪽. "신규식은 1900년 21세에 대한제국 육군무관학교에서 수학한 후, 육군 참위(參尉)에 임명되었으며, 부위(副尉)까지 올랐다. 그러나 1907년 일제에 의해 군대가 해산되는 상황에서 음독자살을 시도했으나 다행히 부인에게 발견되어 목숨을 구할 수 있었다. 그러나 이후 시신경(視神經)에 문제가 생겨 오른쪽 눈을 실명했으며, 눈동자가 한쪽으로 치우치자 예관(睨觀, 흘겨본다는 뜻)이라는 호를 사용하였다. 1909년 7월 대종교에 입교하였으며, 1910년 국치(國恥)를 당하자 다시 자살을 시도하였지만, 이번에는 대종교(大倧敎)의 교조(敎祖) 나철(羅喆)에 의해 목숨을 건졌다 이후 상해를 거점으로 하는 대종교 서도본사(西道本司)의 총책임을 맡아 활동하였다."

5) 이범석, 앞의 책, 1991, 80~84쪽.

6) 위의 책, 82~84쪽.

7) 이범석은 '운남군관학교', '운남강무학교' 등으로 다양하게 사용하고 있지만, 정식명칭은 '운남육군강무학교'이다. 후지이 다케시, 「족청·족청계의 이념과 활동」, 성균관대학교 대학원 사학과 박사학위논문, 2010, 14쪽; 裵淑姬, 「中國雲南陸軍講武堂與韓籍學員: 以同學錄的分析爲中心」, 『中國史硏究』 56집, 2008, 237~257쪽.

8) 당계요(883~1927)는 운남성 출신으로 1904년 일본진무학교(日本振武學校)에 유학하였고, 이듬해 동맹회(同盟會)에 가입하였다. 1909년 일본 육사 포병과를 6기로 졸업하였다. 신해혁명 후 운남군도독부 군정·참모부 차장을 거쳐 1912년 귀주도독, 1913년에 운남도독이 된 이래 손문(孫文)의 광동정부를 지지 '토원운동(討袁運動)'에 가담하였다. 1921년에는 부하 고품진(顧品珍)에게 축출되어 일시 홍콩으로 피신하였으나, 1922년 다시 운남성장(雲南省長)으로 복귀하였다. 1927년 곤명(昆明)에서 사망하였다. 한상도, 『韓國獨立運動과 中國軍官學校』, 문학과지성사, 1994, 46쪽.

9) 현룡순·리정문·허룡구 편저, 『조선족백년사화』 1, 거름, 1989, 149쪽.

10) 한상도, 『중국혁명속의 한국독립운동』, 집문당, 2004, 82쪽.

11) 이범석, 앞의 책, 1991, 110~111쪽.

12) 위의 책, 79~102쪽.

13) 안춘생, 「용감한 장군」, 철기 이범석 기념사업회, 『철기 이범석 평전』, 한그루, 1992, 11쪽; 김정례, 「대도와 정도를 걸으신 애국애족의 거인」, 철기 이범석 기념사업회, 『철기 이범석 평전』, 삼육출판사, 1992, 187쪽.

14) 이범석, 앞의 책, 1991, 102쪽.

15) 이범석, 앞의 책, 1991, 125~126쪽.

제3장

1) 김광재, 「상인 독립군 金時文의 上海 생활사」, 『한국민족운동사연구』 64, 2010, 115~174쪽.

2) 이범석, 『철기 이범석 자전』, 외길사, 1991, 128~130쪽; 希望出版社 編, 『(政界秘史) 事實의 全部를 記述한다』, 希望出版社, 1966, 63쪽.

3) 이범석, 앞의 책, 1991, 136~137쪽.

4) 박환, 「대한민국임시정부와 서북간도 독립군의 활동: 서로군정서와 북로군정서」, 『백범과 민족운동연구』 2, 백범학술원, 2004.

5) 「吉林에서」, 『독립신문』 1919년 10월 7일, 「情報 제649호: 通化保衛團長趙佐鄕二關スル件」, 關參謀 제791호, 不逞團關係雜件: 朝鮮人ノ部－在滿洲ノ部, 1920년 11월 3일.

6) 서중석, 『신흥무관학교와 망명자들』, 역사비평사, 2001, 105쪽.

7) 이범석, 앞의 책, 1991, 146~150쪽

8) 김경천, 김병학 정리, 『擎天兒日錄』, 학고방, 2012, 76쪽.

9) 김학규, 「30년 이래 중국 동북에서의 한국 혁명운동(후속)」, 『광복』 제1권, 제2기, 광복군총사령부정훈처, 1941.

10) 독립운동사편찬위원회 편, 『독립운동사자료집』 10, 1976, 28쪽; 류시중·박병원·김희곤 역주, 『국역 고등경찰요사』, 선인, 2010, 368~370쪽.

11) 이범석은 신흥무관학교 학생들의 교육에 대한 지청천의 방식과 관련하여 언쟁을 하기도 했던 것으로 보인다. '그때 지청천 씨와 나와는 연령으로 나의 큰 형님뻘 되는 분이고 또 군대 경험으로도 일본 사관학교 출신으로 나보다 더 풍부하지만, 그분은 혁명 간부를 교육시키는 데 있어 경우에 따라서는 때리기도 하였다. 비록 학생들은 달게 받았지만, 나는 이에 반대하였다. 혁명간부 동지는 啓發的인 교육을 해야 하며 인격의 존중으로만 가능하다고 나는 주장하였다. 그것을 가지고 말다툼을 자주했는데, 신팔균 씨가 내 주장이 옳다고 지지해 주어 나중에 가서는 지청천장군도 나의 주장이 옳다고 인정하고

교육에 임하는 자세를 고치게 되었다'고 회고하였다. 이범석, 앞의 책, 1991, 151~152쪽.

12) 이범석, 『우둥불』, 삼육출판사, 1978, 477~478쪽.

13) 이범석, 앞의 책, 1991, 161~162쪽.

14) 박환, 『김좌진 평전』, 선인, 2010, 81쪽.

15) 박환, 앞의 책, 2004, 59쪽.

16) 「三一節의 産物인 北路我軍實戰記」, 『독립신문』 1921년 3월 1일.

17) 독립운동사편찬위원회 편, 『독립운동사자료집』 10, 1983, 30~39쪽.

18) 신용하, 「大韓(北路)軍政署獨立軍의 硏究」, 『한국독립운동사연구』 2, 한국독립운동사연구소, 1988, 219쪽.

19) 독립운동사편찬위원회 편, 『독립운동사자료집』 10, 45쪽; 김재승, 『만주벌의 이름 없는 전사들』, 혜안, 2002, 103쪽.

20) 강덕상, 『現代史資料』 27, みすず書房, 1972, 362쪽.

21) "그곳 동포들은 대개가 이주해 온 지 수십 년 되어 토지도 자작농을 많이 갖고 있었다. 게다가 낯선 사람을 다루는 데 엄격하고 세밀했다. 그리고 자기네가 얻은 정보를 서로 교환, 연락함에 얼마나 조직적이고 민첩한지가 완연히 눈에 띄었다. (중략) 대감자 마을에 들어서기 훨씬 전부터 초소가 있고 부락민들이 전투태세를 갖추어 분위기 삼엄하다는 느낌마저 가졌다. (중략) 군정서본부까지 가는데 이런 검문을 십여 차례 받았다." 이범석, 앞의 책, 1991, 175쪽.

22) 위의 책, 176쪽.

23) 윤병석, 「참의·정의·신민부의 성립과정」, 『백산학보』 7, 백산학회, 1969, 113~114쪽.

24) 「北墾島에 在한 我獨立軍의 戰鬪報告」, 『독립신문』 1920년 12월 25일.

25) 朝鮮總督府警務局, 『朝鮮警察之槪要』(1925), 123~124쪽 이 표는 국사편찬위원회, 『한민족독립운동사』 4, 62쪽의 표를 재인용하였다.

26) 이 계획은 약 2개월을 기간으로 하여 제19사단장을 부대편성자로 하고, 출동 지역을 갑: 琿春-草帽頂子, 을: 西大坡-哈泥河-百草溝, 병: 龍井村-大屆琿-局子街, 정: 廣浦-頭道溝의 4개 지역으로 나누어 각 지역별 파견부대를 결정하고, 관계된 사단장, 군의 각 부장, 창고장은 9월 20일까지 보다 구체적인 세부계획을 만들어 보고하도록 하였다. 金正柱 編, 『朝鮮統治史料』 2, 韓國史料硏究所, 1970, 161~166쪽.

27) 「三一節의 産物인 北路我軍實戰記」(1), 『독립신문』 1921년 3월 1일; 독립운동사편찬위원회 편, 『독립운동사자료집』 10, 58쪽.

28) 박영석, 『日帝下 獨立運動史硏究: 滿洲露領地域을 중심으로』, 일조각, 1984, 140~154쪽.

29) 「三一節의 產物인 北路我軍實戰記」(1), 『독립신문』 1921년 3월 1일.

30) 황민호 외, 『3·1운동 직후 무장투쟁과 외교활동』, 독립기념관 한국독립운동 사연구소, 2008, 105쪽.

31) 신주백, 「봉오동, 청산리전투 다시 보기」, 『역사비평』, 역사비평사, 2019, 308쪽.

32) 김춘선, 「발로 쓴 청산리전쟁의 역사적 진실」, 『역사비평』 가을호, 267쪽.

33) 장세윤, 「洪範圖日誌를 통해 본 홍범도의 생애와 항일무장투쟁」, 『한국독립운 동사연구』 5, 독립기념관 한국독립운동사연구소, 1991, 168~169쪽.

34) 반병률, 『홍범도장군: 자서전 홍범도일지와 항일무장투쟁』, 한울아카데미, 2014, 89쪽.

35) 신용하, 「獨立軍의 靑山里獨立戰爭의 戰鬪들의 구성」, 『史學研究』 38, 1984, 510~512쪽.

36) 신용하, 『일제강점기한국민족사』 상, 서울대학교 출판부, 2001; 朝鮮軍司令部, 『間島出兵史』, 1926, 김연옥 옮김, 경인문화사, 2019, 49~50쪽.

37) 이범석, 앞의 책, 1978, 86~92쪽.

38) 송우혜, 「유명인사 회고록 왜곡 심하다 이범석의 우둥불」, 역사비평사, 『역사 비평』 13, 1991.

39) 황민호, 「청산리전투에 관한 연구 성과와 과제」, 『한국민족운동사연구』 105, 한국민족운동사학회, 2020.

40) 김재욱, 「이범석을 모델로 한 백화문 작품의 한국어 번역본」, 『중국어문학지』 48, 2014.

41) 「광복군참모장 이범석 귀국」, 『조선일보』 1946년 6월 5일.

42) 「신간 '韓國의 憤怒, 李範奭作 金光洲譯, 光昌閣發行」, 『동아일보』 1946년 6월 4일. 그런데 『조선일보』에서 『한국의 분노』 엄항섭 번역으로 광창각에서 발 행되었으며, 정가는 15원이라고 보도하기도 했다. 「新刊紹介」, 『조선일보』 1946년 5월 21일, "韓國의 憤怒 李範奭將軍 原著 嚴恒燮 翻譯 서울市 社稷町 三一一의 五〇 光昌閣 發行 定價 十五圓"

43) 엄항섭은 1898년 9일 1일 경기도 여주군 금사면 주록리 90번지에서 출생했으 며, 본관은 영월(寧越), 호는 일파(一波)이다. 異名 嚴大衡이며, '예빗·엄'이라 고도 불렀다. 1919년 보성법률상업학교 재학 중 3·1운동이 일어나자 중국으 로 망명하여 임시정부 국무원 법무부 참사에 임명되었다. 1922년에는 항주(杭 州) 지강대학(芝江大學)에서 수학하였으며, 김구의 의정활동을 보좌하였다. 1924년에는 상해한인청년동맹회 발기인, 집행위원, 재정부장이 되었고, 1926년 12월에는 헌법기초위원에 선임되었다. 1929년부터는 청년운동에 참여하여 재 중국한인청년동맹 중앙위원이 되었다. 1930년 1월 창당된 한국독립당의 조직 책 가운데 한 명으로 활동했다. 1932년 임시의정원 의원에 선출되었고, 한국 독립당 선전부장을 맡았다. 1941년 다시 의정원 의원이 되어 외무위원장직을

맡았으며, 1944년 5월에는 임시정부 국무원 선전부장과 김구 주석의 판공비서에 임명되었다. 해방 후인 1945년 11월 23일 임정 요인 제1진으로 환국하여 한국독립당 선전부장으로서 김구를 보좌하여 김구 명의의 발표 성명이나 국민에게 발표하는 호소문 등을 대부분 기초하였다. 1946년 2월 1일 개최된 비상국민회의에서 선전위원장이 되었으며, 1947년 3월 1일 국민의회 전국대표자대회의 임시정부 확대 강화에 따른 정무위원 개편에서도 정무위원이 되어 선전부장에 임명되었다. 1948년 4월 20일 남북협상에 참여하였으며, 1950년 한국전쟁 때 납북되었다. 1962년 7월 30일 평양에서 지병으로 사망했으며, 북한 신미리 애국열사릉에 묻혔다. 최병수, 「대한민국 임시정부와 일파 엄항섭 志士」, 『忠北史學』 10, 1998.

44) 嚴恒燮, 「서문에 代하여」, 이범석, 김광주 옮김, 『한국의 분노: 청산리 혈전 실기』, 광창각, 1946, 2~3쪽.

45) 임공순, 「'청산리전투'를 둘러싼 기억과 망각술: '청산리전투'에 대한 이범석의 자기서사와 항(반)일 반공의 회로」, 『국제어문』 76, 국제어문학회, 2018.

46) 戰勝도 燦然하다, 四日 靑山里記念行事盛大」, 『조선일보』 1946년 10월 4일, "금 4일은 고 金佐鎭 씨가 지도하든 우리 독립군 北路軍政署 산하의 6백 명이 26년 전 김좌진장군지휘로 間島 靑山里에서 소위 왜적 토벌대 2개 사단 4만 명을 상태로 한 대접전에 쾌승을 한 역사적 날이다 이 청산리 전승기념일을 당하야 당시 제일선에서 지휘하든 李範奭장군은 이날 오후 8시부터 서울중앙방송국「마ㅁ크」를 통하고 「한국혁명투쟁사와 오늘」이란 제목으로 강연을 하기로 되었다 또한 서울중앙방송국에서는 전승을 주제로 한 라다오드라마와 신흥악단의 혁명가곡 합창을 방송하기로 되었다"; 「靑山里전승기념, 금일 李장군 등 특별방송」, 『自由新聞』 1946년 10월 4일, '1920년 10월 4일 倭兵을 참패시킨 유명한 靑山里戰鬪 제26주년을 맞이하여 이를 기념하고자 서울방송국에서는 4일 오후 8시부터 1시간 동안 특별순서를 작정하여 방송하기로 하였다는데 이 전쟁○○○○○지휘 분전한 李範錫 장군의 기념강연과 라디오 드라마가 있으리라 한다.

47) 「靑山里싸움, 朴啓周」, 『조선일보』 1946년 10월 9일, "청산리싸움은 우리 독립운동사에서 가장 빛나는 기록의 하나이다. 백두산 북록에서 청산리싸움의 어마어마한 분위기 속에서 자라난 소설가 박계주 씨가 당시의 기억을 더듬어 지금 여기에 계속 게재하는 수기는 청산리싸움의 산 측면사가 될 것을 믿으며, 여기에 소개하는 바다"

48) 「靑山里싸움」(31), 『조선일보』 1946년 11월 26일, "筆者附記=오늘까지 연재해 온 「청산리싸움」의 실전 장면은 당시 제일선 총 지휘관이였던 이범석장군이 금번 重慶에서 가지고 돌아온 華文 원고를 필자에게 빌려주어서 그것을 참작한바 컷음을 여기에 말해둔다"

49) 「自主獨立을 盟誓, 金佐鎭將軍 追悼會盛况」, 『조선일보』 1947년 1월 17일.

50) 「청산리戰捷 기념 강연회, 16일 上午 市公館서」, 『自由新聞』 1948년 10월 16일; 「青山里戰捷을 回想 李國務總理 獅子吼」, 『자유신문』 1948년 10월 17일; 「青山里戰勝記念, 第27周年記念大講演會盛況」 『조선일보』 1948년 10월 17일

51) 「青山里戰捷을 記念 來31일로 29년 돌맞이」, 『자유신문』 1949년 10월 30일

52) 이범석, 「청산리의 항전 (상)」, 『사상계』, 1964. 5, 244쪽.

53) 장준하는 평안북도 삭주 출생으로 아버지는 장로교 목사인 장석인(張錫仁)이다. 1944년 일본군에 징집되어 중국 서주(徐州) 지구에 배속되었으나 6개월 만에 탈출해 한국광복군간부훈련반에서 훈련을 받았다. 1945년 1월 중경(重慶)의 대한민국 임시정부에 도착하여, 곧바로 한국광복군 제2지대에 배속되었다. 특히 미국 전략정보국[OSS: Office of Strategic Services]이 주관하는 특별군사훈련을 받고 국내로 특파될 예정이었으나 훈련 도중 일본의 항복으로 무산되었다. 광복 후 잡지 『사상계』를 간행하였고, 민주화운동에 나섰다. 이 과정에서 여러 차례 투옥되었으며, 제7대 국회의원에 옥중 당선되었다. 유신체제 반대운동을 주도하던 중 1975년 의문의 등산 사고로 사망했다. 김기승, 「제2공화국과 장준하」, 『한국민족운동사연구』 34, 2003.

54) 이범석, 앞의 책, 1978, 목차.

55) 위의 책, 83쪽.

56) 「我軍隊의 活動」, 『독립신문』 1920년 10월 13일.

57) 박창욱, 「봉오동전투와 청산리전투 연구를 재론함」, 『한국사연구』 111, 한국사연구회, 2000, 126~127쪽; 반병률, 『1920년대 전반 만주·러시아지역 항일무장투쟁』, 독립기념관, 2009, 247~249쪽에서도 이 같은 서술이 나타나고 있다.

58) 황민호 외, 앞의 책, 2008, 105쪽.

59) 국가보훈처, 『독립운동사』 5권, 1971, 383~384쪽.

60) 이범석, 앞의 책, 1978, 45~47쪽.

61) 이범석은 일본군의 상황에 대해 '적의 본대 약 8·9천 명의 병력은 우리와 싸우기 위해 산림「공지」 부근에 도착했다. 그러나 전위부대의 전멸은 그들로 하여금 다시 맹목적으로 산림「공지」 부근으로 들어오지는 못하게 하였다'라고 하고 있다. 위의 책, 47쪽.

62) 『독립신문』 제88호, 1920년 12월 25일. 상해 임시정부 군무부에서 발표한 청산리전투의 개요는 다음과 같다. '적의 전위 보병중대가 我의 候兵潛伏 10미터 되는 근거리에 至하도록 적은 안심하였다가 아의 후병은 此에 지하기가 지 自若不動하다가 충분한 호기를 際하야 맹렬한 급사격을 행한 지 약 20분 만에 1명의 잔여 없이 적의 전위중대를 전멸하니 그 수는 약 200여 명이더라 그 후방에 追進하던 적의 본대는 蒼黃罔措하여 미처 전개 응전치 못하고 혼란한 상태에 陷하여 遑汲的 행동으로 산포·기관총을 난사하나 조준과 방향 목표가 부적한 중 천연적 地物 유리하여 아군의 해는 小無하고 反히 아군의 사기는 왕성케 되다. 是時에 적 2개 중대 기병 약간을 附한 한 부대가 장백산

동북지맥으로 우회하여 同地에 재한 산림을 점령하여 아군의 翼側을 포위하다. 적의 본대는 지형이 불리할뿐더러 아군의 사격 군기가 自若緻密함으로 直前開進치 못하고 4·5백 미터를 퇴각하여 隊를 정돈하여 가지고 아군의 정면 및 익측을 포위하고 산포·기관총을 난사하는 지라 아군이 점령한 지점은 고지이며 은폐 안전할 뿐더러 적은 아군의 瞰制射擊을 受하게 되매 적의 사격은 毫도 효과가 무함으로 아군의 사기는 더욱 왕성하고 적은 日暮됨을 고려하여 숙영지로 퇴환하는 행동을 취하다'

63) 이범석, 앞의 책, 1978, 56쪽.

64) 위의 책, 59~64쪽.

65) 위의 책, 64~67쪽.

66) 신용하, 앞의 논문, 1984, 531쪽. 기존의 연구에서는 "이범석은 『신동아(新東亞)』1969년 3월호 「屍山血河의 靑山里戰役에서는 이 전투(마록구전투-필자)를 어랑촌전투라고 했다가 『우둥불(1972)』에서 마록구전투라고 하였다. 김훈도 이 전투를 어랑촌전투라고 했다. 마록구는 농사동(農事洞) 북방 약 30리 지점에 있는 촌락으로서, 어랑촌과는 지역이 너무 떨어진 무산대안(茂山對岸)의 지명이다. 어랑촌전투가 벌어진 남완루구(南完樓溝)[또는 남일루구(南日流溝)]는 만록구(萬鹿溝)로 기제되어 있는 바, 이범석은 이 만록구를 마록구로 오기(誤記)한 것이 분명하므로, 이 전투는 어랑촌전투로 부르는 것이 정확하고 마록구전투로 이름하는 것은 정확한 것이 아니다"라고 하였다.

67) 어랑촌 전투상황에 대해 『독립신문』에서는 다음과 같이 보도하였다, '이에 적은 즉시 출동하여 展開進展할 새 어랑촌 전방 약 3리 허에 아군이 은폐 잠복한 고지에서 약 200미터 되는 산곡에 그 본대가 도착하자 좌우 고지에서 아군은 맹렬한 瞰制射擊을 始하니 적은 罔知所措하여 前者死 後者倒에 積屍成邱 사격을 始한 지 약 20분간에 적의 사자 3백여 명이라 적은 己의 兵이 衆多함을 恃하고 아군을 대항할 새 적의 기병중대는 아군의 翼側을 위협하고 보·포병은 소총·기관총으로 효과 無한 사격을 아군의 정면에서 맹렬히 하여 위협적인 행동을 하나 천연적 지형이 유리함으로 아군은 조금도 피해가 무하니 사기왕성하여 좌우 전방으로 侵襲하는 적을 대항할 새 翼側에서 무익한 동작을 하려는 적의 기병을 격퇴하며 정면에 在한 다수 완강한 적을 맹렬 과감히 내항하니 통쾌 비참한 대전투가 된다. 時에 적은 지형이 불리하여 아의 감제사격을 受하는 중에 피아의 거리는 불과 200미터라 적은 각 방면에 산재하였던 부대가 집중 증가되어 최종에는 아군 5배 이상 병력이 된지라 然而 아의 旅行隊는 적의 수색 기병대를 격멸한 후 우리의 본대에 집합하고 아군 제2연대도 예비의 占位한 최고의 標高로 退合하여 일제히 맹렬한 집중사격을 행하니 적은 황겁한 중에 분개하여 산포·기관총으로 가치가 무한 사격을 위협적으로 맹렬히 하나 아군의 피해는 少無함으로 사기는 더욱 왕성하더라 점점 日暮하던 중에 적은 支隊로, 아군도 퇴각하다' 『독립신문』 제88호, 1920년 12월 25일. 위의 논문, 533쪽~534쪽.

68) 朴殷植,「韓國獨立運動之血史」,『朴殷植全書』(上), 672~673쪽. '박은식(朴殷植)에 의하면 일본영사관에서도 이도구 전투에서 연대장 1명을 비롯하여 대대장 1명, 소대장 9명, 하사 이하 병사의 사상자가 800명에 달하는 것으로 파악하고 있었다고 한다'

69) 이범석, 앞의 책, 1978, 73쪽. '이 전투에서 적은 1천 명가량(가노 연대장 포함)의 사상자를 내고 아군은 100여 명의 사상자를 냈다'고 하였다.

70) 지복영,『歷史의 수레를 끌고 밀며: 抗日武裝獨立運動과 白山 지청천 將軍』, 文學과 知性社, 1995 참조.

71) 김훈은 1919년 평양에서 3·1운동에 참여했으며, 그해 가을에 만주로 망명했다. 길림성 通化縣 哈泥河에 있는 신흥무관학교에 입학하여 1920년 5월에 졸업하였다. 1920년 북로군정서에 소속되어 士官鍊成所의 구대장으로 활동하였다. 1920년 9월 사관연성소 제1기생 200명을 중심으로 敎成隊가 조직되자 소대장이 되었다. 1920년 10월 화룡현 삼도구에서 북로군정서 제2연대 종군장교로 청산리전투에 참여하여 10월 2일 백운평전투에서 승리했다. 이후 천수평전투와 어랑촌 전투에 참가하였으며, 어랑촌전투에서는 중대원과 함께 본대의 철수를 엄호했다. 1921년 2월 尹琦燮과 함께 상해로 갔다. 仁成學校에서 200여 명이 참석해 이들에 대한 환영회를 열었다. 이 자리에서 김훈은 청산리전투에서 독립군의 전투상황과 전과를 알리고 만주에서의 일본군의 만행을 폭로했다. 아울러 무기와 인원이 부족해 퇴각한 것이 유감이라고 하며 독립운동의 필요성을 역설했다. 그해 5월부터는 상해 임시정부 내 이동휘(李東輝)계열과 함께 군사력 양성과 외교문제를 담당하면서 활동했다. 이후 곤명(昆明)으로 이동하여 이름을 양주평이라 바꾸고 운남강무학교(雲南講武學校)에 입학하였다. 1923년 말 제18기생으로 졸업한 김훈은 황포군관학교(黃埔軍官學校)에서 집훈처 교관으로 무관 양성에 주력했다. 1930년을 전후하여 중국공산당에 입당하여 만주에서 활동하였으며, 대장정(大長征)에 참가하였다. 1936년 2월 전사하였다. 한국학중앙연구원,『한국민족문화대백과사전(김훈)』(http://encykorea.aks.ac.kr/Contents/Index?contents_id=E0011145). 강만길 외,『한국사회주의운동인명사전(楊林)』, 창작과 비평사, 1996.

72)「北路我軍實記(二), 經戰將校金勳氏談」,『독립신문』98호, 1921년 3월 19일.

73) 장세윤, 앞의 논문, 1991, 168~169쪽.

74) 북로군정서와 홍범도연합부대의 연합작전에 대해서는 다음과 같은 견해가 있다. "홍범도부대와 김좌진부대는 구조적으로 매우 상호보완적이고 상호지원적이었다고 본다. 홍범도부대가 10월 21일 오후부터 22일 새벽 사이에 완루구에서 일본군에게 포위되었을 때에, 김좌진부대가 22일 새벽 5시 30분경에 천수평의 일본군 수색기병대를 급습했기 때문에 일본군의 부대 이동을 가져와, 홍범도부대의 포위망 탈출과 부대 이동을 용이하게 하여 완루구전투를 승리고 이끄는 데 지원적이 되었다고 할 것이다. 반면에 어랑촌 서남단 고지에서

북로군정서가 5배 이상 병력의 일본군에게 포위 공격을 당하였을 때에 완루 구전투를 치르고 나온 홍범도부대가 바로 북로군정서가 선점하고 있는 고지의 최고표고를 점령하여 일본군과 싸워주었기 때문에 북로군정서도 포위망이 풀리고 패전을 면하였을 뿐 아니라 도리어 승전했으며, 홍범도부대도 승전한 것이었다고 볼 수 있다. 어랑촌전투는 김좌진부대와 홍범도부대가 다 같이 참전했기 때문에 승리할 수 있는 전투였다고 해석된다"는 것이다. 신용하, 앞의 논문, 1984, 540~541쪽.

75) 『매일신보』의 보도 기사에 따라서는 '淸津特電' 혹은 '本社特電'·'東京電報' 등이라고 하여 강조하여 보도하는 경우도 있었다.

76) 『매일신보』 1920년 10월 19일, "討伐隊 行動開始, 토벌대 제3대로 편성하야가지고 15일 출발함. 음모조선인과 마적을 토벌코저"

77) 『매일신보』 1920년 10월 28일, "草賊團을 합한 1천여 명의 수괴 김좌진 부하, 漁老村에서 서로 만나 충돌되며 일장 접전이 시작, 피차사상이 不少햇다"

78) 『매일신보』 1920년 10월 28일, "洪範圖의 露營地를 暗夜에 突擊, 열열한 총소리는 산천이 진동하고 광경은 처참해, 29일 軍司令部發表"

79) 『매일신보』 1920년 10월 22일, "國境方面政勢險惡, 토벌대는 이곳 저곳으로 방비차로 활동이 성행, 조선인 음모단들은 여전히 출몰하며 서로 대항, 陰謀團의 首領은 洪範圖 金佐鎭 崔明祿, 各地에서 來着한 電報綜合, 三道溝 方面에 雄據한 朝鮮人의 大集團, 약 천여 명이 모여 있어서 형세 자못 불온하다는 말"

80) 『매일신보』 1920년 11월 18일, "間島方面 陰謀團 총사령관은 김좌진인대 군기는 아라시기관총"

81) 김연옥, 「일본군의 '간도출병' 전략과 실태」, 『일본역사연구』 50, 일본사학회, 2019.

82) 신효승, 「청산리 전역의 전개 배경과 독립군의 작전」, 『한국민족운동사연구』 86, 한국민족운동사학회, 2016.

83) 박환, 『독립군과 무기』 선인, 2020.

84) 독립운동사편찬위원회, 『독립운동사자료집』 10, 1976, 17~128쪽.

85) 강덕상, 『現代史資料』 28, みすず書房, 1972, 707쪽.

86) 신효승, 「'보고'에서 '석고화한 기억'으로: 청산리 전역 보고의 정치학」, 『역사비평』 통권 제124호, 2018. 8;「間島事件後의 間島狀況에 관한 政府特派員의 報告」(1920. 11. 25), 高警 第三七二一號;「北墾島에 在한 我獨立軍의 전투보고」, 『대한민국임시정부자료집』 9, 국사편찬위원회, 2006a, 48~52쪽;「軍政署檄告文」, 『獨立新聞』 1921년 2월 25일;「大韓軍政署報告」, 『獨立新聞』 1921년 2월 25일;「北路我軍實戰記」(1)·(2), 『獨立新聞』 1921년 3월 1일, 3월 12일.

87) 김주용, 「홍범도의 항일무장투쟁과 역사적 의의」, 『한국학연구』 32, 인하대학교 한국학연구소, 2014.

88) 「大韓軍政署報告」, 『독립신문』 제95호, 1921년 2월 25일. 적의 실패 이유 "1. 병가에서 가장 기피하는 것은 輕敵하는 행위로 險谷長林을 별로 수색도 경계도 없이 盲進하다가 항상 일부 혹은 전부의 함몰을 당한 것. 2. 局地戰術에 대한 경험과 연구가 부족하여 산림과 산지 중에서 종종의 自相衝突을 낳은 것. 3. 일본군인의 厭戰心과 避死圖生하는 怯懦心은 극도에 달하여 軍紀가 문란하며 射法이 정확하지 못하여 1발의 효과도 없는 난사를 행한 뿐인 것. 독립군의 승전의 이유 1. 생명을 돌보지 않고 분용결투(奮勇決鬪)하는 독립에 대한 군인정신이 먼저 적의 심기를 압도한 것. 2. 양호안 진지를 선점하고 완전한 준비를 하여 사격성능을 극도로 발휘한 것. 3. 임기응변의 전술과 예민 신속한 활동이 모두 적의 의표에서 벗어나서 뛰어난 것."

89) 「女子의 一片赤誠」, 『독립신문』 제93호, 1921년 2월 5일, "우리 독립군이 왜적으로 더불어 교전할 때에 아군은 예기치 않았던 불우의 전임으로 炊煮給養의 준비가 없었던 것은 사실이다. 그런데 該地方에 있는 부인들은 애국하는 一片의 赤誠으로 음식을 준비하여 가지고 위험을 冒하고 彈雨가 분분한 전선에 勇進하여 전투로 피로한 군인들을 供償며 위로 하였다. 어떤 군인들은 奮戰 忘食하여, 진작 應食치 않을 시에는 부인들이 울며 권하기를 諸氏 만일 此를 食치 않으면 우리가 다 死로 歸치 않겠노라 하여 기어이 取食토록 하여 일반 군인으로 하여금 큰 위안을 받게 하였다"

90) 강덕상, 앞의 책, 1972, 226쪽.

91) 「墾島參狀後報」, 『독립신문』 92호, 1921년 1월 27일. 이밖에 『독립신문』 87호에서는 피살 2,626명, 체포 46명, 재산피해는 민가 3,208동, 학교 39개교, 교회당 11개소, 곡물 53,265섬이 소실된 것으로 보도하였다. 「西北間島 同胞의 狀血報」, 『獨立新聞』 1920년 12월 18일.

92) 朴殷植, 『한국독립운동지혈사』, 208~216쪽.

93) 中華民國檔案資料, 「五縣華人墾民被日軍燒殺受損狀況」(吉林省延吉道道尹公署公文), 1921년 5월 5일.

94) 金正柱, 앞의 책, 1970, 108쪽. '剿討效果一覽表', 일본군 측의 '死亡者人名一覽表'에서는 일본군이 토벌에서 사살한 인명수는 보병 제73연대 106명, 보병 제74연대 64명, 보병 제75연대 136명, 보병 제78연대 7명 기병 제27연대 65명, 야포병 제25연대 16명, 보병 제28여단 24명, 총계 524명으로 집계하고 있다. 강덕상, 앞의 책, 1972, 520~544쪽.

95) 金春善, 「庚申慘變 연구: 한인사회와 관련지어」, 『한국사연구』 111, 한국사연구회, 2000, 163쪽. 그런데 경신참변에서의 한인들의 피해와 관련해 한·중·일의 주장과 진상이 서로 다르게 나타나고 있는 상황에서 이에 대한 국제적인 공동조사가 필요하는 주장이 제기되기도 하였다. 조동걸, 「靑山里戰爭 80주년의 역사적 의의」, 『한국근현대사연구』 15, 한국근현대사학회, 2000, 114쪽.

96) 정예지, 「庚申慘變기 조선인 "귀순"문제 연구: 북간도를 중심으로」, 『사림』 38, 수선사학회, 2011.

제4장

1) 金正柱 編, 『朝鮮統治史料』8, 韓國史料研究所, 1971, 281쪽.

2) 希望出版社 編, 『(政界秘史) 事實의 全部를 記述한다』, 希望出版社, 1966, 67쪽.

3) 이범석, 『우둥불』, 삼육출판사, 1978, 151쪽.

4) 이범석, 『철기 이범석 자전』, 외길사, 1991, 238~239쪽. "우리가 독립운동을 잠
시 포기하고 러시아혁명에 한 무력으로 참가한다는 것은 러시아혁명의 목적
이 러시아 자체에도 있지만, 아시아의 민족해방에 있다는 선전에 이용당해 들
어갔다고밖에 볼 수 없다. 이는 강한 민족주의를 품고 자라온 나로서는 도저
히 받아들일 수 없는 노릇이었다. 우리가 그곳으로 들어간다면 공산당 한 부
분의 무력이 될 뿐이지 아무 의의가 없었다"

5) 반병률, 『1920년대 전반 만주·러시아지역항일무장투쟁』, 한국독립운동사편
찬위원회, 2009, 278~279쪽. 사건은 오후 3시경에 시작되어 4시간 반 만인 오
후 7시 30분에 끝났다. 피해 규모는 기록마다 다르지만 많은 경우 전사자 72
명, 익사자 37명, 기병추적 200여 명, 행방불명 250여 명, 포로로 집힌 수가
917명이었다고 한다.

6) 지복영, 『역사의 수레를 밀고 끌며』, 문학과지성사, 1995, 452쪽; 이범석, 앞의
책, 1991, 259쪽.

7) 「蘇王營의 獨立軍隊, 총사령 김규식부하의 활동」, 『동아일보』 1922년 11월 22일.

8) 김규식은 1882년 1월 15일 경기도 양주군에서 출생했으며, 호는 蘆隱이고, 異
名은 瑞道이다. 별명으로 虎將軍이라고 불리기도 했으며, 尤史 김규식과는 다
른 인물이다. 1903년 1월경 구한국 사관학교 견습생을 시작으로 군인의 길을
걸었다. 侍衛隊 副校와 陸軍鍊成學校 조교로 근무하다 1907년 8월 군대해산
조칙이 공포되자 퇴직하였다. 이후 許蔿·李麟榮 의병장과 함께 경기 북부지
역에서 의병항쟁을 전개하고 13도창의군에 참여하여 격전을 치르던 중 체포
되어 옥고를 치렀다. 실제로 의병투쟁을 전개했던 김규식에 대해 조선총독부
에서는 '排日思想을 견지한 자' 혹은 韓日併合을 싫어하여 동지를 규합해 排
日行動을 하고 있는 인물로 파악하기도 했다. 만주로 망명하였으며, 김좌진·
이범석 등과 함께 청산리전투에 참가하였다. 露領으로 이동해서는 연해주 高
麗革命軍을 조직하고 사령관이 되어 白軍을 지원하던 일본군과의 항일무장
투쟁을 지휘하였다. 만주로 돌아온 후에도 1923년 5월 延吉縣 明月溝에서 결
성한 고려혁병군을 기반으로 한 항일무장투쟁의 역량 강화에 힘을 기울였다.
1925년에는 신민부계열의 인물들과 함께 활동한 것으로 보인다. 그리고 1931
년 3월 23일에는 북만지역 한인사회의 역량강화를 위한 노력의 일환으로 흑
룡강성 延壽縣에 세운 학교를 운영하는 문제로 하동지역에 갔다가 반대파의
공격을 받고 피살되었다. 황민호, 「蘆隱 金奎植의 생애와 항일독립운동」, 『한
국민족운동사연구』 95, 2008.

9) 윤상원, 「러시아지역 한인의 항일무장투쟁 연구(1918~1920)」, 고려대학교 대학원 박사학위논문, 2009, 304~305쪽.

10) 이범석은 자유시사변 이전 이만에서 중국으로 넘어온 후 대종교도를 기반으로 다시 독립군을 꾸리려고 하지만, 중국 마적단의 습격으로 그가 조직했던 군대가 모두 전멸한다. 이후 러시아에서 연해주 고려혁명군 총사령관을 하고있는 김규식을 찾아갔을 것으로 추정된다. 이범석, 앞의 책, 1991, 246~250쪽.

11) 요로님 뻬뜨로비치 우보레비치(Ieronim Petrovich Uborevich, 1896.1.14.~1937.6.12): 리트비아 꼬벤주 안딴드리야 출신으로 1916년 사관학교 졸업 후 제1차 세계대전에 참전하였다. 1917년 러시아사회민주당(볼세비키)에 가입했으며, 소비에트적군사령관으로 내전에 참가했다. 1922년 8월 극동공화국 인민혁명군 총사령관이 되어 연해주 해방전쟁을 승리로 이끌었다. 1922년 11월 22일 극동공화국 인민혁명군은 제5적기군으로 변경되었는데 우보레비치는 이 부대의 총사령관이 되었다. 이후 중요 보직을 역임하다가 1937년 스탈린 대숙청으로 처형되었다. 윤상원, 「러시아지역 한인의 항일무장투쟁연구: 1918~1922」, 고려대대학원 박사학위논문, 2009, 286쪽.

12) 이범석, 『철기 이범석 자전』, 외길사, 1991, 347쪽.

13) 윤상원, 앞의 논문, 2009, 313쪽.

14) 이범석, 앞의 책, 1978, 150~154쪽.

15) 위의 책, 150~151쪽.

16) 위의 책, 1978, 175쪽.

17) 김마리아, 「동지이며, 전우인 나의 남편」, 金仁玉 編, 『內助의 귀감』, 三耕出版社, 1969, 51쪽.

18) 이범석, 앞의 책, 1991, 343~344쪽.

19) 이범석, 앞의 책, 1991, 145~147쪽.

20) 이범석, 앞의 책, 1978, 145쪽.

21) 이범석, 앞의 책, 1991, 348~349쪽.

22) 김마리아, 앞의 책, 1969, 51~52쪽.

23) 이범석은 『자전』 말미에 '나의 사랑 마리아라' 장을 통해서 부부의 애틋한 정에 대해서 기술하였다. 이범석, 앞의 책, 1991, 343~384쪽.

24) 복흥은 兒名이며, 본명은 仁鍾이다. 「青山里의 英雄····波瀾 72년 鉄驥 李範奭 장군의 人間과 生活, 乘馬―사냥으로 보낸 晚年, 5年前부터 肉声 録音도, "사랑의 哲学을 祖国땅에"···遺言도 없이 詩만 남기고···音楽 즐기고 나폴레옹 숭배」, 『조선일보』 1972년 5월 12일. 아들 복흥의 출생과 관련하여 『자전』에서 "19개월 만에 출산한 아들"이라는 제목으로 상세하게 설명하고 있으며,

이를 정리하면 다음과 같다. "무사가 첫 아이를 낳은 것은 내가 서른일곱 살 때였다. 과학적으로 도저히 설명할 수 없는 그런 출산이었다. 어찌된 일인지 임신한 지 19개월이 되는데도 출산을 못하고 있었다. (중략) 그러다가 중국의 8년전쟁이 일어났다. 나는 제55군 참모처장으로 전투에 참가하게 되었다. 그래도 다행스러웠던 것은 고급 장교였음으로 후방 사령부에 무샤를 맡길 수 있었다는 것이다. (중략) 그런데 무샤는 끝내 아이를 낳았다. 5대 독자 아들이었다"고 하였다. 위의 책, 364~365쪽. 또한 아들의 병세는 평소 알고 지내던 중국군 보안과정 李靜謨가 소개해 준 回春堂이라는 한약방에서 지어준 약을 먹고 병세를 호전시킬 수 있었다. 이범석, 앞의 책, 1978, 255쪽. 또한 아들은 미국 애리조나 주립대학 졸업, 애리조나 주 건설회사 재직"하고 있었던 것으로 보인다. 김마리아, 앞의 책, 1969, 50쪽.

25) 「誠心誠意로 內助할 뿐, 李國務總理 夫人 金女史 談」, 『조선일보』 1948년 8월 3일.

26) 이범석, 앞의 책, 1991, 367~369쪽

27) 위의 책, 377~378쪽.

28) 대한민국 정부에서는 고인의 공훈을 기리기 위하여 1990년에 건국훈장 애국장 (1977년 건국포장)을 추서하였다(https://e-gonghun.mpva.go.kr/user/Contribu ReportDetail.do?goTocode=20002).

29) 「寧古塔의 近情, 독립당의 거두 만히 모여」, 『동아일보』 1923년 12월 8일.

30) 이범석, 앞의 책, 1978, 173~175쪽.

31) 위의 책, 482쪽.

32) 이범석에 따르면 고려혁명군결사단은 73명이 일본군과 공산당에 의해 희생되었고 7명이 남았다가 그중 4명은 타락생활에 떨어지고 자신은 도피행각 시작하게 되었다고 한다. 위의 책, 197쪽·482~483쪽(年譜).

33) 「高麗革命軍決死團 首領等 五名途局, 할빈에서 군자금 모집차로 활동하든 고려혁명군결사단을 검사국에 송치 哈爾濱 街頭 交戰事件, 哈市를 舞臺로 하야 軍資金을 募集, 다섯 명이 결사대를 조직하야 할빈에서 군자모집에 대활동, 拳銃가지고 富豪家에 侵入 警官과 交火, 三名은 被傷 세 명이 상살 후 경관에 피착, 勢窮力盡畢竟被捉 계속 오명 체포, 할빈에서 체포하야 신의주로 압송」, 『동아일보』 1930년 3월 27일.

34) 김마리아, 앞의 책, 1969, 50~53쪽.

35) 이범석, 앞의 책, 1978, 483쪽(年譜).

36) 풍옥상은 安徽省 출신으로 保定武備學堂을 졸업하였다. 처음에는 段祺瑞의 安福派에 속하였으나 뒤에 直隷派에 가담하여 1922년 奉直戰爭에 참가하고 陝西·河南 도독을 지냈다. 그러나 1924년의 제2차 봉직전쟁 때는 반기를 들어 奉天派와 손을 잡아 曹錕을 몰아내고 北京을 점령하여 前청나라 황제 溥儀를 추방하였으며, 국민군 제1군사령 겸 전군총사령이 되어 세력을 떨쳤다.

곧 봉천와도 불화가 생겨 1925년부터 反帝 · 반군벌의 민중운동에 영향을 받아, 11월 張作霖을 타도하려 하였으나 실패하였다. 1926년 모스크바에 갔다가 돌아와 중국국민당에 입당하고, 서북국민연합군 총사령으로서 북벌에 협력하였다. 1928년 봉천군을 쫓아내고 국민당 중앙집행위원이 되었으나 蔣介石와는 시종 이해가 대립하였으며, 1930년 反蔣運動을 펴다 실패하여 제명되었다. 항일전쟁 중 당에 복귀하여 重慶의 장개석 밑에서 군사위원장에 취임하였으나 장제스의 파쇼화에 반대하고 공산당과 행동을 같이하였으며, 1937년 國共合作 이후 국방최고위원이 되었다. 1946년 미국에서 반장 성명을 발표하고, 1949년 인민정치협상회의에 참가하기 위하여 소련을 거쳐 귀국하던 중 흑해에서 타고 있던 배에서 화재로 죽었다. 그의 아내 李德全은 중공정부의 초대 위생부장 · 적십자회장 등의 요직을 지냈다. 田子維, 『中國近代軍閥史詞典』. 黨案出版社, 1989 참조.

37) 이범석, 앞의 책, 1978, 198~201쪽.

38) 위의 책, 198~199쪽.

39) 김마리아, 앞의 책, 1969, 53쪽.

40) 이범석, 앞의 책, 1978, 219~223쪽; 위의 책, 53쪽.

41) 이범석과 마점산의 인연에 대한 김마리의 증언에서는 이범석의 회고와 달리 소병문이 아니라 마점산이 이범석을 직접 찾아 도움을 청한 것으로 되어 있다. 그 내용은 다음과 같다. "항일구국군의 총수 마점산장군「당시 黑龍江省 주석」은 청산리 싸움에서 용맹을 날린 항일 투쟁의 선봉인 이 장군을 사방으로 수소문해서 만나려 했던 때입니다. 이 장군의 전술이 당시 중국군 안에서 높이 평가되는 반면, 왜적에게는 전율의 대상이 되기도 했습니다. 이렇듯 이 장군의 전략 지모를 안 마장군이 각방으로 그 분을 찾던 끝에 외몽고에서 2년 간 방황하던 장군과 마침내 만나게 되었습니다. 그 후 장군은 마장군을 도와 흑룡강성 제1군 작전과장으로 맹활약하였습니다. 이래서 서로 헤어진 2년 만에 다시 만나게 되었습니다." 김마리아, 앞의 책, 1969, 54쪽.

42) 이범석, 앞의 책, 1978, 484쪽; 위의 책, 54쪽.

43) 김마리아, 앞의 책, 1969, 68쪽.

44) 중국 관영 CCTV, 중국항일투쟁 명장에 철기 이범석장군을 선정하여 중국 전역에 방영하였으며, 치치하얼에 있는 강교항일전투기념관에는 이범석장군의 흉상일 건립되어 있다. 『THE ASISN』 2018년 2월 19일.

45) 「馬占山脫出事情」『동아일보』1932년 4월 24일;「滿洲國軍政部長, 馬占山行衞 不明, 謝外交總長發表, 揭載禁止中今日一部解禁」, 『조선일보』1932년 4월 24일.

46) 이범석, 앞의 책, 1978, 347~348쪽.

47) 위의 책, 345~346쪽.

48) 위의 책, 484~485쪽(年譜). 2016년 철기이범석기념사업회에서 발간한『철기이범석장군 재조명, 우둥불』에 게재된 철기 '이범석 장군 연보'에는 1933년 바이칼호수 북쪽 시베리아 철도북지선 종점인 톰스크에 도착(8개월의 억류생활), 겨울, 군사시찰단으로 톰스크를 떠나 모스크바 경유, 유럽으로 가 폴란드를 방문 시찰이라고 되어 있다. 또한 1934년 7월 철기 폴란드를 떠나 독일 베를린에 도착. 8월 베를린에 2주 머무름. 지중해 연안의 군사시설을 보고 이집트를 시찰키 위해 이태리 제노아에서 화물여객선 살브르벤호에 승선. 10월 52만에 상해 도착이라고 되어 있다. 이범석의 연보에 대해서는 보다 정확한 정리가 필요해 보인다.

49) 「馬占山 伯林에 出現, 部下 66名과 함께 伯林滯在中, 近日 漢堡經由로 歸國」,『조선일보』1933년 4월 27일. "一時 地下의 人이되 것으로 確信되든 馬占山이 죽지안코 伯林에 나타낫다. 假馬占山이 橫行한 일도 잇슴으로或假者는 아닌가하는지도 모르나 틀림업는 馬占山이다. 그는 그동안 西伯利亞에서 秘密히 滯在하다가 4월 18일 莫斯科 經由로 勞農政府에서 準備하야 준 特別列車를 타고 一行 66名이 伯林에 와서 獨逸 各 新聞으로하여곰 中國의 英雄 東洋의『한니발』이라는 最高의 讚辭를 밧고 滯在하면서 歸國準備를 하고 잇다. 馬占山은 大每 特派員과의 會見談에 依하면 그는 滿洲里에서 敗戰한 後 兵卒로 變裝하고 馬占山인 것을 숨겨 部下와 함께 露領으로 逃亡하야 勞農政府의 保護로 돔스코로가서 잇다가 國民政府에서 歸國旅費도 보내엿슴으로 歐洲經由로 歸國하는 途中에 伯林에 들린 것인데 그는 歸國하야서는 即時 抗日戰線에서 겟다고 豪言하고 잇다."

50) 「馬占山 上海着, 蘇炳文과 함께 歸國」,『조선일보』1933년 6월 6일.

51) 이범석, 앞의 책, 1991. 끝에 게재되어 있는 '李範奭 將軍의 略歷'에서는 "1928년 중국동북항일군 흑룡강성군 작전과장(당시 중국군 小將의 자격으로) 마점산장군과 같이 월경 入蘇하여 歐洲軍事視察團에 참가 歐羅巴 각국 시찰"이라고 되어 있다. 그런데 이 기록의 경우도 이범석과 마점산이 소련으로 들어간 시기와 중국군 내에서의 계급 등에 있어서 문제가 있는 것으로 보인다.

52) 이범석, 앞의 책, 1978, 300쪽.

53) 「滿洲國軍政部長馬占山行衛不明」,『조선일보』1932년 4월 24일.

54) 이범석, 앞의 책, 1978, 256~258쪽.

55) 위의 책, 273~291쪽.

56) 위의 책, 283쪽.

57) 위의 책, 201쪽.

58) 위의 책, 293쪽.

59) 이범석, 앞의 책, 1991, 348~349쪽

60) 이범석, 앞의 책, 1978, 174~288쪽.

61) 김준엽, 『장정 2: 나의 광복군 시절 下』, 나남출판, 2003, 210쪽.

62) 「蘇炳文軍 歸國準備中」, 『조선일보』1933년 1월 28일. 이범석은 톰스크 수용소에서의 석방과 관련해 다음과 같이 회고하고 있다. "중국 국민정부에서 외교장관을 두 번 지낸 일이 있는 유명한 외교가 안혜경(顔惠卿) 박사를 프랑스의 주선으로 모스크바에 들여보내 러시아 정부와 직접 접촉하게 된 것이다. 이는 단절된 외교가 풀리는 실마리라는 의미에서 중요한 일이었다. 지금 오가는 말도 있지만, 그때 러시아와 중국의 단절된 국교가 정상화되는 것이 7만 군대가 톰스크에 있었기 때문이라고 해도 과언이 아니다. 안 박사가 활동을 한 지 달반이 넘었다는 것이다. (중략) 안 박사 측이 우리를 중국으로 데려가는 데 성공한 것이다" 이범석, 앞의 책, 1978, 296쪽.

63) 이정식 · 허원 역, 『만주혁명운동과 통일전선』, 사계절, 1989.

64) 김마리아, 앞의 책, 1969, 54쪽.

제5장

1) 이범석, 『우둥불』, 삼육출판사, 1978, 485쪽(年譜). "洛陽軍官學校 韓籍軍官隊 隊長. 이때 池靑天氏는 指導員이었음"이라고 되어있다. 또한 이범석, 『철기 이범석 자전』, 외길사, 1991 끝에 게재되어 있는 '李範奭 將軍의 略歷'에서는 "1933년 洛陽軍官學校 韓籍軍官隊長에 就任"이라고 되어 있다.

2) 도진순 주해, 『백범일지』, 돌베개, 1997, 356~357쪽.

3) 국사편찬위원회 편, 「金九 一派의 軍官學校 設立狀況 槪要에 관해 재 北平 中山 一等 書記官 外務大臣에게 報告한 要旨」, 『대한민국임시정부자료집』 9, 2006, 121~122쪽.

4) 한상도, 「安敬根이 걸어 간 한국근현대사: 독립운동에서 통일운동으로」, 『한국민족운동사연구』 78, 한국민족운동사학회, 2014, 50쪽.

5) 국사편찬위원회 편, 「불령 조선인 金九 일파가 조직하는 조선인 군관학교의 상」, 『대한민국임시정부자료집』 9, 2006, 123쪽.

6) 김마리아, 「동지이며, 전우인 나의 남편」, 金仁玉 編, 『內助의 귀감』, 三耕出版社, 1969, 55쪽.

7) 金正柱 編, 『朝鮮統治史料』 8, 韓國史料研究所, 1971, 496~497쪽.

8) 국사편찬위원회 편, 「불령 조선인 金九 일파가 조직하는 조선인 군관학교의 상」, 『대한민국임시정부자료집』 9, 2006, 123쪽.

9) 이범석, 「光復軍: 大韓民國臨時政府의 樹立과 그 活動」, 192쪽.

10) 「李靑天 麾下 四十名 洛陽軍官校에 入學, 上海 金某와 連絡合勢」, 『조선일보』 1934년 8월 22일.

11) 한상도,「金九의 韓人軍官學校(1934~1935) 운영과 그 입교생: 중국내 한국독립 운동 의 계열화과정과 관련하여」,『韓國史硏究』58, 1987, 94~95쪽.

12) 채근식,『武裝獨立運動秘史』, 大韓民國公報處, 1947, 196쪽; 조경한,『白岡回顧錄』, 韓國宗敎協議會, 1979, 217~218쪽.

13) 김마리아, 앞의 책, 1969, 55쪽.

14) 希望出版社 編,『(政界秘史) 事實의 全部를 記述한다』, 希望出版社, 1966, 69쪽; 장준하,『돌베개』, 세계사, 2010, 357쪽; 국사편찬위원회 편,「한국에 대한 비밀첩보 침투를 위한 독수리 작전 보고서」,『대한민국임시정부자료집』12, 2006, 120쪽.

15) 국사편찬위원회 편,「金九 등을 불러 격려해주기를 청하는 簽呈(1941.7.3)」,『대한민국임시정부자료집』10, 2006, 88쪽. 이범석의 태아장전투 참전과 관련 해서는 "1937년 6월 우군참모처 대리처장으로 취임 좌우군 당시 台兒莊戰과 徐州會戰을 장군이 참모하고 직접 지휘하여 대공을 이루므로 장개석은 그 지혜에 놀라 곧 중앙훈련단(중국기장 사장 등 고급장교들을 재훈련하는 곳) 간부로 등용 하였다"는 기록도 있다.「이범석 약력」,『서울신문』1948년 8월 2일. 그런데 이 기록의 경우 참전의 시기를 1937년 6월이라고 한 것은 오류인 것으로 보인다.

16) 중국국민당 중앙훈련단 당정간부훈련반은 1939년 3월 1일 개설되었고, 이범석이 입교한 제3기는 1939년 6월 4일에서 동년 7월 5일까지 교육을 받았다. 후지이 다케시,「족청·족청계의 이념과 활동」, 성균관대대학원 사학과 박사학위논문, 2010, 20~23쪽.

17) 朱家驊가 장개석에 보낸 문서에는 이범석이 1941년 1월까지 중앙훈련단에서 중대장, 교관으로 활동한 것으로 되어있다(국사편찬위원회 편,『대한민국임시정부자료집』10, 2006, 88쪽). 이범석은 1940년 6월 이후 한국광복군에서 활동 중이었기 때문에 위의 자료의 서술에는 문제가 있어 보인다.

18) 南坡 朴贊翊 傳記刊行委員會,『南坡朴贊翊傳記』, 251쪽.

19) 이범석, 앞의 책, 1991, 256~258쪽.

20) 한시준,『한국광복군연구』, 일조각, 1993, 94쪽.

21) 韓國臨時政府宣傳委員會,『韓國獨立運動文類』, 선국대학교 출판부, 1976, 87~88쪽.

22) 이범석,「光復軍: 大韓民國臨時政府의 樹立과 그 活動」, 193쪽. 希望出版社 編, 앞의 책, 1966, 70쪽.

23) 김준엽,『長征』下, 나남, 1991, 498쪽.

24) 국사편찬위원회 편,「한인 포로의 광복군 입대(1945.5.16)」,『대한민국임시정부자료집』11, 2006, 117쪽;「韓籍 포로의 제2지대 위탁을 건의한 代電(1942.12.31.)」, 38~39쪽.

25) 독립운동사편찬위원회, 『독립운동사』 6, 1975, 388~389쪽.

26) 한시준, 앞의 책, 1993, 273쪽; 김광재, 「한국광복군의 활동 연구: 미 전략첩보국(OSS)과의 합작훈련을 중심으로」, 동국대대학원 박사학위 논문, 2000, 55쪽.

27) 이범석, 「光復軍: 大韓民國臨時政府의 樹立과 그 活動」, 198쪽.

28) 국사편찬위원회 편, 「한국에 대한 비밀첩보 침투를 위한 독수리 작전 보고서(부록 4)」, 『대한민국임시정부자료집』 12, 2006, 119쪽.

29) 독립운동사편찬위원회, 앞의 책, 1975, 510쪽.

30) 국사편찬위원회 편, 「한국에 대한 비밀첩보 침투를 위한 독수리 작전 보고서(부록 4)」, 『대한민국임시정부자료집』 12, 2006, 119쪽.

31) 국사편찬위원회 편, 「싸전트의 비망록」, 『대한민국임시정부자료집』 12, 149~150쪽.

32) 김광재, 앞의 논문, 2000, 69~75쪽.

33) 국사편찬위원회 편, 「이범석의 중경도착과 관련한 전문」, 『대한민국임시정부자료집』 12, 220쪽. 이 문건은 1945년 3월 30일 OSS의 폴 헬리웰(Paul L. El. Helliwell) 대령이 부사령관 윌리스 버드(Willis Bird) 중령에게 보낸 電文이다.

34) 국사편찬위원회 편, 「헬리웰 대령에게 보낸 이범석 書翰」, 『대한민국임시정부자료집』 13, 2006, 86~89쪽.

35) 독립운동사편찬위원회, 앞의 책, 1975, 533쪽.

36) 「한국에 대한 비밀첩보침투를 위한 독수리 작전 보고서(1945년 3월 1일)」, 『대한민국임시정부자료집』 12, 국사편찬위원회 한국사데이터베이스. 이 문건은 OSS의 윌리암 P. 데이비스 대령이 중국전구 전략첩보국 책임자에게 보낸 보고서이다.

37) 「金九·嚴恒燮이 이승만에게 보낸 편지(1944년 9월 21일)」, 『대한민국임시정부자료집』 12, 국사편찬위원회 한국사데이터베이스.

38) 김준엽, 앞의 책, 1991, 532~533쪽.

39) 국사편찬위원회 편, 「경성으로 파견된 사절단의 예비보고」, 『대한민국임시정부자료집』 13, 2006, 204~205쪽.

40) 국사편찬위원회 편, 「한반도 특수임무에 관한 보고」, 『대한민국임시정부자료집』 13, 2006, 221쪽.

41) 위의 책, 223~224쪽.

42) 경향신문사 편, 『내가 겪은 20세기: 民族至上의 革命家, 鐵驥 李範奭』, 1974, 32쪽.

43) 「李範奭將軍과 光復軍 五百귀국」, 『조선일보』 1946년 6월 5일.

제6장

1) 『資料韓國獨立運動』I, 460쪽; 崔鍾健 譯, 『大韓民國臨時政府文書輯覽』, 知人社, 1976, 159쪽.

2) 「광복군참모장 이범석 귀국」, 『조선일보』 1946년 6월 5일.

3) 「李範奭 將軍 入京 光復軍 一行 上陸을 交涉」, 『조선일보』 1946년 6월 6일. "조국의 광복을 위하야 抗日전쟁에 참가 한 후 많은 공현을 끼친 大韓光復軍 參謀長 李範奭장군은 작 四일 인천에 입항 상육하였다 동 장군은 무인일 뿐 않이라 英, 中, 露, 日 등 외국어에 능○하며 『한국외분노』라는 지서를 낸 일도 있는 문무를 ○한분이며 더욱 ○장군은 작년 八월 十八일 비행기로 게선하였었으나 여러 가지 사정으로 汝矣島비행장에 착륙하였다가 그데로 중국으로돌아간ㅁ도있다"

4) 「이범석, 김구 방문 후 기자들에게 담화 발표」, 『동아일보』 1946년 6월 6일. 光復軍참모장 李範奭은 4월 仁川에 상륙하여 그 길로 서울에 와서 하룻밤을 새로 날이 밝기를 기다려 嚴恒燮 안내로 광복군 宋東山이하 수명의 隨員을 데리고 병상의 김구주석에게 문병 겸 환국인사를 드리러 왔다. 철기 이장군은 작년 가을 해방 후 비행기로 汝矣島비행장에 개선 환국을 하였으나 사정으로 내리지 못하고 그대로 되돌아간 일이 있으므로 해방 후의 처음 개선으로는 볼 수 없으나, 김구 총리를 고국에서 만난 것은 이번이 처음이다. 고개를 숙인 장군과 병쇠한 김구 사이에는 잠시 침묵이 계속되었다. 이윽고 이 장군이 고개를 들어 김 주석과 굳은 악수를 하고 나서 어제 인천 상륙 이래의 경과를 보고하자 기자는 병실을 물러나 옆방으로 나왔다. 약 30분간의 회담을 마치고 나온 철기장군은 기자에게 다음과 같이 말하였다. "이번 길은 정식상륙이 아니고 일행의 상륙 및 상륙 후의 숙사 기타 문제에 대한 교섭차로 먼저 상륙한 것이다. 이로부터 군정청으로 가는 길이므로 총총하여 긴 말을 못하겠다. 더구나 개인자격이고 일개 무변이라 전체적 의견을 말할 수 없다. 나는 서울서 났으며 서울서 자라 아홉 살 때 이곳을 떠났는데 지금 와 보니 부모도 없고 집도 없다. 단지 매가가 하나 있어 어제 밤에는 신교정에 있는 매가에서 잤다. 이제부터 군정청 교섭이 끝나는 대로 즉시 인천으로 돌아가서 일행을 데리고 오겠다. 그리고 철기장군과 일행 중에는 광복군 직계 부하에 盧伯麟의 영식 泰俊, 安義士 영질 春生, 송동산 등 530명이 있다."

5) 정용욱, 『해방 전후 미국의 대한정책』, 서울대학교 출판부, 2003, 153~200 · 228쪽.

6) "Policy for Korea"(June 6, 1946), *FRUS Ⅷ*, pp.693~699.

7) 「임정, 행정권이양 등을 선언하는 포고 발표」, 『동아일보』 1946년 1월 2일. 신탁통치에 대한 불합작단행을 표명한 임정 내무부에서는 지난 달 31일 각시정 기관의 자주운영의 일환으로서 치안 及 기타 관계부분에 대하여 다음과 같이

방침을 결정 발표하였다. 國字 第1號 1) 현재 전국행정청 소속의 경찰기관 及 한인 직원은 전부 本 임시정부 지휘 하에 예속케 함. 2) 탁치반대의 시위운동은 계통적 질서적으로 행할 것. 3) 폭력행위와 파괴행위는 절대 금지함. 4) 국민의 최저생활에 필요한 식량 연료 수도 전기 교통 금융 의료기관등의 확보 운영에 대한 방해를 금지함. 5) 불량상인의 폭리매점 등은 엄중 취체함. 國字 第2號 요지 此 운동은 반드시 우리의 최후 승리를 취득하기까지 계속함을 要하며 일반 국민은 금후 우리정부 지도하에 제반산업을 부흥하기를 요망한다. 정병준, 『우남 이승만 연구』, 역사비평사, 2005, 517쪽.

8) 한시준, 「海公 申翼熙와 대한민국임시정부」, 『한국근대사연구』 41, 2007, 117~118쪽.

9) "Memorandum on Meeting of Secretaries of State, War, and Navy"(May 2, 1946), *FRUS Ⅷ*, p.682.

10) 정병준, 앞의 책, 2005, 572~573쪽.

11) 「이승만, 정읍환영강연회에서 단정수립 필요성 주장」, 『서울신문』 1946년 6월 4일. '井邑歡迎講演會에 임석한 李承晚은 共委再開의 가망이 없는 경우의 南朝鮮臨時政府樹立과 民族主義統一機關設置에 관하여 주목되는 연설을 하였는데 그 요지는 다음과 같다. "이제 우리는 무기휴회된 共委가 재개될 기색도 보이지 않으며 統一政府를 고대하나 여의케 되지 않으니 우리는 南方만이라도 臨時政府 혹은 委員會 같은 것을 조직하여 38이북에서 蘇聯이 철퇴하도록 세계공론에 호소하여야 될 것이니 여러분도 결심하여야 될 것이다. 그리고 民族統一機關設置에 대하여 지금까지 노력하여 왔으나 이번에는 우리 민족의 대표적 統一機關을 歸京한 후 즉시 설치하게 되었으니 각 지방에 있어서도 中央의 지시에 순응하여 조직적으로 활동하여 주기 바란다."

12) 「남조선단정설에 관해 한독당 반대 담화 발표」, 『서울신문』 1946년 6월 5일. "韓國獨立黨宣傳部長 嚴恒燮은 4일 同黨會議室에서 기자와 회견하고 대략 다음과 같은 담화를 발표하였다. "美蘇共同委員會의 장기휴회로 정계의 파문이 큰 데 따라서 韓國人全體의 실망도 크리라고 믿고, 속히 美蘇共同委員會가 재개되어 자주독립적 임시정부수립에 적극적 원조가 있기를 희망하는 바이다. 이에 우리도 금후 종전과 같은 좌우의 분열로 국제적으로나 국내적으로나 미치는 영향이 없도록 노력하여, 단일민족으로서의 최선의 역량을 발휘하여 韓國의 모든 문제는 自決하도록 할 것이며, 동시에 美蘇共同委員會는 우리와 긴밀한 협조위에 신속히 진행되어 友邦聯合國의 韓國에 대한 의무를 완전히 수행하기를 바란다. 요즘 항간에는 單獨政府 樹立說이 유포되고 있으나, 우리 黨으로서는 이에 찬성할 수 없다. 38선의 장벽이 연장되는 한 經濟上 파멸과 民族이 격리되어 역사적인 큰 비극을 자아내고 있음은 民族統一에도 큰 방해라 아니할 수 없다. 장래에 있어서 이 상태가 그대로 계속되는 때에는, 韓國民族에 있어서 이 상태가 그대로 계속되는 때에는 韓國民族自體의 생존을 위하여 그대로 방관할 수 없을 것이다."

13) 「이범석, 김구 방문 후 기자들에게 담화 발표」, 『동아일보』 1946년 6월 6일.

14) 「暴力行使는 建國妨害, 新聞社施設 破壞는 萬不當, 테로事件 頻發의 昨今市內」, 『동아일보』 1946년 1월 10일. 이지음 정당 요인을 살해한 개인테로가 빈번이 있는가 하면 한편으로 시내에는 본정서(本町署)를 무장하고 습격한 조직적인 습격사건이 있고 ○○부터 두 번이나 인민보(人民報)사에, 6일에는 서울신문 중아신문사 옆에 각각 폭약을 던젓고 7일에는 대동신문(大東新聞)사에 집단 습격이 있어 적지않은 괴해를 준등 조선이 아니면 없을 언론기관 파괴의 사건이 있어 건국도상의 조선치안진에 새로운 경종을 울리고 있다. 이에 경무 당국과 검사국에서는 단호한 방침으로 방범과 수사에 전력을 다하고 있으며, 도의심 앙양을 절망하고 있다.

15) "Summation of U.S. Military Government Activities in Korea(이하 Summation)", No.29(February 1948).

16) 「建國은 靑年의 團結로, 臨政을 신봉하고 건국정신으로 直進, 43청년단체연합 회의」, 『동아일보』 1945년 12월 22일.

17) 국사편찬위원회 편, 「대한민국임시정부 주요 지도자들의 간단한 개인이력」, 『대한민국임시정부자료집』 26, 2008, 294~295쪽. 이밖에 이 문서에서는 이범 석에 대해 다음과 같이 긍정적으로 평가하였다. "1937년 7·7사건이 터지자마 자 이 장군은 가명으로 중국군에 합류해 참모총장실 전술국 지휘관이 되었다. 그는 山東, 河南, 安徽, 甘肅 등 여러 성에서 일본군과 싸울 때 중국군 제 55군 군단참모처장으로 적극적인 역할을 했고, 蘇州 등지에서의 유명한 전투에서 승리했다. 이러한 전투에서 드러난 이범석 장군의 군사 지도력을 높이 평가 한 장개석 총통은 그를 漢口로 초대해 중앙최고군사훈련단 중대장으로 임명 했다. 그 후 이 장군은 장 총통으로부터 큰 신임을 받았다."

18) 국사편찬위원회 편, 『대한민국임시정부자료집』 13, 2006. 한국광복군 Ⅳ, 1. 영문자료, 126) 미국의 협조와 러시아의 적화를 경계하는 이범석 서신(이범석 이 헬리웰 중령에게 보낸 서신, 1945. 9. 9) 한편 이 서신에서 이범석은 '불행 히도 한국 점령의 과정에서 러시아가 한국의 일부를 할당받게 되었습니다. 이미 러시아는 정치적 공작을 활발히 진행하고 있으며, 심지어 남한 지역까지 도 공작을 하고 있다는 소문이 전해지고 있습니다. 그리고 러시아가 친러적 인 한국단일정부를 조직하고자 시도를 하고 있다는 암시도 있습니다. 물론 이러한 행동들은 은밀히 진행되고 있습니다.'라고도 하였다.

19) 국사편찬위원회 편, 『대한민국임시정부자료집』 13, 2006. 한국광복군 Ⅳ, 1. 영문자료, 135) 이범석의 광복군과 OSS의 합동작전 제안(1급 비밀, 일본제국 주의의 멸망 직후 전략첩보국과 본지대의 계획, 작전 그리고 협력에 대한 개 요서, 1945) 이범석의 작전 개요는 다음과 같았다. '1. 작전목표 소비에트 러시 아, 한국 공산주의자와 그들의 조직; 일본 군국주의자와 그들의 조직, 2. 작 전지역 만주 전 지역, 한국과 일본본토지역; 華北, 華中과 華南: 가능하다면

러시아까지, 3. 작전시기 일본의 저항이 종식된 직후, 4. 작전순서 한국으로부터 일본, 만주, 華北, 華中과 華南과 시베리아를 걸쳐 최종적으로 러시아까지, 5. 지휘계획 (a) 본부는 한국 서울에 두고, 점차 주요도시로 확장되어야 한다. (b) 본부는 일본 동경에 두고, 지부는 모든 주요도시에 설립되어야 한다. (c) 만주에서는 본부를 심양과 하얼빈에 두고 지부는 여러 구역에 점차적으로 설치되어야 한다. (d) 중국에서, 우리는 적절한 형태로 모든 조직을 정비하고 이에 따라 작전을 전개한다. (e) 현재 러시아는 시작하기가 매우 어렵기 때문에 생략한다. 위에서 언급한 본인의 제안을 실현하기 위해, 본인은 즉각 '韓國局'의 설치를 전략첩보국에 요청합니다. 제출자 이범석, 한국광복군 제2지대 지대장'

20) 이범석, 『민족과 청년』, 1999, 42~43쪽.

21) 「전국군사준비위원회 결성」, 『매일신보』 1945년 11월 9일. 위원회의 고문으로는 '李承晚, 金九, 呂運亨, 柳東悅, 李靑天, 金元鳳, 曺成煥, 安在鴻, 金鍾洙, 柳喜章, 金日成, 金武亭, 金在謙'이 거명되고 있었으며, 이는 해방정국의 어수선한 모습의 일면을 나타내는 것이기도 했던 것으로 보인다.

22) 정용욱 편, 『해방직후 정치사회사 자료집』 제3권, 다락방, 1994("Who's who in Korea Revision of 15 October 1947 edition" 41쪽에는 이범석이 국방경비대 고문으로 기재되어 있고, "Supplementary Background Information Concerning Leading Koreans" 7쪽에는 통의부 군사고문으로 나온다). "G-2Weekly Summery No. 65"『미군정정보보고서』 12, 일월서각, 1986년, 451쪽.

23) 「三月一日마지하야, 感激살리여 轉々闘爭, 李範奭將軍 回顧談」, 『조선일보』 1947년 3월 2일.

24) 이경남, 「청년운동 반세기: (9)서북청년회」, 『경향신문』 1987년, 1월 7일.

25) 이택선, 「조선민족청년단과 한국의 근대민주주의국가건설」, 『한국정치연구』 제23집 제2호, 2014, 35쪽.

26) "Annual Report for the Year Ending 31 December 1947"(January 13, 1948), RG 332, USAFIK, XXIV Corps, G-2, Historical Section Records Regarding the Okinawa Campaign, USAMGIK, Box No.20, Carbon Copy, Chapter I: Unreceived, Footnotes thru Office of Administration: Population Statics on Korea, 1 of 6(이하 RG 332 주한미군 G-2 문서철), p.1.

27) 「朝鮮民族青年團結成」, 『東亞日報』 1946년 10월 12일; 「青年運動의 新 展開期 必」, 『自由新聞』 1946년 10월 12일.

28) "Korean National Youth is"(January 20, 1948), RG 332 주한미군 G-2 문서철, p.1.

29) 족청과 미군정과의 관계에 대해서는 김주성, 「미군정기 朝鮮民族青年團의 조직과 활동: 미군정과의 관계를 중심으로」, 서강대학교 대학원 석사학위논문, 2015의 도움을 많이 받았다.

30) 『大同新聞』 1946년 10월 8일.

31) 마크 게인, 도서출판 까치 편집부 옮김, 『解放과 美軍政: 1946.10~11』, 까치, 1986. 이범석은 1933년 중국군 유럽시찰단의 일원으로 유럽순방 도중 독일을 방문했을 때 유겐트를 돌아볼 기회를 가졌다. 이때는 히틀러가 아직은 총통에 취임하기 전이었다. 유겐트를 방문한 철기는 이곳의 교육방법에서 강한 감동을 받았던 것으로 보인다. 유겐트는 결론적으로 나치 파시즘정권 유지에 악용되었지만, 이범석은 유겐트식 교육방법을 이후광복군과 해방 이후의 민족청년단에도 적용했을 것으로 보인다.

32) 해방 이후 이범석의 정치활동에 대해서는 박영실, 「해방 이후 이범석의 사상과 정치활동」, 『역사와 사회』 31, 2003의 논문이 많은 참고가 되었다.

33) 이범석, 「나의 청년운동」, 『민족과 청년』 1999, 80~92쪽.

34) 이범석, 「민족과 청년」, 『민족과 청년』, 1999, 20쪽.

35) 이범석, 「민족론」, 『민족과 청년』 1999, 48쪽

36) 위의 책, 30~31쪽.

37) 위의 책, 60쪽.

38) 건국청년연합회총본부, 『대한민국건국청년운동사』, 1989, 305쪽.

39) 한시준, 「이범석, 대한민국 국군의 초석을 마련하다」, 『한국사시민강좌』 43, 일조각, 2008, 128쪽.

40) 박경수, 『장준하 민족주의자의 길』 돌베개, 2006, 225~226쪽.

41) 이범석, 『(鐵驥李範奭自傳) 우둥불 후편』, 三育出版社, 1992, 279쪽.

42) 「조선민족청년단 발족」, 『동아일보』 1946년 10월 12일. "창단 당시의 본부는 서울시내 을지로 5가 77번지 2층 적산건물(1992년 당시 메디컬센터 건너편의 경기화물 자동차 주식회사 자리)에 두었다."

43) 「조선민족청년단의 역원과 團旨」, 『조선일보』 1946년 10월 19일. 족청의 단지는 다음과 같았다. "團旨三則 1) 우리는 민족정신을 환기하여 민족지상 국가지상의 이념하에 청년의 使命을 다할 것을 期함. 2) 우리는 종교를 초월하여 대내 자주 대외 공존의 정신하에 민족의 역량을 집결할 것을 기함. 3) 우리는 현실을 직시하여 원대한 곳에 착안하고 비근한 점에 착수하여 건국도상의 청년다운 純誠을 바칠 것을 기함"

44) 경향신문사, 『내가 겪은 20세기: 民族至上의 革命家, 鐵驥 李範奭』, 1974, 32쪽. '인간은 무리 짓는 본능이 있고 자기가 소속된 집단의 명예를 획득하려는 욕심이 있다. 거니까 공산주의를 너무 신랄하게 공격하지만 말고 민족주의로 훈련을 시킨 후 공산주의를 비판시키자는 것이 내 속셈이었다. (중략) 建準이다 무어다 해서 젊은 사람들이 따라가 만세를 부르다 보니 어느새 뻘건 깃대가 나부꼈다. 이런 일이 비일비재하였다. 이런 사람들에게 민족을 가르쳐주자는 것이 민족청년단의 창단의 하나의 동기요 진의였다'

45) 김철, 「민족청년단」, 철기이범석장군기념사업회, 『철기 이범석 평전』, 삼육출판사, 1992, 127~128쪽 · 136쪽.

46) 정용욱, 앞의 책, 2003, 267쪽. '사전트는 OSS에서 광복군 제2지대로 파견되어 이범석과 함께 활동하면서 그에 대해 "참된 애국자이며 양심적인 지휘관이자 정직한 인물"이라고 극찬했다. 국사편찬위원회 편, 「Monthly Report for May: Eagle Project」, 『대한민국임시정부자료집』 13, 국사편찬위원회, 2006, 109쪽.

47) 이범석, 「단 창립에 즈음하여(1)」, 『민족과 청년』, 1999, 251쪽.

48) "From Langdon to the Secretary of State: Korean National Youth Movement"(January 21, 1947), 『미군정기정보자료집: 하지(John R. Hodge) 1』, 한림대학교 아시아문화연구소, 1995, 234쪽.

49) 김석준, 『미군정 시대의 국가와 행정』, 이화여자대학교출판부, 1996, 204쪽.

50) 조선은행조사부 편, 『조선경제연보』, 1948, Ⅰ-266~274쪽; 앞의 문서(January 13, 1948), RG 332, 주한미군 G-2 문서철, p.21.

51) 백두진, 『백두진 회고록』, 대항공론사, 1975, 77쪽.

52) 『社團法人 朝鮮民族青年團規約』, 독립기념관 소장 자료, 23쪽.

53) 김주성, 앞의 논문, 2015 참조.

54) 「족청의 중앙훈련소에 青年運動半世(43) 朝鮮民族青年團[4] 水原훈련소 全人教育 본격화」, 『경향신문』 1987년 9월 2일. 이 기사에서는 '입소식에서 미국 국가가 합창되었다는 것은 이례적 일이다. 군정장관 대리 헬맥 준장의 간곡한 축사 내용과 함께 족청이 미군정 미군정과 돈독한 유착관계에 있었던 것을 단적으로 표징해 준다. 수원의 중앙훈련소는 일본군이 전쟁말기에 건설 중이던 육군병원 시설과 4만여 평의 부지에 들어선 것으로 군정청의 특별배려로 제공받은 것이었다'라고 하였다. 김철, 「민족청년단」, 이범석장군기념사업회, 『철기 이범석 평전』, 삼육출판사, 1992, 149쪽.

55) 임종명, 「조선민족청년단(1946.10~1949.1)과 미군정의 '장래 한국의 지도세력' 양성정책」, 『한국사연구』 제95호, 1996, 90쪽.

56) 『해외사료총서 6권: 러시아연방국방성중앙문서보관소 소련군정문서, 남조선 정세 보고서 1946~1947 Ⅵ』, 러시아연방국방성 중앙문서보관소 문서군 172, 목록 614632, 문서철 33. 5. 로마넨꼬가 쉬띄꼬브 동지에게 보낸 남조선 정세에 대한 정보자료, 러시아국방성중앙문서보관소 문서군 172, 목록 614632, 문서철 33, 42~46쪽.

57) 「資質向上訓練 民族青年團發足」, 『경향신문』 1946년 10월 20일.

58) 『社團法人 朝鮮民族青年團規約』(독립기념관 소장), 3~4쪽. 이사 12명은 '金雄權, 金炯元, 金活蘭, 盧泰俊, 李基璡, 李範奭, 朴柱秉, 白樂濬, 薛麟, 崔奎東, 黃義敦, 玄相允'이다. 또한 60명의 전국위원 명단은 다음과 같다. '姜世馨 姜旭中 權寧一 金觀植 金耕進 金鼎相 金炳淵 金雄權 金允經 金昌起 金顯慶, 金炯元,

金活蘭, 鄭圭皓, 鄭寅普, 盧泰俊, 李基璉, 李大偉, 李道淳, 李晩秀, 李範奭 李性玟, 李容卨, 李愚民, 李天鐸, 李哲源 李泰圭, 朴永出, 朴仁德, 朴柱秉, 朴宅先, 裵榮建, 白斗鎭, 白樂濬, 白性郁, 邊成玉, 卞榮泰, 薛麟, 宋斗煥, 宋冕秀, 申鉉商, 安椿生, 安浩相, 吳夏英, 俞億兼, 尹樂炳, 尹錫五, 尹日善, 尹致暎, 任永信, 錢鎭漢, 全鎣弼, 趙寅燮, 趙一文, 朱奉植, 崔奎東, 崔承萬, 洪憲杓, 黃義敦, 玄相允.

59) 앞의 자료, 7~16쪽, 참조.

60) 후지이 다케시, 「족청·족청계의 이념과 활동」, 성균관대대학원 사학과 박사학위논문, 2010, 57쪽.

61) 白斗鎭, 『白斗鎭回顧錄』, 대한공론사, 1975, 77쪽; 윤치영, 『윤치영의 20세기』, 삼성출판사, 1991, 173쪽; 정용욱 편, "Who's who in Korea Revision of 15 October 1947 edition", 『해방직후 정치사회사 자료집』 제3권, 다락방, 1994, 67쪽; 「李博士歡迎 準備委員會」, 『동아일보』 1947년 4월 9일.

62) 송남헌, 『한국현대정치사』 1, 성문각, 1980, 335쪽; 대한민국건국10년지간행사, 『대한민국건국10년지』, 1956, 1112·1124쪽.

63) 후지이 다케시, 앞의 논문, 2010, 60쪽.

64) 위의 책, 61~64쪽.

65) 김철, 앞의 책, 1992, 132~135쪽.

66) 이와 관련해서는 후지이 다케시, 「조선민족청년단의 기원에 대한 재검토」, 『역사연구』 제23호, 2012의 논문을 주로 참조하였다.

67) 국사편찬위원회 편, 「「簽呈 總裁韓国光復軍奉准成立, 懇令主管機關從速照辦並請召見金九等四人面予慰勉」에 붙여진 이범석 약력」, 『대한민국임시정부자료집』 10, 국사편찬위원회, 2006, 221~222쪽(영인).

68) 馮啟宏, 『抗戰時期中國國民黨的幹部訓練: 以中央訓練團爲中心的探討(1938~1945)』, 臺北: 國立政治大學歷史系研究部博士論文, 2004, 72쪽.

69) 위의 논문, 103~119쪽.

70) 馮啟宏, 「黨政訓練班訓育實施細則」(부록 12), 『抗戰時期中國國民黨的幹部訓練: 以中央訓練團爲中心的探討(1938~1945)』, 臺北: 國立政治大學歷史系研究部博士論文, 2004.

71) 蔣介石, 「訓練的目的與訓練實施綱要」, 秦孝儀 主編, 『先總統蔣公思想言論總集』 16, 199쪽.

72) 蔣介石, 「抗戰建國週年紀念告全國軍民書」, 秦孝儀 主編, 『先總統蔣公思想言論總集』 30, 268쪽.

73) 田斌, 「張季鸞与蔣介石的恩怨」, 『炎黃春秋』 04期, 炎黃文化研究会, 2004, 74쪽.

74) 「國民精神總動員綱領及其實施辦法」, 秦孝儀 主編, 『中華民國重要史料初編: 對日抗戰時期』 第四編 戰時建設(四), 臺北: 中國國民黨中央委員會黨史委員會, 1988, 580쪽.

75) 蔣介石, 「訓練的目的與訓練實施綱要」, 秦孝儀 主編, 『先總統蔣公思想言論總集』 16, 233쪽.

76) 鮮于基聖, 『韓國靑年運動史』, 錦文社, 1973, 702~703쪽.

77) 吳恒祥, 「国民党中训团杂忆」, 文闻 编, 『国民党中央训练团与军事干部训练团』, 北京: 中国文史出版社, 2010, 12~13쪽.

78) 馮啟宏, 앞의 논문, 2004, 136~137쪽.

79) 邵毓麟, 『使韓回憶錄』, 臺北: 傳記文學出版社, 1980, 109쪽.

80) 김철, 앞의 책, 1992, 136쪽.

81) 「安浩相氏榮譽의 철학박사되」, 『東亞日報』 1929년 7월 9일. '독일 白林에 있는 예나대학에서 철학을 연구하고 있던 안호상(28) 씨는 그의 은사 빠우흐 씨의 지도 아래 만 4년 동안이라는 긴 세월을 두고 연구하여 오든 바 이번 그 대학에 논문을 제출하여 좋은 성적으로 통과된 결과 철학박사 학위를 얻었다는데 그는 일쯕 上海中獨同濟醫工大學 예과를 마치고 1925년에 독일로 건너갔으며, 금년 여름 불란서를 거쳐 영국으로 건너가서 더 연구한 후 귀국하리라더라.

82) 안호상, 『한뫼 안호상 20세기 회고록』, 민족문화출판사, 1996, 146쪽.

83) 「京東警高秘第一〇〇七號 哲學硏究會組織二關スル件」, 『思想二關スル情報』 3(국사편찬위원회 소장).

84) 『京城帝國大學學報』 第六十四號, 京城帝國大學庶務課, 1932.

85) 「명랑! 가을의 연구실에 문명의 "자장가"를 엿듣는다. 철학의 대도를 걷는 젊은 '파우스트' (4)」, 『朝鮮日報』 1933년 9월 26일.

86) 안호상, 앞의 책, 1996, 154~169쪽.

87) 후지이 다케시, 앞의 논문, 2012.

88) 안호상, 앞의 책, 1996, 126~130쪽.

89) 安浩相, 「히틀러, 아인스타인, 오이켄 諸氏의 印象」, 『朝光』 11월호, 朝鮮日報社出版部, 1938, 89쪽. "히틀러를 볼 때 그가 주는 첫 인상은 摩縫의 정치가가 아니라 파괴의 정치가이며 또 維新의 정치가가 아니라 건설建設의 정치가란 것이다. 그의 행동은 鐵血로서 된 것 같으며, 그의 말은 金心으로 우러나오는 듯하며, 듣는 사람으로 하여금 도취와 신뢰를 아끼지 못하게 한다. 그리고 역대 혁명가들이 그러하듯이 그 또한 위대한 雄辯의 소유자이다. 어떠한 혁명가에 있어서든지 웅변은 위대한 무기였지만은 히틀러에게 있어선 그것이 위대할 뿐만 아니라 최고로 발달되었다고 하여도 과언이 아니다. 그의 말이 1/3을 지나 열정이 쏟아지고 어조가 높아질 적에는 청중의 마음은 히틀러의 혀끝에 左之右之되어서 그의 말에 청중은 웃으며, 울며, 또 분내며 성내게 되어 청중은 완연히 沙工에 매인 배와 같을 뿐"

90) 「第三黨運動試論草稿 安浩相氏, 나는 族靑派니까…」, 『경향신문』 1955년 12월 2일.

91) 「安浩相 전 文敎長官 李範奭 장군 추도식서 추도사」, 『경향신문』 1985년 5월 11일.

92) 「獨逸留學生懇親會」, 『동아일보』 1946년 9월 13일.

93) 「鐵血總理, 對內總結束, 對外共存을 絶叫: 祖國再建의 一念에 熱火같이 불타면서[總理李範奭氏會見記]」, 『三千里』 八月號, 三千里社, 1948, 9쪽.

94) 「괴─테二百年祭 廿八日·市公舘에서」, 『경향신문』 1949년 8월 22일.

95) 北京图书馆 编, 『民国时期总书目(1911~1949) 历史·传记·考古·地理』(下), 北京图书馆出版社, 1994, 684~685쪽.

96) 강세형의 경력과 관련해서는 후지이 다케시, 앞의 논문(2012)을 참조하여 정리하였다.

97) 姜世馨, 「伯林生活의 思出」, 『國民文學』 創刊號, 人文社, 1941, 106~109쪽.

98) 李範奭, 『우둥불』, 思想社, 1971, 308쪽. "그 속에서 천만 뜻밖에도 백림대학에서 교편을 잡고 있는 이 명이라는 동포를 만날 수 있었던 것이다. 수만 리 타국에서 처음 만나게 된 명과 나는 어찌나 만나는 순간부터 감격스러웠고 이내 친근해 졌던지 그 서로의 감동은 몸을 덜덜 떨게 할 지경이었다. 경이와 흥분의 주인공이 된 명은, 곧 베를린 시내에 산재해 있던 십여 명의 유학생과 동포들에게 전화를 걸어 「9·18」 항전에 참가한 조국의 혁명가로 나를 소개하고 당장 잔치를 베풀자고 그들을 불러 모아 그날 밤 환영회를 갖게 된 것이다."

99) 후지이 다케시, 앞의 논문, 2012, 57쪽.

100) 姜世馨, 「朝鮮文化와 獨逸文化의 交流」, 『三千里』 第十三卷 第六號, 三千里社, 1941, 117쪽. 강세형은 당시의 상황에 대해 다음과 같이 회고하였다. '朝鮮人으로서 朝鮮文化를 獨逸에 紹介한 이로는, 朝鮮語學에 있어서는 李克魯 박사가 효시일 것이다. 李氏는 伯林大學에서 工夫하고 經濟學博士의 學位를 獲得한 이로서, 졸업 후, 伯林大學 講師로 취임하여 朝鮮語時間을 擔當해서 敎授했었다. 그 후 氏가 辭任하고 歸國한 뒤에 불행히 伯林大學에는 그만 朝鮮語를 교수하는 일이 중단되였었는데 내가 伯林大學을 졸업하자 同大學에 講師로 취임해서 다시 朝鮮語課目을 부활시켰다. 그리고 朝鮮語學과 함께 朝鮮文學도 紹介했었다.' 그리고 이 글에서 강세형의 직함은 '東京 日獨文化協會 主任'으로 되어 있다.

101) 「빛나는 半島靑年의 榮譽: 獨靑少年省大臣이 姜世馨君에 感狀」, 『每日申報』 1939년 7월 24일.

102) Mark Gayn, Japan Diary, New York: William Sloane Associates, Inc. 1948, p.437.

103) 姜世馨, 「朝鮮文化漫步」, 『春秋』 第三卷 第二號, 朝鮮春秋社, 1942, 138~139쪽.

104) 姜世馨, 「ドイツの國家組織と青少年教育」, 『綠旗』 第六卷 第六號, 興亞文化出版株式會社, 1941, 90~93쪽; 「世界의 話題: 東京座談會」, 『朝光』 第七號 第五號, 朝光社, 1941, 119~120쪽; 姜世馨, 「『나치스』의 文化政策」, 『朝光』 第七卷 第六號, 朝光社, 1941, 86~90쪽.

105) 建國靑年運動協議會, 『大韓民國建國靑年運動史』, 建國靑年運動協議會總本部, 1989, 1146쪽.

106) 「國防部政訓局新設 初代局長姜世馨氏」, 『東亞日報』1949년 10월 16일. '급속한 폭도 소탕과 함께 적극적인 정훈 공작을 전개하고자 국방부에 정훈국이 신설되었다. 동국 초대 국장에는 강세형박사가 취임하였는데 머지않아 육해본부 정훈감실을 통합하여 정훈국내에 편입할 것이라 하며 앞으로 국방부관계 모든 발표를 일원적으로 이곳에서 취급하리라 한다.

107) 「建國의 役軍을 養成, 民族靑年團幹部入所式」, 『동아일보』1946년 12월 3일. "조선민족청년단 간부 제1기 훈련생 입소식은 2일 오전 10부터 천도교 교당에서 단원 200명의 다수 래빈 참석하에 송면수 씨의 사회로 거행되었는데 먼저 애국가와 미국가 합창이 있었고 단장 이범석장군의 단원들에 대한 訓示와 단원의 宣誓가 있었다. 그리고 내빈 축사에 들어가 헬믹代長, 조소앙 씨, 정인보씨 등의 축사가 있은 다음 단가 합창과 吳世昌 씨의 선창으로 만세삼창을 부른 후 정오 반경에 폐회되었다"

108) 「務實力行의 靑年道場, 生活革新, 建國精神의 再昂揚, 朝鮮民族靑年團 訓練所訪問記」, 『조선일보』1946년 12월 17일.

109) 김철, 앞의 책, 1992, 130~131쪽.

110) 이경남, 『분단시대의 청년운동』下, 삼성문화개발, 1989, 180쪽.

111) 「愛國女性의 씩씩한 姿態! 民族靑年團女子訓練生入所式, 心身의 健全練磨」, 『조선일보』1947년 9월 27일. "춘천지국발(春川支局發) 조선민족청년단장 이범석장군은 고향인 강원도 방문을 기회로 춘천국민회 주최로 지난 23일 오전 11시 반부터 춘천교회당에서 강연회를 열었는데 다수 청중으로 하여금 많은 감명을 주었고 이어서 동 오후 3시 반부터 독촉련맹 주최 좌담회가 있었다"

112) 1927년 전남 담양에서 태어났으며, 담양고등여학교를 수료하였다. 해방공간에서 대한여자청년단을 결성하고 1960년 『여성주보』사장을 지냈고 1969년 한국여성유권자연맹을 창립해 80년까지 연임하는 등 1세대 여성운동가로 활동했다. 1951년 부산 피난 시절 흥국해운을 경영하던 김대중 전 대통령을 만나는 자리에 대한여자청년단 간부였던 이희호 여사를 동반해 두 사람의 첫 만남을 이어준 것으로도 유명했다. 1960~70년대 민주회복국민회의 운영위원 등으로 반 박정희 독재 투쟁에 동참했다. 그러나 1980년 전두환 신군부의 입법회의 의원을 맡고, 민정당 소속으로 제11·12대 국회의원을 지냈다. 1982년부터 85년까지 보사부 장관을 지냈다. 5공화국 유일한 여성 장관이었다. 1990년 한국여성정치연맹 초대 총재를 지냈고 1998~2000년 한나라당 상임고문을 역임했다. 「김정례 전 보사부장관 별세」, 『한계레』2020년 2월 19일.

113) 김철, 앞의 책, 1992, 143쪽.

114) 建國靑年運動協議會, 앞의 책, 1989, 1149~1150쪽.

115) 朝鮮民族青年團, 『訓練須知』, 兵學研究社, 1948, 162쪽. 다음은 훈련수지의 내용의 일부이다. '첫째 눈(眼)을 똑바로 뜨는 習慣을 길러야 한다. 눈은 그 사람의 모든 人格 모든 精神을 象徵한다. 눈알이 또록거리는 사람은 사람 노릇을 못하고 만다. 둘째 입(口)을 꾹 다물고 있는 習慣을 길러야 한다. 늘 입을 헤벌리고 앉았는 사람은 도모지 事業을 成就할 사람이 못된다. 그들은 대개 天痴가 아니면 氣力이 빠진 사람이다. 셋째 姿勢를 端正히 갖는 習慣을 길러야 한다. 머리로 大空을 떠받들고 두발로 大地를 튼튼히 디디지 않으면 안된다. 姿勢 하나 端正히 갖이지 못하는 사람이 堅實한 建設的 鬪士가 될 수 없는 것이다.

116) 「李範奭將軍마저, 講演會와 座談會」, 『조선일보』 1947년 3월 4일.

117) 「団体動靜」, 『조선일보』 1948년 7월 11일. "朝鮮民族青年團 서울市團 部에서는 團長 李範奭將軍의 時局講演會를 11일 상오 10시 中區 日新國民學校 大講堂에서 開催"

118) 「百萬團員이 缺食醵金, 水害救濟에 民族青年團蹶起, 第一次20日間, 三千萬圓 目標」, 『조선일보』 1948년 8월 26일

119) 「新刊紹介」, 『조선일보』 1948년 11월 6일. "民族과 青年(李範奭論說集 第一輯), 서울市 葛月洞 二의 一 白水舍 發行 定價 四五〇圓.

120) 安相政, 「民族青年團의 組織過程과 活動」, 성균관대학교 정치외교학과 석사 학위논문, 1991, 46쪽.

121) 建國青年運動協議會, 앞의 책, 1989, 1145쪽에서는 담당자가 이준식 · 안춘생으로 되어있는데 교무과장이 아니라 부소장일 것으로 보인다.

122) 「조선민족청년단, 이범석의 단장 중임 가결」, 『조선일보』 1947년 3월 30일. '朝鮮民族青年團 제2회 전국위원회는 25일 오전 11시 서울 을지로 동단본부 회의실에서 金炯元 사회로 개최되어 14명의 신회원 추가를 만장일치로 가결하고 단원종류와 의무 권리 단원실천요강 등을 가결한 다음 李範奭의 단장 중임과 이사선임을 마치고 오후 4시경 폐회하였는데 이번에 선임된 이사 씨명은 다음과 같다. 李範奭 金炯元 金雄權 盧泰俊 宋冕秀 安椿生 白斗鎭 白樂濬 李基璘 朴柱秉 崔奎東 任永信 金活蘭 錢鎭漢 姜世馨 尹致暎 白性郁

123) 「조선민족청년단 창립1주년기념식이 개최됨」, 『조선일보』 1947년 10월 9일.

124) 『歷代國會議員選擧狀況』, 中央選擧管理委員會, 1971, 29~63쪽.

125) National Economic Board, "South Korean Interim Government Activities No 32", pp.138~142(『미군정활동보고서』 VOL NO.6, 原主文化社, 361~365쪽).

126) 정경보, 「'사상계' 미 CIA 대변지에서 반독재 정론지로」, 『한겨례』, 2009년 7월 9일; 박경수, 앞의 책, 2003, 225~226쪽.

127) 이경남, 「청년운동 반세기(46) 조선민족청년단 [7] 우남, 철기에 진로 택일강요」, 『경향신문』 1987년 9월 23일.

128) 후지이 다케시,『파시즘과 제3세계주의 사이에서: 족청계의 형성과 몰락을 통해 본 해방 8년사』, 역사비평사, 2012 참조.

129) 「박의장이 최종 확인한 혁재판결」,『동아일보』1962년 5월 3일.

130) 족청은 수원의 중앙훈련소를 1948년 3월까지 유지하여 제9기까지 훈련했으며, 이후 1948년 7월 서울의 우이동으로 옮겼다. 민족문화대백과서전,「조선민족청년단」(http://encykorea.aks.ac.kr/Contents/Item/E0052039).

131) 족청을 둘러싼 정치적 갈등에 대해서는 이경남,『분단시대의 청년운동』下, 삼성문화개발 1989와 김철,「민족청년단」, 이범석장군기념사업회,『철기 이범석 평전』, 삼육출판사, 1992의 글을 중심으로 정리하였다.

132) 「青年訓練에 心血, 푸른 團服의 李國務總理 모습」,『동아일보』1948년 8월 3일 지난 31일 녹음의 새소리도 흐르는 물소리도 맑은 牛耳洞 산곡에 민족청년단장이 이제는 우리의 총리가 된 이범석 장군이 나타나 때마침 女性訓練所 사찰차로 참가했던 각사의 신문기자 일동을 놀래게 하였다. 기자들의 집중 공격을 받으며 李장군은 총리 등장 직전의 심회를 늘 가정이라고 전제하며 다음과 같이 말하였다. "나는 일차세계대전 당시 上海에 있었는데 그때 독일군이 출발 30분전까지 자기들이 전장에 증발당하여 간다는 말을 하지 않았다. 나 역 지금은 그런 소회가 생긴다." 노타이 광목샤쓰에 퍼렁색 단복 바지를 입고 옆구리에 권총을 찬 李장군은 다시 말을 이어 우리 민족청년단원이 과거 가장 혼란한 때에도 "테로" 등 한 가지도 민족에 대하여 죄과를 범한 게 없음은 우리 단의 자랑이지요 하고 은근히 자랑하며, 잘 좀 지도해 달라고 기자들에게 부탁한 다음 선선한 은행나무 밑에 다과를 베풀어 애교를 보여주었다.

133) 「多數의 青年團體가 統合」,『경향신문』1947년 8월 12일.

134) 「派閥心을 清算코 青年同志相爭停止切企 李範奭 李青天 兩氏共同聲明」,『경향신문』1947년 12월 13일. '민족청년단장 이범석 씨와 대동청년단의 이청천 씨는 조선청년운동의 양대세력인 두 단체의 상호 친목을 도모하는 동시에 청년운동의 질적 향상을 위하여「전국청년에게 고함」이라는 제목으로 대략 다음과 같은 공동성명을 발표하였다. 국가 민족에 생명을 부여하고 전 세계 인류의 공약된 정의를 위호(衛護)하기 위하여 민족의 절대적인 책임이며 유일한 진로인 조국 독립과 민족 자유의 전취를 목적하고 전국 청년의 정성과 역량을 집결 지향코자 전국청년 명일의 단결을 목표로 단계적으로 위선 민족청년단과 대동청년단이 선후 발족한 것이다. 대 목적 달성을 위하여 현실에 있어서 임무와 지도 요량 급 방침은 부득이 다소 갖지 않은 점이 불무 할지라도 운동 목표는 오직 하나이거늘 그간 각지에서 양단의 약간 마찰이 있었음을 부정하지 못할 사실인 동시에 막대한 유감으로 생각하는 바이다. 전국 청년동지는 派閥心을 청산하고 민족 역량 분산의 청년동지 相爭을 정지할 것을 切企하는 동시에 특히 다음의 지정을 ○수할 것을 확신하노라.

一. 相互毁謗中□의 言行을 卽止할 것. 二. 國家民族을 위한 奉仕에 相互協力할 것. 三. 群衆과 團員獲取는 自願에 의할 것'

135) 이형, 『한국의정사 30년: 制憲에서 10대까지』, 청아출판사, 2016.

136) 김철, 앞의 책, 1992, 156~157쪽.

137) 「民族青年團長에 副團長李俊植氏」, 『경향신문』 1948년 9월 2일.

138) 「大韓民族青年團, 창립 2주년 기념식을 거행」, 『동아일보』 1948년 10월 10일.

139) 「5만민병 조직 미국인 고문은 필요처만. 李대통령 기자단 회견담」, 『朝鮮日報』 1948년 10월 30일.

140) 『第一回 國會速記錄』 第一○二號, 889~898쪽. (후지이 다케시, 앞의 논문, 2012, 135쪽 재인용).

141) 「전국청년단체 통합준비위원회, 團 명칭을 大韓青年團으로 변경 결정」, 『조선일보』 1948년 11월 30일. 당시 주비위원장 柳珍山, 책임위원 柳珍山・李成株・文鳳濟・黃鶴鳳・姜樂遠이었다고 한다.

142) 「李承晩 대통령, 청년들의 대동단결이 필요하다고 방송연설」, 『민국일보』 1948년 12월 21일. "여수 순천 반란 이후로 공산파괴분자의 만행이 치안을 방해함에 당하여 우리 모든 청년단체들이 그 위험한 상태를 각오하고 각각 자발적으로 자체를 해산하고 각 단체 한 통일이 되어 국가의 위난을 방비하기로 협의하고 該동맹의 이름으로 대한청년단이라 하여 그 결성을 보았다. 이에 우리는 전적 찬성해야 할 것이다. 그중에는 한 개 단체가 통일안에 대하여 주저하는 色態가 없지 아니하나 이것은 절대로 통일을 반대하거나 주의를 찬성치 않는 뜻이 아니오, 지금 합동을 주장하는 단체들의 誠心이 얼마나 철저한가를 疑慮하는 듯합니다. 이 점에 있어서는 과거 청년운동 경험으로 보아 의려를 가지게 되는 것도 무리가 아닌 듯합니다. 그러므로 지금 합동을 주도하는 청년들은 남의 의려하는 것을 비난한다거나 대립하는 행동을 보이지 말고 각각 자기들의 성심을 발휘하여 모든 것을 희생하는 마음으로 국가와 동족을 위해서 생명까지라도 공헌할 결심을 가지고 노력 매진하면 전체의 행복이요, 따라서 남의 의려도 없어질 것이요, 또한 스스로 통일이 될 것이니 大業에 성공여부가 각각 남에게 있지 아니하고 자기에게 달린 것을 깨달아야 할 것입니다. 따라서 이 청년통일운동은 정부 당국이 다 그 필요를 느끼는 터이고 終次는 國法으로 청년통일을 調定시킬 것이니 누구나 단독행동을 못하게 될 것이오, 다 한 마음 한 뜻으로 반란분자를 淸刷하기에 유일한 목적을 삼아야 될 것이다"

143) 「청년단체 통합으로 大韓青年團 발족」, 『평화일보』 1948년 12월 21일. 발단식에서 선출된 대한청년단의 임원은 다음과 같았다. '총재 李承晩 박사, 부총재 보류, 단장 申性模, 부단장 李成株・文鳳濟, 최고지도위원 李青天・柳珍山・姜樂遠・徐相天・張澤相・錢鎭漢, 중앙집행위원 黃鶴鳳・金聖柱・金鍵・尹益憲 외 120명'

144) 이경남, 앞의 책, 1989, 204쪽.

145) 「申性模, 大韓靑年團 단장에 취임」, 『민국일보』 1948년 12월 26일.

146) 「申性模 대한청년단장, 대한청년단의 임무는 防共이라고 밝힘」, 『동아일보』 1948년 12월 29일.

147) 백인기, 『건군사』, 국방부군사편찬연구소, 2002, 256~260쪽.

148) 호국군사관학교 동창회, 『호국군사』, 경희정보인쇄, 2001, 28쪽

149) 「盧泰俊 大韓民族靑年團 부단장, 大韓靑年團과 합동할 계획이라고 발표」, 『독립신문』 1948년 12월 30일.

150) 「李範奭 국무총리, 송년사를 발표」, 『서울신문』 1948년 12월 31일. 이범석은 국무총리로서의 자신의 업적에 대해서도 다음과 같이 발표하였다. "대한민국 정부는 지난 8월에 독립된 이래 나는 국무총리로 취임하면서 정부의 시정에 관한 4대 목표를 말한 바 있거니와 一. 군정의 이양이 순조로 되었고 二. UN승인이 如意하게 성취되었고 三. 경제 원조에 관한 대미협정이 계획대로 성립되었습니다. 오직 한 가지 남은 문제는 남북통일 문제인데 이 문제는 우리가 새해에 해결할 유일 최대의 과제입니다. 나는 이 해를 보내는 마지막 날에 국민과 함께 선열의 명복을 빌며 이 해의 감격을 영원히 살리어서 새해 또 새해가 올 수록 우리의 조국으로 하여금 완전한 독립국가가 되도록 힘써야 할 것을 맹세합니다."

151) 「李承晩 대통령, 大韓民族靑年團 해체를 지시하는 담화를 발표」, 『경향신문』 1949년 1월 6일. "이범석장군이 정권을 탐내서 세력을 부식하려는 의도가 없는 인도자임을 누구나 다 믿는 바이요, 만일 이런 의도가 있다면 나로서는 아무리 친애하는 지우간이라도 결코 포용치 않을 터인 것은 이범석장군이 또한 잘 알고 있는 바이므로 민족청년단을 자기 개인의 파당으로 만들려는 것은 물론 아닐 것이다. 오직 민족청년단원들을 恩義로 통솔하여 오던 여지에 경솔히 포기하는 단행을 인정상 차마 못하는 관계로 거절치 못하고 있는 동시에 청년지도자들이 누누히 간청하는 중에서 이범석장군의 입장이 곤란하여 민간의 비난이 생기기에 이른 것이니 李장군을 愛戴하는 청년들은 일체 단념하고, 국군을 조직하더라도 국방부장관의 세력을 의지하여 자기들이 우세한 지위를 점령하게 되기를 바라지도 말 것이며, 오직 다른 단체들과 평균한 대우로 애증친소의 편협하다는 감정이 없게 하는 것이 李장군을 더욱 봉대하는 본의일 것이다"

152) 「大韓民族靑年團, 기존의 단계적 통합안을 고수하는 성명을 발표」, 『조선일보』 1949년 1월 8일 이 결의문의 말미에는 단기 4282년 1월 7일 '대한민족청년단 중앙단'이라고 되어있다.

153) 「李承晩 대통령, 개헌과 민족진영 통합 등의 정국 현안에 대해 기자와 문답」, 『조선일보』 1949년 1월 8일.

154) 「姜仁鳳 大韓民族青年團 총무부장, 李承晩 대통령을 방문하여 청년단체의 원만한 통합을 다짐하는 건의문 제출」, 『한성일보』 1949년 1월 12일. 건의문의 내용은 다음과 같다. "◇건의문 대통령각하 원래 本團에서는 통합의 총체적인 준비를 중앙·지방을 통하여 예의 진행하여 오는 도중에 있습니다. 대통령각하의 지시를 받들고 총재 李範奭장군의 명령을 받아 130만 단원의 국가 민족에 이바지하려는 성의를 그대로 살리며 江湖의 期望에 어그러짐이 없이 통합 원만할 것을 거듭 맹서하는 바이며 명실상부한 통합의 實을 擧하도록 하기 위하여 곧 전국확대위원회를 소집하여 이를 秉承奉行하는 동시, 어디까지나 민주주의 정신을 살리어 上意下達하며 下情上通하는 가운데 本團의 일관한 信條인 '國家至上', '民族至上'의 정신과 기백을 앙양함으로써 더욱 신국가 건설에 노력을 다할 것을 맹서하는 바입니다. 如上의 진정을 高榮하시고 완전한 통합의 實을 거두기 위한 시간의 여유를 하명하여 주심을 仰望하나이다".

155) 「李範奭 국무총리, 大韓民族青年團 해산과 大韓青年團으로의 통합을 촉구하는 성명을 발표」, 『자유신문』 1949년 1월 14일.

156) 「大韓民族青年團, 전국 이사 및 道단장 연석회의에서 해산을 선언」, 『조선일보』 1949년 1월 23일.

157) 이경남, 앞의 책, 1989, 204~205쪽.

158) 「一部 內閣을 改造, 내무부장관에 金孝錫氏, 국방부장관에 申性模氏」, 『경향신문』 1949년 3월 22일. "긴박하여 가는 국내외 정세에 대비하여 這間 이국무총리가 겸임하여 오던 국방부장관 專任을 內線銓衡中이던 이 대통령은 이 국무총리와의 신중한 협의 끝에 현 내무부장관 신성모 씨를 轉出任命하는 동시 이에 따라 내무부장관에는 同 次官 金孝錫氏를 신임 기용키로 되어 21일附로 각기 임명 발령하였다."

제7장

1) 심재권 등, 『(삶이 평안한) 천안학: 천안의 역사, 문화, 정치, 경제, 지리 이야기』, 삼림터, 2014, 333쪽.

2) 박용만, 『(제1공화국) 경무대 비화』, 內外新書, 1986, 57~58쪽.

3) 박영실, 「해방 이후 이범석의 사상과 정치활동」, 『역사와 사회』 31집, 2003. 부산정치파동과 이범석 등 해방 이후 이범석의 활동과 관련해서는 본 논문의 논지에서 많은 도움을 받았다.

4) 김철, 「민족청년단」, 이범석장군기념사업회, 『철기 이범석 평전』, 삼육출판사, 1992, 156쪽.

5) 이범석, 『철기 이범석 자전』, 외길사, 1991, 287쪽.

6) 『해방공간의 주역들』, 109쪽.

7) 이범석, 앞의 책, 1991, 289~290쪽.

8) 「국무총리에 이범석 내정이 알려짐」, 『서울신문』 1948년 7월 30일. "30일 국회 제26차 본회의 개회를 앞두고 조각본부 이화장에서는 국무총리 인선에 銳意 심사숙려 중이던 바 29일 상오 최후적 내정을 본 모양이다. 즉 확문한 바에 의하면 민족청년단 단장 李範奭을 국무총리로 지명할 것을 정·부통령 간에 합의를 보았다고 한다. 29일 상오 10시 40분에 대통령비서 尹錫五는 시내 혜 화동으로 李始榮부통령을 방문하고 약 40분간에 걸쳐서 요담하였다. 李範奭 을 지명하기로 내정된 29일 李대통령은 0시 50분에 韓國民主黨首 金性洙에 1 시 반에 대동청년단장 李靑天을 각각 초청하여 요담하였다"

9) 이범석, 앞의 책, 1991, 290쪽.

10) 「이범석, 한민당위원장 김성수 방문 요담」, 『동아일보』 1948년 7월 31일.

11) 이범석, 앞의 책, 1991, 291쪽.

12) 「제37차 국회본회의, 이범석 총리 승인 요청안 가결」, 『京鄉新聞』 1948년 8월 3일. 투표에 앞서 이승만은 "지금 미군정 당국은 정권이양을 표명하고 있는데 8월 15 일은 目捷之間에 박두하고 있다. 따라서 나는 가장 인망이 높은 李範奭을 국무총 리로 지명하니 別로 토의 말고 승인하여 주기를 바라는 바이다."라고 하였다.

13) 「국회내 이범석에 대한 각파의 동향」, 『서울신문』 1948년 8월 1일

14) 「이범석 국무총리, 김구를 방문하였으나 면담치 못함」, 『경향신문』 1948년 8 월 4일.

15) 이 기자회견은 서울신문, 조선일보, 동아일보, 경향신문 합동으로 이루진 것 으로 보인다. 「국무총리 이범석, 취임소감 피력」, 『서울신문』 1948년 8월 3일.

16) 「이범석내각 각료전원이 정식으로 국회를 방문」, 『경향신문』 1948년 8월 6일.

17) 「長官祝賀文, 各國務員에 送達」, 『조선일보』 1948년 8월 8일. "7일『딘』軍政 長官은 李範奭 國務總理를 爲始하야 各 國務員에게 個別的으로 祝賀文을 보 내왔다한다"

18) 「中國의 何將軍 李總理에 祝電」, 『조선일보』 1948년 8월 10일. "中國 何應欽 將軍은 昨九日 李範奭의 國務總理에게 慶 祝電을 보내왔다.

19) 「李範奭 국무총리, 최초의 시정방침 연설 요지」, 『경향신문』 1948년 8월 29일.

20) 「韓美經濟援助協定全文」(1), 『경향신문』 1948년 12월 12일.

21) 李大根, 『韓國전쟁과 1950年代의 資本蓄積』, 까치, 1987.

22) 「韓美經濟援助協定全文」(2), 『경향신문』 1948년 12월 14일.

23) 「한미경제원조협정, 12월 3일 정식 조인 예정」, 『서울신문』 1948년 12월 2일.

24) 「李範奭 국무총리, 대미군사원조 요청과 관련하여 담화를 발표」, 『한성일보』 1949년 9월 3일.

25) 우승규, 『나절로 漫筆: 신문생활 반세기의 조각보』, 탐구당, 1978, 252~259쪽.

26) 「初代李範奭內閣의 解剖」(1), 『경향신문』 1948년 8월 7일.

27) 「李靑天 무임소장관과 尹致暎 내무부장관의 사의 표명설」, 『조선일보』 1948
년 9월 26일.

28) 「李靑天無任相突然辭任 韓民黨革新派와 大政黨組織?」, 『경향신문』 1949년 9
월 26일.

29) 지복영, 『역사의 수레를 끌고 밀며』, 문학과 지성사, 1995, 450쪽.

30) 「國会 揭載禁止七個條項廢棄案否決 言論自由保障問題論議」, 『동아일보』 1946
년 6월 5일. 7개항의 나머지는 우방과의 국교를 저해하고 국위를 손상시키는
기사, 자극적 논조나 보도로서 민심을 격앙 또는 소란케 하는 외에 민심에 악
영향을 끼치는 기사, 국가의 기밀을 누설하는 기사였다. 김민환, 『한국언론사』,
나남출판사, 2002, 407쪽.

31) 「某種陰謀로 三新聞社員檢擧 公報處長談」, 『동아일보』 1948년 9월 25일.

32) 「李範奭 국무총리와 金東成 공보처장, 3개 신문사직원 체포에 관련하여 발언」,
『서울신문』 1948년 9월 25일.

33) 「李範奭 국무총리, 흥행단체 좌담회에서 연극과 예술의 정치적 성격을 강조하
는 훈시」, 『자유신문』 1949년 1월 29일. "문화(예술)는 정치 또는 사상을 떠나
서는 존재할 수 없다. 특히 그 강력한 선전력을 갖는 연극은 정치에 있어서
극히 중대한 역할을 한다고 볼 수 있다. 더욱이 연극은 民度가 낮은 우리나라
에 있어서는 신문, 영화보다도 시간과 장소를 가리지 않고 궁핍한 산촌에서도
가능하며 문학을 解得치 못하는 대중에게 심각한 감명을 줄 수 있는 절대적
인 역할을 할 수 있다. 그 실례를 들어보면 소비에트혁명 당시라든지 중국의
8년 항일전쟁 때에 연극인들이 얼마나 중요한 역할을 했으며 얼마나 성과를
얻었던가를 미루어 보면 짐작할 수 있을 것이다. 모든 국가민족의 역량을 기
울여 남북통일과 완전 자주독립을 위하여 총력전을 하고 있는 현하 국정에
비추어 연극인들은 국가지상, 민족지상이라는 이념을 확고히 파악하여 국책
수행에 절대 협력하여 주기를 요망하는 바이다."

34) 「李範奭 국무총리·尹致英 내무부장관, 경찰은 反省獻身 하라고 훈시」, 『자유
신문』 1948년 8월 26일.

35) 「政府의 强弱은 今後에 判明」, 『서울신문』 1948년 9월 15일.

36) FRUS(Foreign Relations of the United States), January 27, 1949, pp.947~952.

37) 「李範奭 국무총리, 反民族行爲處罰法 시행과 관련하여 공직자에게 동요하지
말 것을 강조하는 통첩을 발송」, 『경향신문』 1949년 1월 21일.

38) 「李範奭 국무총리, 제주도에서 민심수습에 대하여 훈시하고 광주에서 기자와
문답」, 『대구시보』 1949년 3월 16일.

39) 「美軍駐屯案미決, 議長討議餘裕를 不許」, 『조선일보』 1948년 10월 24일.

40) FRUS(Foreign Relations of the United States), November 19, 1948, pp.1331~1332.

41) 이범석, 『철기 이범석 자전』, 외길사, 1991, 294쪽.

42) 이범석은 1949년 장개석이 중국국민당 총재 자격으로 내한했을 때, 진해 해군 통제부에서 그를 단독으로 났으며, 두 사람이 함께 찍은 사진이 있다. 이범석, 『우둥불(사진 자료)』, 삼육출판사, 1978.

43) 서중석, 「제1공화국 정치세력의 노선과 활동에 대한 연구」, 『한국사론』 제27 권, 국사편찬위원회, 1997. 회담이 있었던 8월 6일에 미국 정부는 장개석 국부정부의 무능과 부패를 폭로하고 그의 정부에는 더 이상 원조하여 줄 가치가 없다고 선언한 유명한 '中國白書'를 세상에 공포해다. 이 백서의 발표는 미국의 원조를 다시 얻어 물밀듯 몰려온 중공의 세력을 막아 보려던 장개석정부에 절망적 타격이 되었고, 미국의 태평양동맹 참가가능성이 전연 없음을 명백히 하여 주었다. 『New York Times』 Aug. 8, 1949, 2면.

44) 김무용, 「여순사건 진압을 위한 대항 게릴라 작전과 민간인 희생화 전략」, 『역사연구』 31, 2016 참조

45) Far Eastern Command, Intelligence Summary, 1948. 11. 17.

46) 김삼웅, 『한국현대사 뒷얘기』, 가람기획, 1995, 178~179쪽.

47) 「李範奭 국무총리 겸 국방장관, 여순사건 경위와 성격을 설명」, 『자유신문』 1948년 10월 22일.

48) 「叛軍將兵 歸順을 勸告, 叛亂地域에 飛機로 삐라撒布」, 『조선일보』 1948년 10월 24일. "국무총리 겸 국방장관 李範奭장군은 22일 반란지역의 반군장병에 대해서 비행기로 귀순을 권고하는 삐라를 산포하였는데 그 내용을 요약하면 다음과 같다(하략)"

49) 김득중, 「여순사건의 실상과 민중의 피해」, 『내일을 여는 역사』, 2000.7, 102쪽.

50) 「여순사건, 사설: 전남사태의 비극」, 『동아일보』 1948년 10월 28일.

51) 「金泰善 수도경찰청장, 革命義勇軍 사건 진상 발표」, 『서울신문』 1948년 10월 23일.

52) 김득중, 「麗順事件과 李承晩 反共體制의 구축」, 『내일을 여는 역사』 2, 2000.7, 201쪽.

53) 김득중, 「여순사건의 실상과 민중의 피해」, 『내일을 여는 역사』 2, 2000. 7, 5~6쪽. 여순사건에 대한 이승만정권의 대응과 관련하여 주로 참고하였음.

54) 「極右分子參與說 理解가 困難 金九氏否定」, 『동아일보』 1948년 10월 28일.

55) 김득중, 「이승만 정부의 여순사건 왜곡과 국회논의의 한계」, 『역사연구』 7, 2000.

56) 「李範奭 국무총리, 여순사건 1주년과 관련해 담화를 발표」, 『서울신문』 1949년 10월 20일.

57) 여순사건과 관련해서는 김득중의 앞의 논문을 주로 참조하였다.

58) 「統衛部引受, 正式調印」, 『조선일보』 1948년 9월 2일. "柳東悅 統衛部長과 李範奭 兼任 國防長官 間에는 昨 3월 31일 午後 6시 30분 行政事務 移讓에 對한 正式調印을 하였다"

59) 국방부, 『국방사』, 1984 참조.

60) 「李範奭 국방부장관, 국방군 조직문제 등을 기자와 문답」, 『국제신문』 1948년 8월 18일. "총리 겸 국방장관에 취임한 이범석장군은 16일 국방부에 등청하여 취임식을 거행한 다음 동일 하오 자택 충무장에서 국방부 미인 최고고문 로버츠소장을 인견하고 요담한 바 있었는데, 요담이 끝난 후 총리 취임 이래 최초로 본사 기자와 단독회견을 하고 정부운영에 대한 구상을 여좌한 문담으로 피력하였다(하략)"

61) 「李範奭 국방부장관, 사설군사단체 엄금한다는 담화를 발표」, 『국제신문』 1948년 9월 19일.

62) 김일수, 「한국군의 창군과정에 관한 연구: 1945~1950」, 『한국동북아논총』 37, 한국동북아학회, 2005, 252~253쪽.

63) 국방부 군사편찬연구소, 『建軍史』, 2002, 60쪽. 국군 3대 선언은 '1. 우리는 선열의 혈적을 따라 민족국가를 지키자. 2. 우리의 상관, 우리의 전우를 공산당이 죽인 것을 명기하자. 3. 우리 군인은 강철같이 단결하여 군기를 엄수하고 군의 사명을 다하자'였다.

64) 韓鎔源, 『創軍』, 박영사, 1984, 105쪽.

65) 김득중, 「여순사건의 실상과 민중의 피해」, 『내일을 여는 역사』 2, 2000. 7, 8쪽.

66) 「국군, 국방·문교부 두 장관, 군조직 문제와 학생군사훈련 문제 등에 관하여 언급」, 『독립신문』 1948년 11월 13일.

67) 조이현, 「1948~1949년 주한미군의 철수와 주한미군사고문단(KMAG)의 활동」, 『한국사론』 35, 1996, 296~299쪽.

68) FRUS(Foreign Relations of the United States), 1949, pp.1060~1061. '미국은 여전히 국방력 강화를 위해 비행기를 요청하고 있는 한국 정부의 행동에 대해 이해하지 못하겠다는 반응을 보이고 있었다'고 한다. FRUS(Foreign Relations of the United States), July 13, 1949, pp.1060~1061.

69) 유재갑, 「한국전쟁과 한·미관계의 성격」, 『한국과 정치』, 경남대학교 극동문제연구소, 1987, 254~255쪽.

70) 陸軍本部, 『陸軍發展史』 3, 1977, 63쪽.

71) 「護國軍은 五萬名 國軍組織法一部通過」, 『경향신문』 1948년 11월 13일.

72) 김철, 앞의 책, 1992, 122~123쪽.

73) 이범석, 앞의 책, 1991, 279~286쪽.

74) 당시 정계에서는 이범석이 민족청년단 부단장 출신의 노태준을 육군 참모총장으로 임명하고 자신이 입대시킨 국군 내부의 족청 및 광복군 출신 징교들을 동원하여 쿠데타를 계획하고 있다는 설이 꾸준히 돌고 있었다. 이택선, 「해방 후 이범석 정치노선의 성격: 파시즘 논의와 국제정치적 배경을 중심으로」, 『한국민족운동사연구』 94, 한국민족운동사학회, 2018.

75) 이범석, 앞의 책, 1991, 284~285쪽.

76) 김철범, 『한국전쟁과 미국』, 평민사, 1990, 133쪽.

77) 「政府補强을 斷行!! 國防長官에 申性模氏任命」, 『동아일보』 1949년 3월 22일; 申李兩氏握手도 굳게, 國防長官就任式擧行」, 『조선일보』 1929년 3월 24일.

제8장

1) 「무쵸 주한 미국대사, 이승만 대통령이 대전으로 정부이전을 결정했다고 미 국무부에 보고, 미 국무부 한국 국내상황 관련문서 I」, 『한국전쟁 자료총서』 39, 361~362쪽.

2) 이와 관련해 이윤영은 "내 귀로 듣지는 못하였으나 아무 일 없으니 안심하라는 방송이 있었다는 사실이다. 또한 한강교 폭파는 누가 명령하고 누가 행동하였는지는 모르는 사실이기에 말할 수 없으나 나는 당시 정부 관료의 일원으로서 불찰의 염과 책임을 한몸에 지고 큰 용서를 빌어 왔다.
또한 '이윤영은 가족 및 사회부 직원들과 대전으로 후퇴하던 중에 한강 이남 한 곳에서 김홍일장군이 무질서하게 후퇴하던 병사들을 모아 부대를 편성하고 있는 광경을 목격하고 그를 격려하였다. 그리고 김홍일장군이 한강에서 일주일 동안 북한군의 진격을 막아내어 미군이 올 때까지 시간을 벌어 나라를 구한 장한 김장군의 공적을 잊을 수 없다'고 하였다. 李允榮, 『白史 李允榮 回顧錄』, 集文堂, 1984, 171~173쪽.

3) 김정례, 「대도와 정도를 걸으신 애국애족의 거인」, 이범석, 『철기 이범석 평전』, 삼육출판사, 1992, 175쪽. 이에 대해 김정례는 이범석의 건의는 "신성모 국방부장관에 의해 거의 대부분 묵살되었다. 참으로 권력세계의 비정함이란 국가존망의 위급도 아랑곳하지 않는 것인지 안타까움을 금할 길 없다"고 하였다.

4) 「이범석 전국무총리, 부산에서 시국에 대한 기자담화를 발표」, 『부산일보』 1950년 7월 12일.

5) 「전시선전대책위원회 결성」, 『민주신보』 1950년 9월 3일.

6) 「국토통일촉진국민대회 준비위원회 개최」, 『부산일보』 1950년 9월 15일; 「국토통일촉진국민대회 준비위원회를 소집」, 『부산일보』 1950년 9월 13일.

7) 「국토통일촉진국민대회, 부산역전 광장에서 개최」, 『부산일보』 1950년 9월 16일.

8) 「정부환도 평양탈환 경축 유엔군 국군 환영 국민대회 개최」, 『서울신문』 1950년 10월 28일.

9) 「李範奭, 駐中대사 취임」, 『서울신문』 1950년 12월 10일.

10) 이범석, 『철기 이범석 자전』, 외길사 1991, 292쪽.

11) 김정례, 앞의 책, 1992, 175~176쪽. "이와 관련해 김정례는 다음과 같이 회고하였다. 1950년 6월 북한의 공산군이 남한의 거의 全域을 장악한 상황에서 국군은 낙동강을 사이에 두고 겨우 경남북 일원을 사수하며, 고전을 하고 있는 무렵 과거 독립전쟁의 영웅이던 철기장군으로 하여금 정치일선에 복귀시켜 민심을 수습하고 전세를 만회케 해야 한다는 여론이 들끓었으나 이승만 대통령은 오히려 신성모 씨를 비롯한 치위세력의 압력(?)에 밀려 자유중국의 대사로 내쫓다시피 하고 말았다"

12) 「李範奭 駐中大使 卄二日臺北安着」, 『조선일보』 1950년 12월 27일.

13) 莊介石, 「自由中國與韓戰之關係」, 秦孝儀主編, 『先總統莊公思想言論總集』 38, 中國國民黨中央委員會黨史委員會, 1984, 269쪽.

14) 「軍首腦新戰略考慮 國府軍을韓國에動員?」, 『동아일보』 1951년 1월 17일.

15) 「何應欽將軍 不日內來韓」, 『동아일보』 1951년 1월 21일.

16) 후지이 다케시, 앞의 논문, 2010, 188쪽.

17) Michael Schaller, *Douglas MacArthur: The Far Eastern General*, New York: Oxford University Press, 1989, pp.225~228.

18) 王良卿, 『三民主義靑年團與中國國民黨關係研究(一九三八~一九四九)』, 近代中國出版社, 1998, 366~368, 374쪽. 중심인물이 陳果夫, 陳立夫 형제였기 때문에 'CC'계라고도 하고, 그들이 조직한 '중앙구락부(central club)'의 줄임말이라고도 한다.

19) 후지이 다케시, 앞의 논문, 2010, 190쪽.

20) 이범석, 앞의 책, 1991, 292~293쪽.

21) 「李駐中大使等歸國」, 『동아일보』 1951년 8월 6일.

22) 『第十一回 國會臨時會議速記錄』, 第四十二號, 1~2쪽.

23) 『第九十一回 國務會議錄』 1951년 8월 14일.

24) 「駐中대사 李範奭, 사표 제출」, 『민주신보』 1951년 9월 30일.

25) 김정례, 앞의 책, 1992, 182쪽. "이승만정권 말기부터 장면총리가 집권한 제2공화국 초기에 이르는 정국(政局)은 여기서 일일이 열거할 것 없이 혼란과 무질서의 극치 바로 그것이었다. 다시 말하면 당시는 정변(政變)이 충분히 예견되는 시기로서 군내(軍內)의 많은 지지 기반을 가지고 있던 철기장군으로 하여금 일대 정치개혁(政治改革)을 위한 궐기를 요망하는 소리가 자못 컷던 게 사실이다. 더욱 구체적인 사실은 장군께서 국무총리시절 한민당의 모씨(某氏)가 장군을 찾아와 구테타를 제의하며, '한국의 히틀러가 되어 달라'는 말을 하였다. 그러자 장군께서는 '날더라 정치강도가 되라는 말이냐'며 어찌나 서슬이 시퍼렇게 호통을 치셨던지 그는 혼비백산하여 허겁지겁 도망치고 말았다'고 들었다고 한다."

26) 希望出版社 編, 『(政界秘史) 事實의 全部를 記述한다』, 希望出版社, 1966, 96쪽.

²⁷⁾ 「4·19 이후 미국이 한국에서 취할 정책」, 발신자 Herter, 수신자 Embassy in Korea, 발신일 1960년 4월 23일 오후 1시 38분(1960년 04월 23일). '또한 다음과 같은 사태가 벌어질 경우 미국이 취할 행동에 대해서도 생각해봐야 한다. 1. 입헌적 절차의 준수 (다음의 가능성: 8월 15일 이후, 이기붕이 사임하지 않았다는 가정 하에 이승만은 사망했고 후임자는 육체적으로 책임을 다 할 수 없는 경우와 기만적인 수단으로 선출된 사람이 대통령이 되는 경우) 2. 쿠데타 (이범석(Yi Bomsok) 같은 사람이나, 이 대통령의 측근에 의한) 3. 과도 정부(caretaker government)로서 군이 권력을 잡을 경우 (아마도 국방부장관이나 육군참모총장의 후원 하에) 귀하가 전송한 전문 9396번이 막 도착했다. 미국의 확고한 정책을 유지해야 할 필요성과 한국에서 전개되는 상황에 대한 우리의 우려를 다시 한 번 강조한다.' 허터(Herter).

²⁸⁾ 『臨時首都千日』, 釜山日報社, 1985, 96쪽.

²⁹⁾ 「제6주년 광복절 대통령기념사」(국가기록원), 22~23쪽.

³⁰⁾ 이범석, 『철기 이범석 자전』, 외길사, 1991, 292~293쪽.

³¹⁾ 안상정, 「민족청년단의 조직과정과 활동」, 성균관대학교대학원 정치외교학과 석사논문, 1991, 76~77쪽.

³²⁾ 「部署를配定 新黨準委常任員」, 『동아일보』 1951년 11월 15일; 괄호 부분은 『경향신문』 1951년 11월 19일(후지이 다케시, 앞의 논문, 201쪽 재인용). 명단은 다음과 같다. "총무부: 李活, 吳緯泳 외 6명, 재정부: 鄭顯模, 任永信 외 18명, 심의부: 蔡奎恒, 嚴詳燮, 조직부: 趙瓊奎, 金從會 외 18명, 선전부: 金東成, 梁又正 외 6명, 조사부: 金正科 외 7명, 자격심사부: 金正實 외 7명, 연락부: 黃聖秀 외 19명, 의원부: 南松鶴 외 43명, 감찰부: 辛泰嶽, 姜一邁 외 43명"

³³⁾ 「자유당, 원내외 2개의 발당식 거행」, 『부산일보』 1951년 12월 25일.

³⁴⁾ 「자유당 원내외, 임시 임원 선정」, 『민주신보』, 1951년 12월 27일. "임시상임집행위원회 소위원장: 정현모(鄭顯模), 부위원장: 채규항(蔡奎恒), 양우정(梁又正), 총무부 책임위원: 이활(李活), 부책임위원:원상남 (元尙南), 위원 6명, 재정부 책임위원: 정현모(鄭顯模), 부책임위원: 황호현(黃虎鉉), 위원 4명, 조직부 책임위원: 채규항(蔡奎恒), 부책임위원: 주종필(朱鍾駜), 위원 23명, 연락부 책임위원: 목성표(睦聖杓), 부책: 김용완(金龍完), 위원 2명, 감찰부 책임위원: 신태악(辛泰嶽), 부책임위원: 박순석(朴順碩), 정책부 책임위원: 양우정(梁又正), 부책임위원: 유화청(柳和靑), 위원 4명, 선전부 책임위원: 문봉제(文鳳濟), 부책임위원: 조용기(趙龍基), 위원 4명, 부녀부 책임위원: 박영복(朴永福) 부책임위원: 장옥분(張玉芬), 위원 2명"

³⁵⁾ 李敬南, 「族靑系의 榮光과 沒落」, 『新東亞』 8월호, 東亞日報社, 1982, 118쪽.

³⁶⁾ 建國靑年運動協議會, 『大韓民國建國靑年運動史』, 建國靑年運動協議會總本部, 1989, 1135쪽.

304 철기 이범석 평전

37) 위의 책, 1117쪽.

38) 후지이 다케시, 「족청·족청계의 이념과 활동」, 성균관대학교 박사학위 논문, 2010, 216쪽.

39) "From Pusan(Lightner) to Department of State: Political Review for Week Ending August 23, 1951"(August 25, 1951) 『韓國戰爭資料叢書 35: 美國 國務部 政策研究課 文書 KOREA PROJECT FILE VOL. X(JUL.~SEP. 1951)』, 國防軍史研究所, 1998, 233~234쪽. 이 문서는 번역되어 『資料大韓民國史』 22권에 수록되어 있지만 'RPPA', 즉 공화민정회가 '자유당'으로 번역되어 있어 사료로서는 훼손되어 있다. 다른 문서에서도 일관되게 RPPA는 자유당으로 번역되었기 때문에 『資料大韓民國史』를 믿는 경우 1951년 8월부터 이미 원내에는 자유당이 존재하게된다. 그 외에도 'George Paik', 즉 백낙준을 '백두진'으로, 'Tiger Kim', 즉 김종원을 '김석원'으로 옮기는 등 50년대 부분에서는 치명적인 오역이 눈에 띈다. (후지이 다케시, 앞의 논문, 2010, 216쪽 재인용)

40) 「국내서 할 일 많다, 李範奭씨 사표제출은 확실」, 『자유신문』 1951년 9월 21일.

41) 「李範奭將軍 副黨首 承諾 分裂의 責任은 院內側에, 원외자유당 선전부 발표」 『경향신문』 1952년 1월 20일. "원외자유당 선전부책임위원인 文鳳濟 씨는 자유당 양립에 대하여 다음과 같이 그 經緯 대략을 재천명하였다. (중략) 제4차 준비위원회에서 통일노동당, 자유노동당, 자유당의 3안을 걸고 토의한 결과 절대 다수로 자유당을 채택키로 되었다. 이와 같이 하여 우리 黨名은 가장 민주주의 방법에 의하여 결정된 것이며, 일부에서 말하는 2개의 서로 다른 理念의 구체화라고 한 것은 제3차회의 결정사항을 망각한 非民主主義的 행위이며, 政治道義를 유린한 변명밖에 않되는 것이다"

42) 박태균, 「1952년 부산정치파동은 왜 일어났는가?」, 『내일을 여는 역사』 8, 2002, 158쪽.

43) 「院外側自由黨 地方組織活潑」, 『京鄕新聞』 1952년 1월 13일.

44) 「李範奭將軍副黨首承諾 分裂의 責任은院內側에」, 『京鄕新聞』 1952년 1월 20일.

45) 「院外自由黨側 地方組織活潑」, 『京鄕新聞』 1952년 1월 21일.

46) 希望出版社 編, 앞의 책, 1966, 95쪽.

47) 후지이 다케시, 앞의 논문, 2010, 227~228쪽.

48) 「自由黨全國大會盛大 黨首李大統領 臨席코 激勵」, 『조선일보』 1952년 3월 24일.

49) 「院外自由黨全黨大會 黨首에李承晩博士副黨首에李範錫氏」, 『동아일보』 1952년 3월 21일.

50) 『第十二回 國會定期會議速記錄』 第二十八號, 11쪽.

51) 『第十二回 國會定期會議速記錄』 第三十六號, 12쪽.

52) 「直選改憲案再提議等 院外自由黨當面政策決定」, 『東亞日報』 1952년 3월 23일.

53) 후지이 다케시, 앞의 논문, 2010, 240쪽.

54) 「내각책임제 개헌안 추진위원회 선전부, 개헌안 제출에 즈음한 성명서 발표」, 『경향신문』 1952년 4월 19일.

55) 「정부, 개헌안 공고」, 『경향신문』 1952년 5월 16일.

56) 「市邑面議員 選擧의 날」, 『경향신문』 1952년 4월 25일.

57) 「內務部長官更迭 新長官에 李範奭氏」, 『조선일보』 1952년 5월 26일.

58) 후지이 다케시, 앞의 논문, 2010, 55~256쪽.

59) 김정례, 앞의 책, 1992, 177쪽.

60) 이범석, 『철기 이범석 자전』, 외길사, 1991, 309쪽.

61) 김정례, 앞의 책, 1992, 178쪽.

62) 박영실, 「해방 이후 이범석의 사상과 정치활동」, 『역사와 사회』 3집, 2003, 110쪽.

63) 「항일 · 반독재 · 통일운동까지, 서민호선생을 아십니까: 전남 고흥출신 월파 서민호 선생을 기억하며」, 『오마이뉴스』 2019년 4월 13일. 서민호는 "1919년 보성중학 3학년으로 3 · 1운동에 참여하였으며 반도목탁지(半島木鐸誌)사건으로 6개월간 투옥되었다. 일본으로 유학하여 1923년 早稻田大學 政經學部를 졸업하였다. 1925년에 미국 오하이오주 웰스리언대학을 거쳐, 1927년 컬럼비아대학 정치사회학부를 수료하였다. 귀국 후 전라남도 벌교읍에서 남선무역 주식회사를 설립하여 운영하였으며 1935년에는 송명학교(松明學校)를 설립하여 교장을 지냈다. 1936년에는 조선어학회의 사전편찬사업을 촉진하기 위한 비밀 후원회를 조직하여 거액의 재정지원을 하였으며, 1942년 10월에는 조선어학회사건으로 구속되었다. 함경남도 홍원경찰서와 함흥경찰서에서 일제의 잔혹한 고문과 악형을 받았으며, 약 1년간 옥고를 치렀다. 정부에서는 그의 공적을 기려 2001년 건국훈장 애국장이 추서하였다. 『대한민국 공훈록』(https://e-gonghun.mpva.go.kr/user/ContribuReportDetail.do?goTocode=20002).

64) 「국회의원 徐珉濠, 살인혐의로 체포」, 『서울신문』 1952년 4월 27일. 이 기사에서는 서민호의원의 구속과 관련한 전망에 대해 다음과 같이 언급하였다. "그런데 원래 국회의원은 헌법 제49조에 의거하여 현행범이 아니면 국회 회기 중에 국회의 동의 없이 체포 또는 구금할 수 없게 되어있는데 서 의원 체포는 현행범으로 체포 구금하게 될 것이라고 한다. 그러나 동 헌법 제49조에 의하여 또한 체포 구속되었다 하더라도 국회의 요구가 있을 때에는 국회 회기 중에 석방할 수 있게 되는 것이다.

65) 조한성, 「이승만 독재의 서막: 부산정치파동」, 민족문제연구소, 『민족사랑』 2017. 1. 23. 이 연구는 부산정치파동에 대한 정리에 많은 도움을 주었다.

66) 김정례, 앞의 책, 1992, 181쪽. "백골단과 땃벌떼란 이승만박사의 계속집권을 희망하는 이북 출신과 서북청년단 출신들이 모여 만든 비밀결사대로서 柳和靑, 金昌珉, 金昌男 씨 등이 핵심인물들이다. 이들은 북한 공산치하에서 수많은

시련을 겪었던 사람들로서 動亂 중에 이승만정권이 흔들려서는 않된다는 판단아래 그들 나름대로 애국심과 충성심을 과시한 것이 앞에서 말한 '백골단'의 출몰이 아니였던가 싶다. 그렇다 하더라도 사실과 진실은 제대로 공개되어 역사의 엄정한 평가를 받아야 할 것이며, 무엇보다 철기 장군과 족청출신들이 전혀 알지 못하는 것은 물론, 관련이 있는 사건에 대해 언제까지 일부세력이 꾸민 정략적 누명을 뒤집어쓰고 있을 수는 없는 일이 아니가"

67) 위의 책, 178~179쪽.

68) "From Pusan(Lightner) to the Secretary of State"(June 3, 1952), 『韓國戰爭資料叢書 64』, 116~117쪽.

69) 이범석, 앞의 책, 1991, 321쪽. '백두진 씨가 나한테 무척 혼났다. 정치파동 직후에 내가 막 때린 적이 있다. 백두진 씨가 낸 파티였는데 그 파티에서 무쵸 대사가 미국에 간 뒤 라이트너가 대사대리를 해서 정부 반대당에 대해 노골적으로 지원하는 것을 합리화시키고 옳다고 주장한 것이었다. 또한 저쪽 사람들이 얘길 들어 가지고 이 박사 이하 대한민국 정부에 대해 입에 담지 못할 더러운 욕을 해 나한테 맞았다'

70) 『第四十八回 國務會議錄』, 1952년 6월 10일.

71) 후지이 다케시, 앞의 논문, 2010, 268쪽.

72) 「連日大會를開催」, 『京鄕新聞』 1952년 6월 14일.

73) "From Pusan(Lightner) to the Secretary of State"(June 3, 1952), 『韓國戰爭資料叢書』 65, 116쪽.

74) 『民意의 勝利』, 全國地方議員同志會, 1952, 41~43쪽.

75) 박태균, 「왜? 1952년 부산정치파동은 왜 일어났는가」, 『내일을 여는 역사』 8, 2002, 162~163쪽. 비상계획의 골자는 다음과 같았다. 1. 이승만을 서울이나 다른 지역으로 초대하여 부산을 벗어나게 한다. 2. 유엔군 사령관이 부산지역으로 들어가, 5~10명의 독재적 행동을 한 지도자를 체포하고 한국기관을 보호한다. 3. 이승만에게 이와 같은 행동을 통고하고 계엄령 해제, 국회활동의 자유, 언론의 자유를 승인할 것을 요구한다. 4. 만약 이승만이 이를 거부하면 보호 감금하고 국무총리에게 이를 요구한다. 5. 국무총리도 거부하면 유엔군 과도 정부를 수립한다. 6. 만약 이승만, 국무총리가 동의하는 경우, 불가피하게 유엔군이 개입하여 불법적인 행위를 한 몇몇 개인을 제거했으며, 한국 정부는 계속 활동을 지속할 것이라는 성명을 발표한다는 것이었다.

76) 이범석, 앞의 책, 1991, 317쪽.

77) 위의 책, 320~321쪽.

78) 임재춘, 「임종을 지켜 본 인연」, 『철기 이범석 평전』, 178~179쪽.

79) 「李允榮李範奭兩氏遂辭表提出, 各各 副統領候補를 聲明」, 『동아일보』 1952년 7월 22일.

80) 希望出版社 編, 앞의 책, 1966, 99쪽.

81) "From Pusan(Lightner) to the Secretary of State"(June 2, 1952), 국사편찬위원회, 『南北韓關係史料集』 17, 1995, 147쪽.

82) "From Lightner to Young"(June 5, 1952), 국사편찬위원회, 『南北韓關係史料集』 17, 1995, 171쪽.

83) "From Pusan(Muccio) to the Secretary of State"(June 7, 1952) 앞의, 『國戰爭資料叢書』 65, 203쪽.

84) "From Pusan(Muccio) to the Secretary of State"(June 7, 1952), 앞의, 『國戰爭資料叢書』 65, 554~556쪽.

85) "From Pusan(Muccio) to the Secretary of State"(February 14, 1952), 앞의, 『南北韓關係史料集』 17, 45쪽.

86) "Memorandum: Continuing Political Crisis in Korea"(June 13, 1952), 『韓國戰爭資料叢書』 65, 600~602쪽.

87) "From Pusan(Muccio) to the Secretary of State"(June 15, 1952), 『韓國戰爭資料叢書』 65, 643쪽.

88) "From Pusan(Muccio) to the Secretary of State"(June 19, 1952), 『韓國戰爭資料叢書』 65, 713쪽.

89) "Memorandum: Discussion with Mr. Selwyn Lloyd on Politico-Military Conditions in Korea"(June 23, 1952), 『韓國戰爭資料叢書』 65, 783~785쪽.

90) "Memorandum for the Record"(June 30, 1952), 앞의, 『韓國戰爭資料叢書』 66, 241~242쪽.

91) 「서울 애국단체의 결의. 차기 대통령에 李承晩 박사」, 『조선일보』 1952년 7월 17일.

92) 「李承晩博士의 院外自由黨首 就任事實否認波紋擴大」, 『동아일보』 1952년 7월 18일.

93) 「입후보 않을터. 李承晩대통령 민의 반영을 致謝」, 『조선일보』 1952년 7월 7일.

94) 「지명하면 추종하겠다, 李範奭씨 부통령 출마 의사 표명」, 『조선일보』 1952년 7월 12일.

95) 「이승만 대통령, 자신과 원외자유당은 무관하다고 언명」, 『동아일보』 1952년 7월 18일.

96) 申載洪, 「鐵驥 李範奭」, 한국사학회, 『韓國現代人物論』 乙西文化社, 1987, 270쪽.

97) 鮮于基聖, 『韓國靑年運動史』, 錦文社, 1973, 708쪽.

98) 「李博士再選推進委員會構成」, 『조선일보』 1952년 7월 26일.

99) 「安浩相氏演說」, 『조선일보』 1952년 7월 25일.

100) 「大韓勞總에서 李範奭氏支持聲明」, 『조선일보』 1952년 7월 30일.

101) 「候補記號決定」, 『조선일보』 1952년 7월 29일.

102) 「李大統領 推戴文을 剝取, 警察行動에 自由黨선 反駁」, 『조선일보』 1952년 7월 31일. "28일 하오 5시경부터 李範奭씨의 포스타—와 같이 붙어있는 李대통령의 사진과 대통령 추대문은 경찰에 의하여 철거되었다 이에 일반은 무슨 영문인지 몰라 어리벙벙하고 있는데 이에 대하여 李대통령은 『나의 입후보 사진이 여러군데에 부쳐있다는 소리를 들었는데 이런 일에 많은 돈이 드는 것을 생각하여 내무부에 지시한 것이니 이로 인한 오해와 유감이 없기를 바란다』는 담화를 발표하였으나 한편 자유당 중앙당부 중앙선거대책위원회에서는 이를 부당하다고 주장하는 담화를 발표하였다"

103) 「國民會것만 許諾 副統領것과 같이 부치면 안된다」, 『동아일보』 1952년 7월 30일.

104) 中央日報社 編, 『民族의 證言』 6, 中央日報社, 1983, 47~48쪽. 이범석이 장택상에 대해 부정적인 시각으로만 일관했던 것은 아닌 것으로 보인다. 이범석은 장택상에 대해 '정계에 몸을 두고 있을 때 피차 충돌도 없지 않았지만, 인간적인 면에서 퍽 가깝게 지낸 지음지교(知音之交)로 창랑 장택상을 나는 잊지 못한다'하였다. 이범석, 앞의 책, 1991, 322쪽.

105) 申載洪, 「鐵驥 李範奭」, 한국사학회, 『韓國現代人物論』 乙西文化社, 1987, 270쪽.

106) 「부통령 후보 李範奭, 낙선의 변 발표」, 『민주신보』 1952년 8월 10일. 당시 언론에서는 이범석의 낙석에 대해 그가 상황을 순순히 받아드리지 못하고 있었음 보여주고 있었다. '선거전에 있어서 패전의 노장신세가 된 이범석 씨는 청산리전투의 백전백승을 자랑하던 철기장군의 면목도 간 곳 없이 불굴의 투지는 죽고 말았는지 낙선의 변에도 당초의 위력이 엿보이지 않는다. 자랑하든 民意의 공천으로 출마는 했으나 새로운 민의가 나왔는지 몰라도 그야말로 노장의 咸台永씨에게 패배한 것은 일반 국민의 주목할 사실이나 장군이 말하는 낙선의 辯은 다음과 같다.'

107) 張炳惠, 張炳初, 『大韓民國 建國과 나』, 滄浪張澤相記念事業會, 1992, 112쪽.

108) 「張總理, 政治危機에 逢着, 日人入國事件, 自由黨의 攻迫激烈」, 『조선일보』 1952년 9월 27일; 朝鮮日報 出版局, 『轉換期의 內幕』, 朝鮮日報社, 1982, 610~611쪽.

109) 「李範奭氏 外遊」, 『조선일보』 1953년 5월 22일.

110) 「派爭은 弱化를 招來, 黨 組織엔 紀綱이 必要, 李範錫氏 記者會見談」, 『조선일보』 1953년 5월 26일.

111) 「李範奭氏 六月初海外旅行」, 『동아일보』 1953년 5월 25일. "끝으로 그는 작년 정치파동 당시 내무장관시대에 언급하여 국회만이 특권을 가진 것이 아니므로 그렇게 해야만 대한민국의 건전한 존속을 꾀할 수 있었다고 附言하였다."

112) 「李範奭氏 時局演說」, 『조선일보』 1953년 6월 4일. "불월간 구미 각국시찰 여정에 오를이 李範奭씨는 지난 2일 상오 7시 군용 열차편으로 상경하였는데

동씨는 3일상오 10시 시내 市公舘에서 자유당 각급 당원들에 대한 시국강연회를 개최하리라고 하며 당분간 재경하게 될 것이라고 한다."

113) 「李範奭氏 12일 日渡美」, 『조선일보』 1953년 6월 10일.

114) 「李範奭氏 六月初海外旅行」, 『동아일보』 1953년 5월 25일.

115) 박기완, 「조선민족청년단 소멸의 원인」, 서울대학교 대학원 정치외교학부 석사학위 논문, 2014, 74쪽.

116) 「自由黨 族靑系巨物除名」, 『동아일보』 1953년 12월 11일.

117) 「자유당, 철저한 숙당운동, 李範奭 씨 등 제명, 李承晩 총재도 중앙당부 결정을 승인」, 『조선일보』 1953년 12월 12일. "自由黨中央黨部에서는 派黨勢力을 扶殖한 族靑系 逐出을 當面한 組織整備 最高課題로 하고 連日 그 實踐方法을 討議하고 있던 中 信憑할 만한 消息通이 傳하는 바에 依하면 9일 中央委員과 部長口의 連席會議에서 第一着으로 同 黨副黨首이며 前 서울市 黨委員長인 李範奭氏를 비롯하여 前 內務部長官 陳憲植 前 文敎部長官이며 韓靑團長이었던 安浩相 前 商工部長官 李載瀅 國會議員 梁又正 同黨 舊 組織部長 元尙南 同市黨 副委員長 尹在旭 黨中央監察部長 辛泰嶽 諸氏 等 八名의 族靑系 巨物級을 民族分裂者로 規定하고 除名處分을 決議하였으며 同黨 新任 總務部長 李起鵬氏는 同 決議事項의 承認을 얻기 爲하여 十日 上午 十一時부터 景武臺로 李總裁를 訪問하고 約 一時間에 亘하여 要談한 바 同 席上에서 李總裁는 前記한 바 自由黨 中央黨部의 決定을 承認하였다 한다. 이와같이 徹底한 肅黨運動의 展開는 政界의 非常한 關心을 골고있는데 때마침 李範奭氏는 外遊로부터 十日 上午 十時半 入京하여 自宅에 돌아와서 除名處分의 소식消息을 듣고 있었다 한다"

118) 「李範奭氏 九日 歸國」, 『동아일보』 1953년 12월 11일.

119) 「除名處分 冷笑 李範奭氏 記者會見」, 『경향신문』 1953년 12월 12일.

120) 「景武臺를 訪問, 李範奭氏 歸國 人事」, 『조선일보』 1953년 12월 14일.

121) 「族靑系 15議員 除名 自由黨中央黨部서 決定」, 『동아일보』 1954년 1월 31일.

122) 「除名問題漏洩調査部長停職處分—自由黨」, 『동아일보』 1954년 2월 4일.

123) 「自由黨 族靑系 15議員除名」, 『조선일보』 1954년 1월 31일; 「12일 경남경찰국에서 安浩相씨를 구속」, 『조선일보』 1954년 6월 17일; 「8일 군관계에 특사령 梁又正씨도 석방」, 『조선일보』 1954년 1월 11일.

124) 한배호, 『한국현대정치론』 1, 오름, 2006, 309쪽.

125) 「李範奭氏 出馬否認」, 『조선일보』 1954년 3월 11일. "李範奭氏가 慶北漆谷에서 出馬하여 張澤相氏와 對決하리라는 說이 最近 巷間에 떠돌아 政界의 注目을 끌고있었으나 李氏의 側近者가 九日 傳하는 바에 依하면 全然 事實無根일 뿐만아니라 앞으로 議員出馬는 絶對로 없으리라 한다"

126) 「李範奭氏 景武臺訪問」, 『경향신문』 1955년 11월 18일.

127) 「梁大使와 李範奭氏 두 개의 政界動態, 李範錫氏의 動向」, 『조선일보』 1955년 11월 21일.

128) 韓太壽, 『韓國政黨史』, 新太陽社, 1963, 253~254쪽.

129) 「民政黨 發起準委 285名으로 構成」, 『조선일보』 1956년 1월 8일. "民政黨發起促進委員會에서는 6日 下午會合에서 發起準備委員會 構成問題를 論議한 結果 指導委員인 裵恩希, 張澤相, 李範奭 3人이 各各 95名씩 推薦하는 285名으로 構成하여 人選, 地域別로 選出이 完了되는 대로 準備委員總會를 召集하기로 하였다 한다. 그런데 消息通에 依하면 同人選에 있어 所謂 過去『族青系의 過誤派』라고 하여 指目되는 一部人士들에 對하여는 平黨員으로서 發起人이 되는 것은 默認하되 同 準備委員으로서는 推薦하지 않기로 合意를 보았다고 한다.

130) 「黨名은 共和黨으로, 最高委員에 裵恩希, 張澤相, 李範奭氏 決定, 假稱 民政黨 發黨大會盛了」, 『조선일보』 1956년 3월 31일. "假稱 民政黨 發起 및 發黨大會는 豫定대로 30일 上下午에 걸쳐 서울市公舘에서 (중략) 성盛大히 開催되었다. 이날 大會에서는 黨名을『共和黨』으로 決定하는 한편 別項과 같은 宣言, 政綱 및 政策, 黨憲을 各各 採擇하고 3名의 最高委員과 約 60명의 中央委員을 選出하였다. (중략) ▲政綱 一, 우리는 政治의 刷新과 經濟의 均衡을 期한다. 二, 우리는 社會의 福利와 文化의 向上을 期한다. 三, 우리는 國土의 統一과 外交의 强化를 期한다(하략).

131) 「兩派決裂은 決定的, 共和黨 族青 對 非族青 反目激化, 張澤相氏, 不日內訣別聲明?」, 『조선일보』 1956년 4월 4일.

132) 박영실, 「기획특집 역사철학과 한국사의 쟁점들: 해방이후 이범석의 사상과 정치활동」, 『역사와 사회』 31권, 국제문화학회 2003, 119쪽.

133) 이범석, 앞의 책, 1991, 335~336쪽.

134) 「審判台에선 人物들 副統領 候補篇 李範奭氏 無所屬, 滿身覇氣로 成功을 自信」, 『조선일보』 1956년 4월 14일.

135) 「故 李始榮先生, 四周忌追悼式」, 『조선일보』 1957년 4월 19일.

136) 「故 金佐鎮將軍夫人, 五日自宅에서 別世」, 『조선일보』 1958년 3월 7일.

137) 「申圭植先生 記念事業會 發足, 3日 各界 名士 多數 參席裡)에」, 『조선일보』 1958년 9월 4일.

138) 「參議員當選者 三日上午一時現在」, 『조선일보』 1960년 8월 3일.

139) 「국민의당 創黨準委結成, 代表委員 金炳魯), 許政, 李範奭氏 選出, 地區黨組織特別審査委도 구성, 指導委員에 金度演, 李應俊, 李仁, 安浩相 諸氏」, 『조선일보』 1963년 8월 2일

140) 「軍政延長反對貫徹키로: 在野政客 進路를 決定」, 『대한일보』 1963년 3월 19일.

141) 김정례, 앞의 책, 1992, 183쪽.

142) 「李博士葬禮格式再考, 政府, 各界意見 듣고 約束」, 『조선일보』 1965년 7월 23일. "이날 連席會議에서 國葬을 강력히 요구한 이는 張澤相, 李範奭, 李仁, 卞榮泰, 任興淳, 許政, 孫在馨씨 등이었으며, 格式문제 때문에 葬禮日字 및 場所등은 논의조차 못했다"

143) 김정례, 앞의 책, 1992, 178쪽.

144) 안호상, 「군인·정치인·독립투사로서의 철기」, 『철기 이범석 평전』, 79~80쪽.

145) 이기하, 『한국정당발달사』, 의회정치사, 1961.

146) 박경수, 『장준하(민족주의자의 길)』 돌베개, 2006, 347쪽.

147) 「鐵驥—金南祚 씨 対話, KBS—TV 8月」, 『조선일보』 1971년 8월 10일.

148) 「(인터뷰) 71회 生日에 証言集내는 李範奭 씨, 亡命 30年의 「大河 회고록」 이름없는 故魂 勇戰譜 전하려, 이번 「우둥불」 編엔 20年代까지, 지금도 말 달리면 그 바람 소리…」, 『조선일보』 1971년 12월 2일.

149) 「큰 별은 사라지다.—鐵驥 李範奭將軍 逝去의 悲報를 듣고—」, 『조선일보』 1972년 5월 12일.

150) 김정례, 앞의 책, 1992, 193쪽. 이범석의 장례는 국민장으로 거행되었으며, 장례식은 다음과 같이 진행되었다. "장군의 유해는 오후 1시 15분 국립묘지에 도착, 10분 후 해군 군악대의 조악, '내주를 가까이'가 은은하게 울려 퍼지는 가운데 하관식이 시작됐다. 고인에 대한 헌화, 분향, 하관의 순서로 하관의식이 거행되는 동안 백두진 국회의장, 이은상, 이재형 장례집행위원 등 200여 각계 대표 및 2천여 조객들이 장군의 하관을 지켜보았고 황금빛 비단으로 감싸인 장군의 관이 유택에 들어가고 외아들 인종 씨의 헌토가 있자 주변에 있던 모윤숙, 김자경, 주한이탈리아대사 부인 베루드 치올리여사 등 몇 분이 흐느껴 울었다. (중략) 3군 군악대의 조악에 이어 '한배님 높으신 뜻 앞으로 장군님을 보낸다는 강천봉(姜天奉) 대종교 선도사의 원도(願禱) 이재형 집행위원장의 개식사 순으로 진행되었다. (중략) 백두진 장의의장은 조사에서 "크나큰 민족의 별이 떨어졌습니다. 참된 애국의 거목이 쓰러졌습니다. 조국과 민족만을 염원하시던 당신의 발자취는 오늘과 내일을 사는 우리의 심장 깊숙이 새겨질 것입니다고 흐느껴 애도했고 (중략) 장례식이 끝난 후 장개석 자유중국 총통이 친필로 써서 보낸 훈망소수(勳望昭垂)라는 만장을 앞세운 일천여 개의 만장과 대형초상화를 앞세운 도보상의 행진이 시작되어 KBS → 세종호텔 → 퇴계로 → 한국은행 → 남대문 → 서울역 → 남여동 거리를 누볐다. 김정례, 앞의 책, 1992, 193~195쪽.

『朝鮮王朝實錄』,『獨立新聞』,『京鄕新聞』,『大同新聞』,『東亞日報』,『每日申報』, 『서울신문』,『朝鮮日報』,『自由新聞』,『思想界』,『漢城日報』,『朝光』,『國民文學』,『三千里』,『春秋』,『프레시안』,『오마이뉴스』,『민국일보』,『대구시보』,『국제신문』,『부산일보』,『民主新報』,『연합신문』

이범석 외,『사실의 전부를 기술한다』, 희망출판사, 1966.

이범석 저, 송지영 역,『방랑의 정열』, 정음사, 1950.

이범석 저·홍순도 역,『톰스크의 연인들: 이범석 장군 실화소설』, 문화일보, 1996.

이범석,『(鐵驥李範奭自傳) 우둥불 후편』, 三育出版社, 1992.

이범석,『민족과 청년』, 고려문화사, 1948.

이범석,『民族青年論說集: 講演』, 朝鮮民族青年團 宣傳部, 1947.

이범석,『우둥불』, 사상사, 1971.

이범석,『政府施政方針演說』, 發行處不明, 1949.

이범석,『톰스크의 하늘 아래서』, 新現實社, 1972.

이범석,『血戰: 靑山里血戰實記』, 建國社, 1948.

이범석장군기념사업회,『철기 이범석 평전』, 삼육출판사, 1992.

이범석·光昌閣,『韓國의 憤怒: 靑山里血戰實記』, 1946.

朝鮮民族青年團, 『訓練須知』, 兵學研究社, 1948.

김마리아, 「동지이며, 전우인 나의 남편」, 金仁玉 編, 『內助의 귀감』, 三耕出版社, 1969.

강덕상, 『現代史資料』 27 · 28, みすず書房, 1972.

강영운, 『(다큐멘터리)共和國五十年史1: 여명 時代』, 한국매일출판사, 1989.

건국청년운동협의회, 『대한민국 건국청년운동사』, 건국청년운동협의회, 1989.

경향신문사 편, 『내가 겪은 20세기: 民族至上의 革命家, 鐵驥 李範奭』, 1974

곽상훈 · 송요찬 · 윤보선 · 이범석 · 이재학 · 장건상 · 장면 · 장택상 · 허정, 『사실의 전부를 기술한다』, 희망출판사, 1966.

국가보훈처, 『보훈행사 연설문집』, 2001.

國防軍史研究所, 『國防政策變遷史』, 1995

국방부 군사편찬연구소, 『建軍史』, 2002.

국사편찬위원회 편, 『대한민국임시정부자료집』 9~13, 2006.

국사편찬위원회 편, 『대한민국임시정부자료집』 26, 2008.

국사편찬위원회 편, 『大韓帝國官員履歷書』, 1972.

국사편찬위원회, 『신편한국사』 32, 2002.

국사편찬위원회, 『한국독립운동사 22: 임정편 Ⅶ』, 국사편찬위원회, 1993.

서울특별시 경찰국 사찰과, 『査察要覽 左翼, 中間, 第三勢力, 其他』, 1955.

강준만, 『한국현대사 산책: 1940년대편』 2권, 인물과사상사, 2004.

金正桂 編, 『朝鮮統治史料』 2 · 8, 韓國史料研究所, 1970.

朝鮮軍司令部, 『間島出兵史』, 1926, 김연옥 옮김, 경인문화사, 2019,

김경천, 『경천아일록』, 학고재, 2012.

김경호, 「부산정치파동의 본질과 정치사적 의미」, 『21세기 정치학회보』 11, 2001.

김광선, 「광복군 전쟁사에 길이 빛나는 철기 이범석 장군」, 『군사연구』 124집, 2008.

김광재, 「한국광복군의 활동 연구: 미 전략첩보국(OSS)과의 합작훈련을 중심으로」, 동국대 대학원 박사학위논문, 2000.

김구, 도진순 주해, 『백범일지』 돌베개, 2002.

김기승, 『조소앙이 꿈꾼 세계』, 지영사, 2003.

김득중, 「여순사건의 실상과 민중의 피해」, 『내일을 여는 역사』 2, 2000. 7.

김득중,「이승만 정부의 여순사건 왜곡과 국회논의의 한계」,『역사연구』7, 2000.

김명섭·김석원,「김구와 이승만의 지정인식」,『한국정치학회보』43집 3호, 2009.

김무용,「여순사건 진압을 위한 대항 게릴라 작전과 민간인 희생화 전략」,『역사연구』31, 2016

김민호,「李範奭의 생애와 독립운동」,『한국독립운동사연구』44, 독립기념관 한국독립운동사연구소, 2013.

김민환,『한국언론사』, 나남출판사, 2002.

김병문,「주시경의 근대적 언어 인식에 관한 연구」, 연세대학교 대학원 국어국문학과 박사학위논문, 2011.

김삼웅,『한국현대사 뒷얘기』, 가람기획, 1995.

김연옥,「일본군의 '간도출병' 전략과 실태」,『일본역사연구』50, 일본사학회, 2019.

김영일,「부산정치파동의 정치사적 의미」,『한국과 국제정치』9, 1993.

김일수,「한국군의 창군과정에 관한 연구: 1945~1950」,『한국동북아논총』, 한국동북아학회, 37권, 2005.

김용달,「靑山里大捷에 대한 임시정부의 대응」『한국근현대사연구』15, 한국근현대사학회, 2000.

김재욱,「李範奭을 모델로 한 백화문 작품의 한국어 번역본」,『중국어문학지』48, 2014.

김재원,「철기 이범석의 반공민족주의 형성에 관한 연구: 일제 강점기를 중심으로」, 연세대학교 석사학위논문, 2013.

김주성,「미군정기 조선민족청년단의 조직과 활동: 미군정과의 관계를 중심으로」, 서강대학교 석사학위논문, 2015.

김주용,「홍범도의 항일무장투쟁과 역사적 의의」,『한국학연구』32, 인하대학교 한국학연구소, 2014.

김철범,『한국전쟁과 미국』, 평민사, 1990

金春善,「庚申慘變 연구: 한인사회와 관련지어」,『한국사연구』111, 한국사연구회, 2000

김춘선,「발로 쓴 청산리전쟁의 역사적 진실」,『역사비평』통권 52호, 역사비평사, 2000.

김태국, 「청산리전쟁 전후 북간도지역 일본영사관의 동향과 그 성격」, 『韓國史硏究』 제111호, 한국사연구회, 2000.

김학준, 『해방공간의 주역들』, 동아일보사, 1996.

金弘壹, 『國防槪論』, 高麗書籍株式會社, 1979.

나현곤, 「철기 이범석 장군과 한·미 연합작전」, 『조선대학교 군사발전연구』 제5권 제1호, 2011.

南坡朴贊翊傳記刊行委員會, 『南坡朴贊翊傳記』, 을유문화사, 1989.

도널드 스턴 맥도널드 저, 한국역사연구회 1950년대반 옮김, 『한미관계 20년사(1945~1965년): 해방에서 자립까지』, 한울아카데미, 2001.

羅鐘一, 「1952年의 政治波動」, 『한국정치학회보』 22-2, 1988.

呂運弘, 『夢陽 呂運亨』, 靑廈閣, 1967.

로버트 O. 팩스턴 저, 손명희·최희영 옮김, 『파시즘: 열정과 광기의 정치혁명』, 교양인, 2005.

류상영, 「해방 이후 좌우익청년단체의 조직과 활동」, 『해방전후사의 인식』 4, 한길사, 1989.

마크 게인, 도서출판 까치 편집부 옮김, 『解放과 美軍政: 1946.10~11』, 까치, 1986.

박경수, 『장준하: 민족주의자의 길』, 돌베개, 2003.

박기완, 「조선민족청년단 소멸의 원인」, 서울대학교 정치외교학부, 석사학위논문, 2014.

박성수, 『독립운동의 아버지 나철』, 북캠프, 2003.

박영석, 『日帝下 獨立運動史硏究: 滿洲露領地域을 중심으로』, 일조각, 1984.

박영실, 「李範奭硏究」, 한국정신문화연구원 한국학대학원 정치학전공 석사학위논문, 2003.

박영실, 「해방 이후 이범석의 사상과 정치활동」, 『역사와 사회』 31, 2003.

박영석, 『日帝下 獨立運動史硏究: 滿洲露領地域을 중심으로』, 일조각, 1984.

박찬승, 「20세기 한국 국가주의의 기원」, 『한국사연구』 117호, 2002.

박창욱, 「봉오동전투와 청산리전투 연구」, 『한국사연구』 111, 한국사연구회, 2000.

박창욱, 「훈춘사건과 '장강호'마적단」, 『역사비평』 여름호(통권 51호), 역사비평사, 2000.

박태균, 「왜? 1952년 부산정치파동은 왜 일어났는가」, 『내일을 여는 역사』 8, 2002.

박 환, 「대한민국임시정부와 서북간도 독립군의 활동: 서로군정서와 북로군정서」, 『백범과 민족운동연구』 2, 백범학술원, 2004.

박 환, 『김좌진 평전』, 선인, 2010.

박 환, 『독립군과 무기』 선인, 2020.

반병률, 『홍범도장군: 자서전 홍범도일지와 항일무장투쟁』, 한울아카데미, 2014.

반병률, 『1920년대 전반 만주·러시아지역 항일 무장투쟁』, 독립기념관 한국독립운동사연구소, 2009.

백인기, 『건군사』, 국방부군사편찬연구소, 2002.

브루스 커밍스 저, 김동노 외 옮김, 『브루스 커밍스의 한국현대사』, 창비, 2003.

서중석, 『신흥무관학교와 망명자들』, 역사비평사, 2001.

서중석, 「제1공화국 정치세력의 노선과 활동에 대한 연구」, 『한국사론』 제27권, 국사편찬위원회, 1997.

서중석, 『이승만의 정치이데올로기』, 역사비평사, 2005.

鮮于基聖, 『한국청년운동사』, 錦文社, 1976.

손춘일, 「청산리전역 직전 반일무장단체의 근거지 이동에 대하여」, 『한국민족운동사연구』 26. 한국민족운동사학회, 2000.

송우혜, 「유명인사 회고록 왜곡 심하다, 이범석의 〈우둥불〉」, 『역사비평』 15, 역사비평사, 1991.

송우혜, 「쟁점 최근 홍범도연구, 오류 허점 많다」, 『역사비평』 1988.12.

신범식, 「소련의 북한 군사지원」, 『한국전쟁사의 새로운 연구』 1, 국방부 군사편찬연구소, 2001.

신용하, 「獨立軍의 靑山里獨立戰爭의 戰鬪들의 구성」, 『史學研究』 38, 한국사학회, 1984.

신용하, 「獨立軍의 靑山里戰鬪」, 『군사』 8, 국방부 군사편찬연구소, 1984.

신용하, 「大韓(北路)軍政署獨立軍의 硏究」, 『한국독립운동사연구』 2, 한국독립운동사연구소, 1988.

신용하, 『일제강점기한국민족사』 상, 서울대학교 출판부, 2001.

신주백, 「중국 동북지방 역사학계의 연구동향과 자료현황: 연변지방을 중심으로」, 『역사와 현실』 15, 한국역사연구회, 1995.

신주백, 「한국현대사에서 청산리전투에 관한 기억의 流動: 회고록·전기와 역사교과서를 중심으로」, 『한국근현대사연구』 57, 한국근현대사학회, 2011.

신주백, 「봉오동, 청산리전투 다시 보기」, 『역사비평』, 역사비평사, 2019

신운용, 「경신참변과 대종교」, 『단군학연구』 37, 단군학회, 2017.

申載洪, 「鐵驥 李範奭」, 『韓國現代人物論』 2, 을유문화사, 1987.

신효승, 「청산리 전역시 일본군의 군사체계와 독립군의 대응」, 『學林』 37, 연세사학연구회, 2016.

신효승, 「청산리 전역의 전개 배경과 독립군의 작전」, 『한국민족운동사연구』 86, 한국민족운동사학회. 2016.

신효승, 「'보고'에서 '석고화한 기억'으로: 청산리 전역 보고의 정치학」, 『역사비평』 통권 제124호, 2018.08

안상정, 「민족청년단의 조직과정과 활동」, 성균관대학교대학원 정치외교학과석사논문, 1991.

안호상, 『한뫼 안호상 20세기 회고록: 하나를 위하여 하나되기 위하여』, 민족문화출판사, 1996.

오석 김혁 장군기념사업회 편, 『항일무장독립운동가 김혁』, 학민사, 2002.

오유석, 「미군정하의 우익청년단체에 대한 연구: 1945~1948」, 이화여대 대학원 사회학과 석사학위논문, 1988

우승규, 『나절로 漫筆: 신문생활 반세기의 조각보』, 탐구당, 1978.

유재갑, 「한국전쟁과 한·미관계의 성격」, 『한국과 정치』, 경남대학교 극동문제연구소, 1987.

陸軍本部, 『陸軍發展史』 3, 1977.

육군사관학교, 『한국전쟁사』 1988.

윤대원, 『상해시기 대한민국임시정부 연구』, 서울대학교 출판부, 2006.

윤병석, 「참의·정의·신민부의 성립과정」, 백산학보 7, 백산학회, 1969.

윤상원, 「러시아지역 한인의 항일무장투쟁연구: 1918~1922」, 고려대대학원 박사학위논문, 2009.

윤상원, 「봉오동전투와 청산리전투에 대한 소련과 러시아의 평가」, 『역사문화연구』 56, 한국외국어대학교 역사문화연구소, 2015.

윤치영, 『윤치영의 20세기』, 삼성출판사, 1991.

王在一, 『全羅南道第一回 地方自治四年誌』, 靑磁文化社, 1956.

이경남, 『분단시대의 청년운동』, 삼성문화개발 1989.

李起夏 외, 『韓國의 政黨』, 한국일보사, 1987.

이기하, 『한국정당발달사』, 의회정치사, 1961.

李大根, 『韓國전쟁과 1950年代의 資本蓄積』, 까치, 1987.

이동언, 「서일의 생애와 항일무장투쟁」, 『한국독립운동사연구』 38집, 2011.

이명화, 「독립운동기 인물사연구의 현황과 과제」, 『한국인물사연구』 창간호, 2004.

이성우, 『만주 항일무장투쟁의 신화 김좌진』, 역사공간, 2011.

이승룡, 『(秘錄) 光復 40年: 大河 다큐멘터리』 제1권·제2권, 홍익출판사, 1985.

이윤영, 「한강철교폭파는 이범석이 제안했다」, 『신동아』, 1984.

이정식·허원 역, 『만주혁명운동과 통일전선』, 사계절, 1989.

이진경, 「조선민족청년단연구」, 성균관대대학원 사학과 석사학위논문, 1994.

이찬구, 『비화: 믿기 어려운 진실과 충격의 감동비화』, 상상나무, 2011.

이택선, 「조선민족청년단과 한국의 근대민주주의 국가건설」, 『한국정치연구』 제23집 제2호, 2014.

이택선, 「해방 후 이범석 정치노선의 성격: 파시즘 논의와 국제정치적 배경을 중심으로」, 『한국민족운동사연구』 94, 한국민족운동사학회, 2018.

이유선, 『한국양악백년사』, 음악춘추사, 1985.

이현진, 『미국의 대한경제원조정책 1948~1960』, 혜안, 2009.

이희호, 『이희호 자서전 동행: 고난과 영광의 회전무대』, 웅진하우스, 2008

이희훈, 「대한민국 정부수립 이후 언론관계법의 발전과 평가」, 『세계헌법연구』 16권3호, 세계헌법학회 한국학회, 2010.

이 형, 『한국의정사 30년: 制憲에서 10대까지』, 청아출판사, 2016.

임경석, 「연해주 솔밭관 한족공산당에 관한 일고찰」, 『한국민족운동사연구』, 나남, 1997.

임경석, 『한국 사회주의의 기원』, 역사비평사, 2003.

임공순, 「'청산리전투'를 둘러싼 기억과 망각술: '청산리전투'에 대한 이범석의 자기서사와 항(반)일 반공의 회로」, 『국제어문』 76, 국제어문학회, 2018.

임종명, 「조선민족청년단 연구: 미군정의 '향후 한국의 주도세력 양성정책'을 중심으로」, 고려대학교 대학원 사학과 석사학위 논문, 1994.

임종명, 「해방직후 이범석의 민족지상, 국가지상론」, 『역사학연구』 제45호, 2012.

은희녕, 「해방 전후 안호상의 국가지상주의와 '민주적 민족교육론'」, 중앙대학교 석사학위논문, 2014.

장세윤, 『1930년대 만주지역 항일무장투쟁』, 독립기념관 한국독립운동사연구소, 2009.

장세윤, 「洪範圖日誌를 통해 본 홍범도의 생애와 항일무장투쟁」, 『한국독립운동사연구』 5, 독립기념관 한국독립운동사연구소, 1991.

장세윤, 「중국동북지역 민족운동의 성과와 과제」, 『중국동북지역 민족운동과 한국현대사』, 명지사, 2005.

장준익, 『북한인민군대사』, 서문당, 1991.

朝鮮軍司令部, 『間島出兵史』, 1926, 김연옥 옮김, 경인문화사, 2019.

田子維, 『中國近代軍閥史詞典』, 黨案出版社, 1989.

전재호, 「해방 이후 이범석의 정치이념: 민족주의와 반공주의 중심으로」, 『사회과학연구』 제37집 1호, 2012.

정병준, 『한국전쟁: 38선충돌과 전쟁의 형성』, 돌베개, 2006.

정병준, 『우남 이승만 연구』, 역사비평사, 2005,

정예지, 「庚申慘變기 조선인 "귀순"문제 연구: 북간도를 중심으로」, 『사림』 38, 수선사학회 2011.

정일준 외, 『한국의 민주주의와 한미관계』, 대한민국역사박물관, 2014.

정용욱, 『해방 전후 미국의 대한정책』, 서울대학교 출판부, 2003.

정진석, 『인물한국언론사』, 나남출판, 1995.

조너선 D. 스펜스 저, 김희교 역, 『현대중국을 찾아서』 1, 이산, 1998.

조동걸, 「靑山里戰爭 80주년의 역사적 의의」, 『한국근현대사연구』 15, 한국근현대사학회, 2000.

朝鮮日報 出版局, 『轉換期의 內幕』, 朝鮮日報社, 1982.

조용중, 『대통령의 무혈혁명: 1952년 여름, 부산』, 나남출판사, 2004.

조필군, 「靑山里戰役의 軍事史學的 再照明」, 『한국독립운동사연구』 38, 독립기념관 한국독립운동사연구소, 2011.

조한성, 「이승만 독재의 서막: 부산정치파동」, 민족문제연구소, 『민족사랑』 2017. 1. 23.

지복영, 『역사의 수레를 끌고 밀며: 항일 무장 독립 운동과 백산 지청천 장군』, 문학과지성사, 1995.

池憲模, 『李靑天將軍의 革命鬪爭史』, 삼성출판사, 1949.

忠北地方議會史編纂委員會編, 『忠北地方議會史』, 忠北文化社, 1955.

채영국, 「1920년 琿春事件 전후 獨立軍의 動向」, 『한국독립운동사연구』 5, 독립기념관 한국독립운동사연구소 1991.

한국사학회, 『韓國現代人物論: 이범석』 2, 을유문화사, 1987.

韓國臨時政府宣傳委員會 編, 『韓國獨立運動文類』, 건국대학교 출판부, 1976.

韓國精神文化研究院 編, 『韓國獨立運動史資料集: 中國人士證言』, 博英社, 1983.

한상도, 「金九의 韓人軍官學校(1934~1935) 운영과 그 입교생: 중국내 한국독립운동의 계열화 과정과 관련하여」, 『韓國史研究』 58, 1987.

한상도, 『韓國獨立運動과 中國軍官學校』, 문학과 지성사, 1994.

한상도, 『중국혁명속의 한국독립운동』, 집문당, 2004.

한상도, 「金九의 韓人軍官學校(1934~1935) 운영과 그 입교생: 중국내 한국독립운동 의 계열화과정과 관련하여」, 『韓國史研究』 58, 1987.

한상도, 「安敬根이 걸어 간 한국근현대사: 독립운동에서 통일운동으로」, 『한국민족운동사연구』 78, 한국민족운동사학회, 2014. 50쪽.

한시준, 「이범석, 대한민국 국군의 초석을 마련하다」, 『한국사시민강좌』 43, 일조각, 2008.

한시준, 「韓國光復軍 正統性의 國軍계승문제」, 『軍史』 43, 2001.

한시준, 「海公 申翼熙와 대한민국임시정부」, 『한국근대사연구』 41, 2007.

한시준, 『한국광복군연구』, 일조각, 1993.

韓鎔源, 『創軍』, 박영사, 1984.

후지이 다케시, 「조선민족청년단의 기원에 대한 재검토」, 『역사연구』 제23호, 2012.

후지이 다케시,『파시즘과 제3세계주의 사이에서: 족청계의 형성과 몰락을 통해 본 해방8년사』, 역사비평사, 2012.

후지이 다케시,「족청·족청계의 이념과 활동」, 성균관대학교 대학원 사학과 박사학위논문, 2010.

황민호,「1920년대 초 재만 독립군의 활동에 관한『매일신보』의 보도경향과 인식」,『한국민족운동사연구』50, 한국민족운동사학회, 2007.

황민호,「蘆隱 金奎植의 생애와 항일독립운동」,『한국민족운동사연구』95, 2008.

황민호,「만주지역 민족운동사연구의 동향과 과제」,『군사연구』129, 육군본부, 2010.

황민호,「청산리전투에 관한 연구 성과와 과제」,『한국민족운동사연구』105, 한국민족운동사학회, 2020.

호국군사관학교 동창회,『호국군사』, 경희정보인쇄, 2001.

Cumings, Bruce, *The Origins of the Korean War Volume I: Liberation and the Emergence of Separate Regimes, 1945~1947*, N.J.: Princeton University Press, 1981.

Cumings, Bruce, *The Origins of the Korean War Ⅱ: The roaring of the cataract 1947~1950*, N.J.: Princeton University Press, 1990.

FRUS(Foreign Relations of the United States).

황민호

〈주요 경력〉

숭실대학교 사학과 졸업
숭실대학교 사학과 교수
숭실대학교 한국기독교박물관 관장(역임)
숭실대학교 한국기독교문화연구원장(역임)
국가보훈처 독립유공자공적심사위원회 위원(역임)
한국민족운동사학회 회장
국가보훈처 자체평가위원회 위원
국가보훈처 현충시설심의위원회 위원
서울시사편찬위원회 위원
서울시문화재위원회 위원

〈저서 및 논문〉

『재만한인사회와 민족운동』, 국학자료원(저서)
『일제하 식민지 지배권력과 언론의 경향』, 경인문화사(저서)
『일제하 만주지역 한인사회의 동향과 민족운동』, 신서원(저서)
『3·1운동의 전개와 매일신보』, 국학자료원(저서)
『식민지 조선과 매일신보: 1910년대』, 선인(공저)
『식민지 동화정책과 협력, 그리고 인식』, 두리미디어(공저)
『3·1운동 직후 무장투쟁과 외교활동』, 독립기념관 한국독립운동사연구소(공저)
『(日帝下 雜誌拔萃) 植民地時代資料叢書』1~19권, 啓明文化社
「일제하 간도봉기의 전개와 한인사회의 대응」
「滿洲地域 親日言論 '在滿朝鮮人通信'의 發行과 思想統制의 傾向」
「전시통제기 조선총독부의 사상범 문제에 대한 인식과 통제」
「중일전쟁 초기 조선총독부의 전쟁에 대한 선전과 조선인」
「백산 지청천의 만주지역에서의 항일무장투쟁」
「청산리전투에 관한 연구 성과와 과제」 외